本书出版受到以下项目资助：

教育部人文社会科学研究青年项目"近代中国报刊媒体世界的女性身体建构"（编号：11YJC770022）

江西省高校人文社会科学重点研究基地——华东交通大学女性研究中心基金资助项目

# 近代中国报刊与女性身体研究

## 以《北洋画报》为例

李从娜 / 著

中国社会科学出版社

## 图书在版编目(CIP)数据

近代中国报刊与女性身体研究：以《北洋画报》为例/李从娜著.—北京：中国社会科学出版社，2015.12
ISBN 978-7-5161-7389-3

Ⅰ.①近… Ⅱ.①李… Ⅲ.①期刊—研究—天津市—民国②中国文学—现代文学—妇女文学—文学研究 Ⅳ.①G239.296②I206.6

中国版本图书馆 CIP 数据核字(2015)第 311908 号

| | |
|---|---|
| 出 版 人 | 赵剑英 |
| 责任编辑 | 吴丽平 |
| 责任校对 | 王佳玉 |
| 责任印制 | 李寡寡 |

| | |
|---|---|
| 出　　版 | 中国社会科学出版社 |
| 社　　址 | 北京鼓楼西大街甲 158 号 |
| 邮　　编 | 100720 |
| 网　　址 | http://www.csspw.cn |
| 发 行 部 | 010-84083685 |
| 门 市 部 | 010-84029450 |
| 经　　销 | 新华书店及其他书店 |
| 印　　刷 | 北京明恒达印务有限公司 |
| 装　　订 | 廊坊市广阳区广增装订厂 |
| 版　　次 | 2015 年 12 月第 1 版 |
| 印　　次 | 2015 年 12 月第 1 次印刷 |
| 开　　本 | 710×1000　1/16 |
| 印　　张 | 17.5 |
| 插　　页 | 2 |
| 字　　数 | 301 千字 |
| 定　　价 | 59.00 元 |

凡购买中国社会科学出版社图书，如有质量问题请与本社营销中心联系调换
电话：010-84083683
版权所有　侵权必究

# 目 录

**导 论** ······································································ 1
 一 研究缘起及意义 ······················································ 1
 二 文献回顾 ······························································· 8
 三 理论方法、史料来源及基本研究思路 ··························· 22

**第一章 近代报刊的媒体解读——以《北洋画报》为例** ········· 28
 第一节 《北洋画报》创办、发行的社会背景 ···················· 29
  一 现代转型中的近代天津都市社会 ······························· 29
  二 日渐繁荣的天津报刊业 ············································ 37
  三 持续发展的摄影与印刷技术 ······································ 39
 第二节 《北洋画报》的本体解读 ····································· 44
  一 《北洋画报》的编读网络 ········································· 44
  二 《北洋画报》的编排与营销 ······································ 57
 第三节 《北洋画报》的办刊旨趣与女性身体史意蕴 ·········· 63
  一 办刊旨趣 ······························································· 63
  二 《北洋画报》与女性身体的相遇 ······························· 66
 小 结 ············································································ 70

**第二章 近代中国女性身体的时尚塑造** ·································· 72
 第一节 现代美容化妆的引入 ··········································· 73
  一 现代美容化妆产品的引介 ········································· 73
  二 美容术的推行 ························································ 76

## 第二节　发型的时尚转变 ·············································· 80
　　一　剪发：解放—革命—时尚 ·································· 81
　　二　短发之风的盛行 ············································ 84
　　三　卷发的登场 ·················································· 88
　　四　专业理发馆和理发师的推介 ································ 93
## 第三节　融贯中西的女子服饰 ········································ 97
　　一　时装画里的服饰潮流 ········································ 97
　　二　欧美流行服饰讯息 ········································ 107
　　三　都市女性着装的多元化 ···································· 115
　　四　"足上装"——高跟鞋的风行 ·························· 119
## 小　结 ····································································· 122

# 第三章　近代中国女性身体的健康建构 ···························· 124
## 第一节　崇尚自然：提倡天足与天乳 ···························· 124
　　一　提倡天足 ···················································· 125
　　二　倡导天乳 ···················································· 129
## 第二节　崇尚运动：提倡体育 ······································ 135
　　一　众说纷纭"健康美" ······································ 136
　　二　以西方女性体育为参照 ···································· 139
　　三　关注运动场景中的女性 ···································· 144
　　四　制造运动之美的典范——以"美人鱼"杨秀琼为例 ···· 148
　　五　报道大众体育娱乐活动——以溜冰与化装溜冰会为例 ········ 152
## 第三节　引入健美运动 ············································· 156
## 小　结 ····································································· 162

# 第四章　跳舞与近代中国女性身体的消费问题 ···················· 164
## 第一节　舞蹈艺术下的女性身体 ·································· 165
　　一　西洋舞蹈下的女性身体 ···································· 165
　　二　中国歌舞剧社及歌舞明星 ································ 175

## 第二节　交际舞的繁荣 ……………………………………………… 179
　　一　交际舞的推广 …………………………………………… 180
　　二　舞会与舞场 ……………………………………………… 184
　　三　禁与不禁 ………………………………………………… 188
## 第三节　舞女——消费女性身体的案例 …………………………… 191
　　一　画报视野下的舞女群体呈现 …………………………… 191
　　二　消费舞女 ………………………………………………… 197
## 第四节　舞场上的性别分析 ………………………………………… 201
　　一　男舞客的追捧与舞女的主动出击 ……………………… 201
　　二　"争舞女"而引发的性别冲突 …………………………… 203
　　三　舞女之间的矛盾与竞争 ………………………………… 205
　　四　跳舞与婚姻观念的变动 ………………………………… 208
## 小　结 …………………………………………………………………… 211

# 第五章　报刊对近代女性身体裸露的表现与品评 ………………… 215
## 第一节　女性裸体在近代中国的境遇 ……………………………… 215
　　一　以艺术之名的呈现 ……………………………………… 216
　　二　观看之道——艺术与色情 ……………………………… 225
　　三　看与被看——画报内外的性别审视 …………………… 230
## 第二节　裸腿风潮 …………………………………………………… 234
　　一　裸腿风潮的兴起 ………………………………………… 234
　　二　都市女性身体裸露的媒体审视 ………………………… 238
## 第三节　品评近代女性身体美 ……………………………………… 241
　　一　"西方之美"与"东方之美" ……………………………… 241
　　二　《北洋画报》对现代女性身体美的想象 ………………… 244
## 小　结 …………………………………………………………………… 249

# 结　语 …………………………………………………………………… 252
　　一　报刊与近代女性身体 …………………………………… 252

二　近代女性身体变动的总体特征……………………………253
　　三　一点反思……………………………………………………257

# 参考文献……………………………………………………………259
　　一　资料类………………………………………………………259
　　二　著作类………………………………………………………261
　　三　论文类………………………………………………………267
　　四　英文著作与论文……………………………………………272

# 后　记………………………………………………………………273

# 导 论

## 一 研究缘起及意义

身体是有历史的。在这里，身体不仅指一种生物性的实体，更表现为一种社会和文化的建构。在漫长的社会历史变迁中，身体可以说是无处不在的。法国社会学家福柯认为，一切历史都是身体的历史，社会中的所有权力关系都可以在身体上得到展现。[①]因而他在阐明身体与历史的关系时，提出了将身体作为历史的载体并以此打破传统历史分析模式的观点，进而拓展了历史研究的领域和视野。英国社会史学家彼得·伯克则将身体史作为"新文化史"或"社会文化史"的重要课题之一[②]。身体史研究不仅是研究人的身体的历史，更为重要的是揭示附着于身体或隐藏于身体背后的社会意义和文化价值。

在西方社会，身体研究的出现与资本主义消费文化及女性主义的兴起有着密切的关系。英国社会学家布莱恩·特纳强调，消费文化是身体问题得以凸显的最重要原因之一[③]。对于什么是消费文化，英国学者迈克·费瑟斯通认为，"消费文化顾名思义，即指消费社会的文化，它基于这样一个假设，即认为大众消费运动伴随着符号生产，日常体验和实践活动的重新组织"[④]。消费文化所强调的是"遵循享乐主义、追逐眼前快感、培养

---

[①] 李震：《福柯谱系学视野中的身体问题》，《求是学刊》2005年第2期。
[②] [英]彼得·伯克：《西方新社会文化史》，《历史教学问题》2000年第4期。
[③] [英]布莱恩·特纳：《身体问题：社会理论的新近发展》，汪民安译，转引自汪民安、陈永国主编的《后身体：文化、权力与生命政治学》，吉林人民出版社2003年版，第19—20页。
[④] [英]迈克·费瑟斯通：《消费文化与后现代主义》，刘精明译，译林出版社2000年版，第165页。

自我表现的生活方式、发展自恋和自私的人格类型"①。因而在消费文化视野中，身体形象的地位便显得较为突出。"身体形象在通俗文化与消费文化的突出地位及其无所不在就是身体（尤其是其繁衍能力）与社会的经济和政治结构相分离所产生的文化后果。"②消费文化将身体作为自我表达的重要工具，并着重强化身体的表现力度。"消费文化中身体不再是盛满罪恶的容器，而且世俗化的身体在卧室内外都可以拥有越来越多的展示机会。"③某种程度上，消费文化还加速了身体的商品化。而受社会中普遍的男性中心意识影响，女性身体的商品化倾向更为明显。

随着西方女性主义研究热潮的兴起，女性主义者们推动了身体研究的开展，同时将其更多地导向对女性身体的分析。她们在抵制父权制的前提下，致力于探索和发展自我的身体，试图在男性主导的社会现实中发声、争取主体性身份。而以性别视角切入对女性身体的研究则将她们带入了一个更为深入而广阔的研究空间。在消费文化对女性身体"消费"的问题上，部分女性主义者认为消费文化进一步物化了女性身体，无论消费女性身体还是女性身体消费，女性都处于被动的客体地位；另有学者认为"身体是快乐和表现自我的载体"④，消费文化的出现是对女性身体的解放，使得女性拥有了一个自我表现的空间，进而在其中确立起女性的主体性。

大众传媒具有交流时事、传播讯息、引导舆论、提供娱乐等社会功能，对于身体尤其女性身体也表现出强烈的兴趣。"在消费文化中，广告、大众刊物、电视电影使得时尚的身体形象广为流传。"⑤可以说，大众传媒是引导女性消费的重要途径和表现女性身体的窗口，促使着女性身体日益趋向"日常生活的审美化"。上述有关身体（尤指女性身体）与消费文化、女性主义、大众传媒等关系的理论阐释，为重新审视近代中国社会提供了新的路径。

将目光投向近代中国，台湾学者黄金麟强调，"身体的生成和打造

---

① [英]迈克·费瑟斯通：《消费文化与后现代主义》，刘精明译，译林出版社2000年版，第165页。
② [英]布莱恩·特纳：《身体与社会》，马海良、赵国新译，春风文艺出版社2000年版，第2页。
③ [英]迈克·费瑟斯通：《消费文化中的身体》，龙冰译，转引自汪民安、陈永国主编《后身体：文化、权力与生命政治学》，吉林人民出版社2003年版，第332页。
④ 同上书，第323页。
⑤ 同上。

是一个一直存在的趋势"①。近代的中国处于由传统向现代急遽转型的时代，身体的改造运动是社会转型的重要缩影，而女性身体的解放与变动更是社会变迁的典型指征。逐步发展繁荣起来的都市如上海、北京、天津、广州、武汉等，不同程度地呈现出新旧杂陈、中西交融、华洋杂处的多元化特点。之所以如此，无外乎近代以来国家民族话语的持续存在、消费文化气息的日渐浓厚、西方文化的大量涌入、传统文化的深厚底蕴等因素。而这些因素不仅与身体改造运动相互影响、相互渗透，更与妇女解放、女性生活变迁交互作用。

就近代而言，内忧外患的社会总体背景，促使中国一批又一批爱国的有识之士走上挽救国家危亡、寻求国家出路的探索之路。救亡图存、振兴中华等口号的传播昭示着中华民族的觉醒与抗争。这一宏大背景在很大程度上使得中国传统社会女性长期处于"失语"和"缺席"的状态得以改观。近代中国的妇女解放运动始于19世纪末康有为、梁启超所发起的戊戌维新运动②。戊戌维新运动发生于甲午战后深重的国家民族危难之时，伴随而生的妇女解放运动，被以康有为、梁启超为首的男性知识精英们视为挽救国族危难的重要途径。此后国家民族主义话语一直贯穿在整个妇女解放运动之中，引导和推动着妇女解放的进程，同时也影响和作用于女性生活的方方面面。必须指出的是，国家民族话语下的妇女解放运动，首要的层面便是推动女性身体的解放，如废缠足等。

政治意味浓厚的话语之中或之外，女性是否还有多样化的生活体验？这是值得探讨的。已有学者意识到这一问题："国族存亡固然是近代中国女性解放运动背后的主要动力，但却非女性生命经验的全部。同样地，民族主义也不能涵盖近代中国两性关系的所有面向。"③在近代中国的现代化历程中，对女性生活与生命体验产生过重大影响的诸多因素中，在国家民族主义话语之外，资本主义工商业发展趋势下都市的生成、商业文明的发达和消费文化的出现等也是不能忽略的方面。近代中国工商业的发展和

---

①黄金麟：《历史、身体、国家：近代中国的身体形成（1895—1937）》，新星出版社2006年版，第26页。

②参见吕美颐、郑永福《中国妇女运动（1840—1921）》，河南人民出版社1990年版，第18页。

③Joan Judge, "Beyond Nationalism: Gender and the Chinese Student Experience in Japan in the Early 20th Century", 罗久蓉、吕妙芬主编《无声之声（Ⅲ）：近代中国的妇女与文化（1600—1950）》，台北"中央研究院"近代史研究所2003年版，第361页。

现代化进程的加快，促使了消费文化在都市社会的繁衍生息。来自全国各地乃至世界各地的各种商品，陈列在都市鳞次栉比的大小店铺以及新兴的百货公司和商场中。都市民众的消费观念悄然发生着变化，消费欲望不断被刺激着。西餐厅、咖啡馆、舞厅、赛马场、高尔夫球场等公共娱乐休闲场所因不断扩大的市场消费需求而繁荣。可见，都市相对稳定的社会环境使得娱乐、休闲活动增多，女性则在都市文化生活中扮演着越来越重要的角色。

不可否认，都市在近代中国"开风气之先"，是西方文明与文化输入的窗口，西方生活方式最先在此出现。外国人在华设立的租界也大多集中在日渐繁荣的都市社会中。上海是外国人设立租界的第一个城市，天津是外国人在华设立租界最多的城市，曾有"九国租界"之称。居住在租界的外国人将各自国家的物质文明、精神文明及生活方式等带入进来，融汇到都市文化生活中。租界文化对都市民众的生活与观念产生了潜移默化的影响并冲击、改变着都市社会中固有的文化形态和社会生活。尽管都市大量吸纳、接受西方的文明与文化，但并不代表全盘西化，毕竟近代以来都市的生成扎根于长期以来中国的文化传统。尤其进入民国以来，大批下野的军阀政客、晚清遗老贵胄[①]等纷纷将都市尤其租界视为避难之所和休养之地，于是在都市聚集起了寓公[②]群体，其中以天津最为典型。为数不少的寓公们尽管对外来文明有或多或少的接触和了解，其自身却仍然带有较为浓厚的传统文化气息。而都市在其各自或长或短的发展历程中逐渐形成的文化传统，仍旧具有一定的生命力。因此，近代中国的都市文化呈现出了较强的开放性和包容性，而女性身体的变迁、建构则是其中重要的组成部分。西方文化与中国传统文化的碰撞和交融，投射到女性身体，自然常常伴生着复杂的纠葛。

任何一个历史时期、任何一个特定社会空间下的女性身体均呈现出多元化的特点。这一观点在上述分析中得到些许论证。在既往成果中，女性史研究偏重妇女运动、婚姻、教育、职业等议题，身体史研究则重在身

---

①贵胄，意即贵族的后代，遗老，即前朝的旧臣，习惯常用"遗老遗少"，但"遗少"多指留恋过去、思想顽固的人。本书这里想表达的这个群体，虽是民国时期前朝的旧臣或后代，但在生活方式、思想观念上并不是完全落伍，甚至很易于接纳西方文明，所以在这里，用的是"遗老贵胄"，而没有用"遗老遗少"。

②寓公：指进入民国后，特别是北洋政府时期的下野军阀政客和清朝皇室宗亲等上层人物。他们大多隐居租界，赋闲在家，过着富有而闲淡的生活。

体政治、医疗卫生等方面，因此目前学界对女性身体层面的挖掘还显得很薄弱。如果将清末民初的提倡戒缠足、兴女学、文明婚姻等开女智之举视为女性身体争取解放的重要层面[①]，并在国家民族主义话语下被赋予浓厚的政治意蕴，那么在民国时期追寻现代性、浸润着浓厚消费气息的都市文化生活中，女性身体便呈现出与之截然不同、又息息相关的面向。时尚追求、娱乐休闲等消费性需求在女性身体和生命体验中凸显出来。她们的穿衣打扮、一举一动、社会交往等均在都市的公共场所得以展现。女性身体对于时尚、健康和美的追求，虽然在某种程度上张扬着个性，但仍充斥着在社会中占据主导地位的男性的欲望和诉求。也正因为如此，女性更多地处于客体地位——被言说、观看和消费。然而，部分女性则试图努力发出自己的声音，彰显出独立的自我意识。

那么在近代中国日渐生成与发展的都市社会中，女性身体改造运动的情势如何、经历着怎样的从传统向现代的改造与转型？为了解这一转变过程，并深入解读其性别意义与社会价值，就需要以媒介作为桥梁和工具。这一时期承担传播知识、交流讯息、引导社会舆论的主要媒介——报刊发挥了不可替代的作用，成为研究者们不能忽视的分析文本。[②]因为"报纸媒体在反映、塑造都市女性的审美潮流、都市文化和社会性别认同等方面的力量无疑是巨大的"[③]。妇女解放、女性生命体验、女性身体变迁的各种命题均可在报刊媒体中找到踪影。以报刊为媒介探究中国历史上的女性/性别议题，目前学界已有不少成果出现。自近代以来报刊长期成为现代媒体的主要代表，兼报纸和杂志而有之。报刊媒体的繁荣是近代社会不可忽视的现象，尤其在清末报刊发展的基础之上，民国时期报刊数量甚为庞大，并出现了一些在全国颇具影响力的报刊，如《大公报》《益世报》《申报》《新青年》等。这些报刊均包含了相当分量的女性/性别议题，甚至专设女性副刊、专栏、专号等。而专门以探究、探讨女性问题为主、反映和指导女性生活与活动的女性报刊更是在报刊媒体中占据了一席之地，其中以《妇女杂志》最为典型。

---

[①] 参见郭常英、李钊《女性身体的解放——以〈醒俗画报〉为中心探析清末民初的开女智》，《亚洲研究》（香港）第53辑，2006年7月。

[②] 如白蒨：《摩登与反摩登：民国报刊建构的女性身体及现代意义》，《妇女研究论丛》2011年第4期。

[③] 侯杰：《报纸媒体与女性都市文化的呈现——对〈大公报〉副刊〈家庭与妇女〉的解读》，《南开学报》（哲学社会科学版）2007年第2期。

而众多报刊媒体中,画报以其图文并重的优势,与纯文字报刊相比更具视觉冲击力。在中国近代报刊史上,印刷术的改进和摄影术的革新为画报发展提供了坚实的物质技术保障。从清末民初的石印版画报到20世纪二三十年代的铜锌版画报,近代中国的画报进入到大型摄影画报时代,呈现繁荣景象。铜锌版印刷术应用于画报,使大量的摄影照片、绘画、雕刻等视觉图像得以清晰地刊登出来。画报可以说是近代中国视觉文化的主要载体。数量庞大、丰富多彩的视觉图像信息通过画报传递给社会民众,促使着他们的阅读开始发生改变,不管在方式和内容上都不再只是单一的模式——"读图时代"已然到来。"读图"已是民众获取信息、新知的重要途径之一。周蕾在《视觉性、现代性和原始的激情》[①]一文中曾对20世纪初鲁迅的"幻灯片事件"[②]进行分析,强调"技术性观视"[③]在"幻灯片事件"中发挥的重要作用,认为作为技术媒介的幻灯片、电影等所传递的图像信息,给民众所带来的震惊效果远远超越文字。所以画报作为印刷和摄影技术发展到一定水平才出现的新型媒体,对都市民众而言,视觉上的冲击力无疑也是巨大的。画报的存在和发展还是特定时期社会文化的反映。现代都市中,消费文化增长,娱乐休闲活动增多,而女性/性别尤其女性身体问题日益受到报刊媒体的关注。画报借助图像优势,采用图文并重的形式,直观地展现着女性、女性身体的多重面向,因此与纯文字报刊一道成为研究和解读近代中国各种女性/性别议题的重要载体与工具。天津的《北洋画报》则是其中的典型代表,与上海的《良友》画报分领近代中国南北方画报的翘楚。

《北洋画报》1926年7月7日创刊,社址最初选定在天津法租界的廿七

---

[①] 周蕾:《视觉性、现代性与原始的激情》,张艳红译,引自罗岗、顾铮主编《视觉文化读本》,广西师范大学出版社2003年版,第258—278页。

[②] "幻灯片事件":事件的背景是1904—1906年鲁迅在日本仙台医学专科学院留学期间,日俄战争爆发且日本最后取胜。一次课间,微生物课教师照例给鲁迅及全班同学放映幻灯片,画面中一群中国人,一个绑在中间,其他人站在左右,神情麻木,"绑着的是替俄国做了军事上的侦探,正要被日军砍下头颅来示众,而围着的便是来鉴赏这示众的盛举的人们"。而除鲁迅外,班里所有同学都是日本人,他们都在拍手称快、欢呼雀跃。幻灯片内外的视觉景象给予了鲁迅极大的震惊,促使着他后来走上弃医从文的道路。

[③] "技术性观视"指的是"通过现代媒体如摄影、幻灯、电影等科技和机械运作而产生的视觉影像,有别于平日单靠肉眼所看到的景象"。[罗岗:《视觉"互文"、身体想象和观看的政治——丁玲〈梦珂〉与后五四的都市图景》,《华东师范大学学报》(哲学社会科学版)2005年第5期。]

号路华卫里六号①，1937年7月29日终刊，共出版1587期，另1927年7月至9月出版副刊20期。创办人为冯武越，主编包括王小隐、刘云若、吴秋尘、左小邍等。该画报每期4版，初为半周刊，后改为隔日刊。《北洋画报》作为一份呈现和反映都市文化与社会生活的大型摄影画报，"异乎寻常"地关注着都市女性，涉及女性的婚姻、职业、教育、休闲娱乐等方面，成为展示20年代中后期至30年代抗战前的女性都市文化生活的重要媒介和窗口。在女性都市文化生活的诸多议题中，女性身体的现代性建构及其所折射出的性别、权力关系等层面的文化意蕴尤值得探究和分析。《北洋画报》发挥媒体作用，参与到都市女性身体的塑造和建构之中，展现出一幅绚丽多彩的都市女性身体图景。这一画报媒体所表征的美丽、消费、观看等话语一定程度上勾勒了民国时期都市女性身体的情态与处境，其中对女性身体的欣赏与品评更是都市社会中性别权力关系纠葛的反映。

而消费文化在女性身体建构中如何发挥作用和发挥了何种作用，国家民族话语、中西文化又产生了怎样的影响，报刊媒体如何呈现和诠释女性身体，身在其中和身在其外的女性如何看待现代观念下的女性身体建构，女性的自我意识有无和如何表达，男性在近代女性身体现代性建构中处于何种地位和扮演什么样的角色等深层次问题，都将是本书所关注和思考的问题。因此基于社会性别视角，以《北洋画报》为例，探讨报刊媒体视野下近代中国女性身体的现代性转型与变迁，并揭示其背后的性别意义和文化价值，是本书的立意所在。这也是妇女/社会性别史、身体史以及报刊媒体史交叉研究的新尝试，具有创新的理论意义和学术价值。

首先，丰富妇女/社会性别史的研究。从妇女/社会性别史领域来说，本书将着力突出性别意识，通过研究和分析女性身体的建构，探寻女性主体性、自我意识等附于女性身体的性别意义，挖掘男女两性在女性身体建构中所处的地位和扮演的角色，揭示女性在国族话语、消费文化以及女性主义等背景下的生存处境，等等。这有望丰富和补充妇女/社会性别史的研究。

其次，拓展以往对身体史的研究。身体史研究不仅是研究人的身体的历史，更为重要的是揭示附着于身体或隐藏于身体背后的社会意义和文化价值，而目前研究多集中于政治、社会、医疗、卫生等角度。本书在对

---

① 社址后又有多次变更，但都在法租界，先后有"天津法租界五号路廿一至廿三号"、"天津法租界蓝牌电车道北廿三号路"等。

女性身体建构的研究过程中，将碰触到女性身体的解放、重塑、消费、健康、死亡等多层面问题。对这些问题进行深入研究，不仅是对身体史研究的进一步推进和深化，还有助于揭示宏大历史叙事之外社会生活的某些侧面及其深层意蕴。

最后，开拓报刊媒体史研究的新思路。本书以报刊媒体作为研究对象和媒介，试图探求历史真实的生产过程，改变过去报刊媒体仅为辅助史料或补正史料的倾向，以凸显报刊的史料价值。同时也使得报刊媒体史研究由以往单纯的新闻学视角转向媒体与社会互动的思路，试图通过报刊媒体透射近代中国社会。尤其画报亦图亦文，图文互观与互补，使得更多的有效信息可以以直观的图像形式进入研究者的视野。通过画报来揭示和分析特定时期社会生活中所隐含的复杂的权力与性别关系，具有可行性，值得尝试。具体到本书，便是从报刊媒体的言说和表达世界中去探寻女性身体的转型与变迁。

## 二 文献回顾

近代中国社会转型所带来的巨大变动，同样淋漓尽致地体现在身体的改造与变迁中。女性曾经在古代社会长期"缺席"，而到了近代则被赋予崇高的家国使命，因此从传统向现代的社会转型中，女性身体的改造与变迁必然异常激烈，甚至被视作典型指征之一。检视以往的研究，特别是涉及身体、女性/性别、报刊等领域的研究成果，都对本书有重要的借鉴和参考价值。具体来说，下文侧重于对中国近代身体史、报刊与女性/性别、女性身体史的研究文献进行梳理。

### （一）中国近代身体史研究概览

在梳理中国近代女性身体史研究之前，有必要先总结一下对中国近代身体史的研究。深受西方身体史理论影响的中国近代身体史研究，对于近代女性身体史研究的推动和促进是不言而喻的。早在2002年，冯尔康将"身体史"列为中国大陆社会史研究的第九大发展趋势[①]，之后一批

---

[①] 冯尔康：《近年大陆中国社会史的研究趋势——以明清时期的研究为例》，（台湾）《明代研究通讯》2002年第5期。

身体史尤其中国近代身体史的研究成果相继问世①。其中首推黄金麟有关近代身体的系列研究，他从身体政治的角度，探究近代中国的军事身体建构②、苏维埃革命与身体问题③，进而依照身体的国家化、法权化、时间化、空间化的脉络阐释近代身体的发展与演变④。侯杰、姜海龙在对2005年之前国内外身体史研究状况梳理和理论思考基础上，提出身体史研究的层次问题⑤。

近十几年的研究中，两个方面显得较为突出：一是关于发型的研究，二是医疗卫生视域下的身体探讨。发型研究方面，剪辫作为近代中国身体变动的重要方面，与政治格局的变动息息相关。李喜所论述了"辫子"在清朝的泛政治化倾向，指出晚清时"辫子"成为革命与否的标志和共和政体的身体象征⑥；侯杰、胡伟借助有清一代剃发、蓄发、剪发的辫发史，展示身体与权力之间相互塑造的历程⑦；张德安也探讨了近世中国发式变迁带出的权力争斗⑧；黎志刚则分析发型在近代中国的变迁与国族之间的关联⑨；于闽梅以王国维的辫子为例，分析辫子、身体与政治的关系⑩。身体医疗史方面，以杨念群和余新忠的研究最有代表性。杨念群主要从医疗

---

①可参见刘宗灵的《身体之史：历史的再认识——近年来国内外身体史研究综述》，转引自复旦大学历史学系、复旦大学中外现代化进程研究中心编《新文化史与中国近代史研究》，上海古籍出版社2009年版，第287—322页；程郁华《发现身体：西方理论影响下的中国身体史研究》，《历史教学问题》2013年第3期。

②黄金麟：《近代中国的军事身体建构（1895—1949）》，（台北）《"中央研究院"近代史研究所集刊》第43期，2004年3月。

③黄金麟：《政体与身体：苏维埃的革命与身体（1928—1937）》，台湾联经出版社2005年版。

④黄金麟：《历史、身体、国家：近代中国的身体形成（1895—1937年）》，新星出版社2006年版。

⑤侯杰、姜海龙：《身体史研究刍议》，《文史哲》2005年第2期。

⑥李喜所：《"辫子问题"与辛亥革命》，《社会科学研究》2001年第1期。

⑦侯杰、胡伟：《剃发·蓄发·剪发——清代辫发的身体政治史研究》，《学术月刊》2005年第10期。

⑧张德安：《身体的争夺与展示——近世中国发式变迁中的权力斗争》，常建华主编《中国社会历史评论》（第7卷），天津古籍出版社2006年版，第265—289页。

⑨黎志刚：《想像与营造国族：近代中国的发型问题》，收录在黎志刚《中国近代的国家与市场》，香港教育图书公司2003年版。

⑩于闽梅：《一九二七：王国维的辫子——辫子、身体与政治》，《文艺理论与批评》2003年第1期。

社会史角度探寻中国近代身体政治的演变[①]；余新忠[②]的系列研究同样立足于医疗史框架，从瘟疫、疾病以及由此而开展的防疫、医疗卫生等问题，深入论述现代国家行政权力下的身体规训。

以上近代身体史研究的学术积累，无论在理论架构还是研究的视角与方法、视野等方面，都对近代女性身体史的研究有着不小的助益。

（二）中国近代报刊与女性/性别研究

近代中国女性/性别研究，已成为史学界不容忽视的领域。[③]既有研究中，大多数学者都认可这一论断：女性在长期历史进程中是"缺席"、"失语"的。究其缘由，无外乎传统正史及古籍资料对女性/性别的记录少之又少。而近代中国报刊业的日渐繁荣和不同以往的对女性/性别议题的关注，使得现今学者们在梳理和阐释近代女性/性别议题时，将报刊媒体视为绝佳的媒介和途径。近代中国不仅有专门的女性报刊，大量的综合性报刊也时常登载女性/性别相关问题，画报则借助图文优势"异乎寻常"地关注女性，并已出现丰硕的研究成果。

首先是女性报刊与女性/性别研究方面的成果。田景昆、郑晓燕的《中国近现代妇女报刊通览》[④]，姜纬堂、刘宁元主编的《北京妇女报刊

---

[①] 杨念群：《再造"病人"——中西医冲突下的空间政治（1832—1985）》，中国人民大学出版社2006年版。

[②] 余新忠：《清代江南的瘟疫与社会——一项医疗社会史的研究》，中国人民大学出版社2003年版；《中国疾病、医疗史探索的过去、现实与可能》，《历史研究》2003年第4期；《防疫·卫生行政·身体控制——晚清清洁观念与行为的演变》，黄兴涛主编《新史学——文化史研究的再出发》（第3卷），中华书局2009年版，第57—99页；《晚清的卫生行政与近代身体的形成——以卫生防疫为中心》，《清史研究》2011年第3期。

[③] 相关研究成果梳理与评述可参见郑永福、吕美颐《60年来的中国近代妇女史研究》，引自《"新视野下的世界妇女史研究"国际学术研讨会会议论文》，2013年；游鉴明《近廿五年来台湾地区的近代中国与台湾妇女史研究》，（台湾）《近代中国妇女史研究》第13期，2006年；叶汉明《妇女、性别及其他：近廿年中国大陆和香港的近代中国妇女史研究及其发展前景》，（台湾）《近代中国妇女史研究》第13期，2006年；畅引婷、光梅红《当代中国妇女与社会性别史研究述评》，《山西师大学报》（社会科学版）2015年第2期；余华林《新世纪以来中国本土近代妇女史研究检视》，《山西师大学报》（社会科学版）2015年第2期；周蕾《近五年中国近代妇女史研究综述》，《妇女研究论丛》2004年第3期；柳雨春《诗词、传记和历史——海外中国妇女史研究的新成果（2012—2014）》，《中国图书评论》2015年第1期。

[④] 田景昆、郑晓燕：《中国近现代妇女报刊通览》，海洋出版社1990年版。

考（1905—1949）》①，宋素红的《女性媒介：历史与传统》②，刘人峰的《中国妇女报刊史》③等著作以时间为序勾勒了近代中国女性报刊的大致轮廓。就具体研究来说，《妇女杂志》与女性/性别相关议题研究最受学者青睐，尤其是来自台湾的学者。台湾"中央研究院"近代史所主编的《近代中国妇女史研究》第12期专门辟《妇女杂志》研究专号，吕方上、许慧琦、陈姃湲等学者分别从《妇女杂志》的发展历史、性别论述、自由离婚思想及其实践、女性文学、有关儿童的论说等角度予以深入研究，尤其注意到《妇女杂志》以女性为阅读对象的刊物，编者、作者、读者均以男性居多的特点。台湾周叙琪的著作《1910—1920年代都会新妇女生活风貌——以〈妇女杂志〉为分析实例》④及论文《阅读与生活——恽代英的家庭生活与〈妇女杂志〉之关系》⑤则重点分析《妇女杂志》所呈现的人们（主要指男性）对于理想妇女形象和生活的传播、讨论及转变。此外查阅中国期刊网，亦有不少论文借助《妇女杂志》，探讨近代中国的女性观、家庭观、女子教育、女性婚姻、女性都市文化生活等问题。

就学术理论、研究视角与方法而言，夏晓虹、侯杰、李净昉、李晓红等学者的研究具有典型性和代表性。夏晓虹立足于晚清女报分析近代中国的女性/性别问题，如国族论述和女性意识的关系⑥，中国女界以西方女杰为典范改造旧道德、培植新品格的历程⑦。她还以晚清女报普遍设立的"唱歌"栏目为中心，展现晚清女性生活，探讨乐歌与移风易俗、构建女性新生活的关系。⑧其《晚清女性与近代中国》⑨一书则专辟一章以《女子世界》为例，探讨晚清女报的性别观照。侯杰有关报刊与女性/性别议题

---

①姜纬堂、刘宁元主编：《北京妇女报刊考（1905—1949）》，光明日报出版社1990年。

②宋素红：《女性媒介：历史与传统》，中国传媒大学出版社2006年版。

③刘人锋：《中国妇女报刊史》，中国社会科学出版社2012年版。

④周叙琪：《1910—1920年代都会新妇女生活风貌——以〈妇女杂志〉为分析实例》，台湾大学文史丛刊，1996年。

⑤周叙琪：《阅读与生活——恽代英的家庭生活与〈妇女杂志〉之关系》，（台湾）《思与言》第43卷第3期，2005年9月。

⑥夏晓虹：《晚清女报中的国族论述与女性意识——1907年的多元呈现》，《北京大学学报》（哲学社会科学版）2014年第4期。

⑦夏晓虹：《晚清女报中的西方女杰——明治"妇人立志"读物的中国之旅》，《文史哲》2012年第4期。

⑧夏晓虹：《晚清女报中的乐歌》，《中山大学学报》（社会科学版）2008年第2期。

⑨夏晓虹：《晚清女性与近代中国》，北京大学出版社2004年版。

的研究，则着力于一些知名综合性报刊的妇女副刊，如《大公报》的副刊《家庭与妇女》、《世界日报》的副刊《妇女界》，基于报刊媒体和社会性别的双重视角，展现报刊媒体、女性及其都市文化建构的互动关系[1]，探讨女性主体性的媒体言说[2]，分析报刊媒体如何赋予抗战动员性别意义和时代特色[3]。李净昉则以发行于天津的两份共产党女性报刊《妇女日报》和《女星》为切入点，阐释妇女运动领袖的媒体言说与社会行动[4]、公共空间的性别建构等问题[5]。李晓红的《女性的声音：民国时期上海知识女性与大众传媒》[6]一书以民国时期上海的典型妇女报刊如《妇女杂志》《女子月刊》《女声》等为基本史料，梳理现代知识女性与大众传媒的关系，以此呈现"现代中国知识女性发声的过程以及女性话语的形成过程"[7]。

其次是综合性报刊与女性/性别研究方面的成果。借助报刊尤其近代中国的一些知名综合性报刊阐释各种社会议题，在学术界已是普遍共识，然而以综合性报刊为媒介探讨女性/性别问题的成果还很薄弱。代表性的有：王儒年的《欲望的想像——1920—1930年代〈申报〉广告的文化史研究》[8]主要研究上海的消费主义意识形态，其中从女性的肉体美、服饰美、行为美三个层面探讨了《申报》广告对于都市女性美的理想的建构；侯杰的《〈大公报〉与近代中国社会》[9]一书则有专章分析《大公报》视野下的戒缠足、文明婚姻、兴女学等近代妇女解放的重要内容，并从身体

---

[1] 侯杰：《报纸媒体与女性都市文化的呈现——对〈大公报〉副刊〈家庭与妇女〉的解读》，《南开学报》（哲学社会科学版）2007年第2期。
[2] 侯杰、傅懿：《女性主体性的媒体言说——对20世纪30年代〈世界日报〉专刊〈妇女界〉的解读》，《安徽大学学报》（哲学社会科学版）2010年第4期。
[3] 侯杰：《媒体·性别·抗战动员——以20世纪30年代〈世界日报〉副刊〈妇女界〉为中心》，《南开学报》2010年第2期。
[4] 李净昉：《妇女运动领袖的媒体言说与社会行动——以天津〈妇女日报〉为例》，《安徽大学学报》（哲学社会科学版）2015年第4期。
[5] 李净昉：《公共空间的性别建构——以20世纪20年代天津〈女星〉为中心的探讨》，《郑州大学学报》（哲学社会科学版）2011年第5期。
[6] 李晓红：《女性的声音：民国时期上海知识女性与大众传媒》，学林出版社2008年版。
[7] 同上书，第3页。
[8] 王儒年：《欲望的想像——1920—1930年代〈申报〉广告的文化史研究》，上海人民出版社2007年版。
[9] 侯杰：《〈大公报〉与近代中国社会》，南开大学出版社2006年版。

解放的角度阐释清末民初"开女智"之下妇女生活、妇女与社会的变迁；台湾许慧琦的《故都新貌——迁都后到抗战前的北平城市消费（1928—1937）》①一书在探讨北平城市消费时，大量使用《世界日报》等报刊资料，在分析女招待、舞女等妇女职业及其妇女生活基础上，揭示两性互动关系及其市民文化特质；唐艳香的《从女子教育、妇女参政到婚姻自由——1904—1911年间〈东方杂志〉对妇女问题的关注》②一文从女子教育、妇女参政、婚姻自由等方面分析了清末《东方杂志》视野下的妇女问题。

最后是画报与女性/性别研究方面的成果。画报在中国最早产生于清末民初，随着印刷技术和摄影技术的发展，民国时期呈现繁荣之势。现代化研究范式和视觉文化分析方法的运用，促使透过画报研究女性/性别议题呈现可喜的亮点。如李欧梵在《上海摩登——一种新都市文化在中国（1930—1945）》③一书中对《点石斋画报》《良友》画报以及月份牌等视觉史料进行研究，分析上海的性别和消费，强调人们对于现代性的想象是在凝视与模拟图像中实现的，大量的女性图像恰以碎片化的形式向大众透射出现代化进程中的一个个片段。侯杰、李钊的《媒体·视觉·性别——以清末民初天津画报女性生活为中心的考察》④一文，选取清末民初天津的两份画报《醒俗画报》和《人镜画报》，从视觉文化和社会性别的角度考察画报对女性生活的刻画，揭示男性立场、性别关系变动、时代变革等问题。秦方的《晚清女学的视觉呈现——以天津画报为中心的考察》⑤也以晚清时期天津画报为媒介，展现围绕女学发展的各种权力关系较量，进而阐释近代中国女学发展与社会性别观念及规范的关联。韩红星

---

①许慧琦：《故都新貌——迁都后到抗战前的北平城市消费（1928—1937）》，台北学生书局2008年版。
②唐艳香：《从女子教育、妇女参政到婚姻自由——1904—1911年间〈东方杂志〉对妇女问题的关注》，《社会科学》2008年第4期。
③李欧梵：《上海摩登——一种新都市文化在中国（1930—1945）》，毛尖译，北京大学出版社2001年版。
④侯杰、李钊：《媒体·视觉·性别——以清末民初天津画报女性生活为中心的考察》，《南开学报》（哲学社会科学版）2011年第2期。
⑤秦方：《晚清女学的视觉呈现——以天津画报为中心的考察》，《近代史研究》2013年第1期。

的《中国近代女性角色的重塑——来自〈北洋画报〉的记录》[①]，则从身体角色、社会角色、观念价值等方面描述了近代中国女性角色消解与重塑的过程。

画报直观而具象的呈现方式，使得众多学者借此分析女性/性别议题时，更多地指向对于女性身体尤其女性身体形象的解读与阐释。

### （三）中国近代女性身体史研究

与主要从身体政治切入的身体史研究相比，由于性别视角和社会生活史的融入，近代女性身体史研究出现值得欣喜的突破，涉及内容更加丰富，研究理论与方法也更加多元化。

#### 1. 侧重女性身体器官史的研究

身体史研究概念出现之前，中国史学界事实上已有关于身体史的研究，并主要表现为身体器官史的研究，如近代的男性剪辫与女性废缠足。身体史理论受到关注后，身体器官史的研究则得到更加充分的重视。[②] 就近代女性身体器官史研究来说，最为深入和广泛的自然是废缠足，而女子剪发和天乳运动的研究也有进展。

首先是废缠足研究。缠足曾经在中国历史上长期存在，是中国社会特有的一种文化现象。废缠足是近代中国女性身体解放的先声，也是女性身体解放最为重要的体现，不仅带有政治意义，所引发的女性身体与观念的变迁也是多方面的。有关废缠足的研究，国内学者以杨兴梅的系列研究最有代表性。其著作《身体之争：近代中国反缠足的历程》[③]及其系列论文[④]，重点梳理缠足与反缠足观念的变迁和反缠足方式的发展变化，并结

---

[①] 韩红星：《中国近代女性角色的重塑——来自〈北洋画报〉的记录》，《妇女研究论丛》2011年第4期。

[②] 侯杰、姜海龙：《身体史研究刍议》，《文史哲》2005年第2期。

[③] 杨兴梅：《身体之争：近代中国反缠足的历程》，社会科学文献出版社2012年版。

[④] 如：杨兴梅《中共根据地反缠足依据的演变（1928—1949）》，《社会科学研究》2014年第1期；《反封建压迫：国共反缠足观念的合离》，《西南民族大学学报》（人文社会科学版）2013年第7期；《贵贱有别：晚清反缠足运动的内外紧张》，《社会科学战线》2013年第2期；《缠足的野蛮化：博览会刺激下的观念转变》，《四川大学学报》（哲学社会科学版）2012年第6期；《晚清关于缠足影响国家富强的争论》，《四川大学学报》（哲学社会科学版）2010年第2期；《以王法易风俗：近代知识分子对国家干预缠足的持续呼吁》，《近代史研究》2010年第1期；《被"忽视"的历史：近代缠足女性对于放足的服饰困惑与选择》，《社会科学研究》2005年第2期；《观念与社会：女子小脚的美丑与近代中国的两个世界》，《近代史研究》2000年第4期。

合特定的历史环境和时空背景，从社会和思想的角度分析反缠足的努力与成效。在此，围绕反缠足运动而引发的身体之争成为阐释国家、社会、文化观念的注脚，也是晚清、民国时期不同政权如清廷、北京政府、南京国民政府、共产党根据地政权运行与实践的重要方面。国外学者则首推美国性别史专家高彦颐。她长期专注于缠足研究，将其与女性身体研究紧密结合——利用绣花鞋、陪葬织品、医案、日用类书、俗文学、法律案档等材料，在分析缠足过程中探讨女性身体的历史，并试图恢复妇女在生活世界的主体性与能动性。其综合"再现"与"感知"两种身体史研究取向的做法，使《步步生莲：绣鞋与缠足文物》[①]《缠足："金莲崇拜"盛极而衰的演变》[②]等成果被学术界视为性别史与身体史研究的典范之作。

除此之外，高洪兴的《缠足史》[③]是较早系统论述中国女性缠足历史的专著。徐海燕的《悠悠千载一金莲——中国缠足文化》[④]一书分析了缠足的兴起、成因以及缠足民俗的社会展现等各种问题。王冬芳的《迈向近代——剪辫与放足》[⑤]将放足视为中国迈向近代的重要步骤之一。杨念群的《从科学话语到国家的控制——对女子缠足由"美"变"丑"历史进程的多元分析》[⑥]从审美观念变迁的角度探讨女子缠足与女性身体美观的问题，并揭示其背后的社会权力和文化观念的变动。邓如冰的《晚清女性服饰改革：女性身体与国家、细节和时尚——从废缠足谈起》[⑦]从废缠足所引发的女性服饰改革探讨女性身体与国家、时尚的关系。侯杰、赵天鹭的《近代中国缠足女性身体解放研究新探——以山东省淄博市部分村落为例》[⑧]和《缠足女性的身体改造与婚姻家庭生活解析——以山东省淄博

---

①[美]高彦颐：《步步生莲：绣鞋与缠足文物》（Ko Dorothy, *Every Step a Lotus*, Shoes for Bound Feet），加州大学出版社2001年版。

②[美]高彦颐：《缠足："金莲崇拜"盛极而衰的演变》，苗延威译，台北左岸文化2007年版。

③高洪兴：《缠足史》，上海文艺出版社1995年版。

④徐海燕：《悠悠千载一金莲——中国的缠足文化》，辽宁人民出版社2000年版。

⑤王冬芳：《迈向近代——剪辫与放足》，辽海出版社1997年版。

⑥杨念群：《从科学话语到国家的控制——对女子缠足由"美"变"丑"历史进程的多元分析》，《北京档案史料》2001年第4期。

⑦邓如冰：《晚清女性服饰改革：女性身体与国家、细节和时尚——从废缠足谈起》，《妇女研究论丛》2006年第6期。

⑧侯杰、赵天鹭：《近代中国缠足女性身体解放研究新探——以山东省淄博市部分村落为例》，《妇女研究论丛》2013年第5期。

地区部分村落为中心》①两文，在田野调查基础上，结合口述文本与相关史料，阐释由缠足女性"自我言说"构成的妇女身体解放的历史，分析缠足女性身体改造与婚姻家庭生活的关联与互动，阐释缠足女性思想观念与习俗的转变等问题，力图揭示缠足女性生命历程背后的宏大历史面貌。而侯杰、王小蕾的《基督宗教与清末中国不缠足运动——以海洋亚洲为视域》②主张，清末有识之士以不缠足运动作为女性身体解放的首要和关键环节，与基督宗教在中国反对缠足的主张与实践有着密切关系。

其次是女子剪发研究。近代女性"身体打造"的过程，剪发同样被赋予各种不同的象征意味，如时尚、革命等。姚霏的《近代中国女子剪发运动初探（1903—1927）——以"身体"为视角的分析》③一文以"身体"为分析视角，探讨清末至民国时期的女子剪发运动，认为近代的女子剪发运动不同程度地与国权、女权、政权发生着联系。洪喜美的《五四前后妇女时尚的转变——以剪发为例的探讨》④是从时尚的角度对"五四"时期的女子剪发加以研究。徐峰的《剪发与革命：苏区革命妇女的身体政治史研究——以妇女独立团剃光头为例》⑤认为革命妇女剪发乃至剃光头，表达出妇女的身体与革命之间的张力——革命一方面推动妇女身体的社会化、政治化，一方面又消解妇女的性别意识。

最后是"天乳运动"研究。与废缠足一样，"天乳运动"的推行目的也是为了解除女性身体束缚，从而达到身体的解放，但是目前相关研究还比较薄弱，主要有刘正刚、曾繁花的论文《解放乳房的艰难：民国时期"天乳运动"探析》⑥。该文通过梳理民国时期政府在社会舆论之下推行"天乳运动"的艰难历程，折射出近代中国社会在解放女性身体问题上传

---

①侯杰、赵天鹭：《缠足女性的身体改造与婚姻家庭生活解析——以山东省淄博市地区部分村落为中心》，《天津师范大学学报》（社会科学版）2015年第4期。

②侯杰、王小蕾：《基督宗教与清末中国不缠足运动——以海洋亚洲为视域》，《郑州大学学报》（哲学社会科学版）2015年第1期。

③姚霏：《近代中国女子剪发运动初探（1903—1927）——以"身体"为视角的分析》，《史林》2009年第2期。

④洪喜美：《五四前后妇女时尚的转变——以剪发为例的探讨》，吕芳上、张哲郎主编《五四运动八十周年学术研讨会论文集》，台湾政治大学文学院，1999年。

⑤徐峰：《剪发与革命：苏区革命妇女的身体政治史研究——以妇女独立团剃光头为例》，《北京社会科学》2015年第2期。

⑥刘正刚、曾繁花：《解放乳房的艰难：民国时期"天乳运动"探析》，《妇女研究论丛》2010年第5期。

统与现代的纠葛和矛盾。

2. 女性身体与医疗卫生、体育、服饰等的研究

在近代中国，围绕女性身体的改造运动，除去身体器官之外，与女性身体紧密相关的医疗卫生条件的改善、体育活动的普及、服饰的变迁等也是学者们关注的议题。

女性身体与医疗卫生研究。近代以来西医逐步进入中国，对于女性身体医疗卫生的现代化转变起着不容忽视的作用。这一观点在学者们的相关论述中不断得到论证。台湾学者周春燕的《女体与国族：强国强种与近代中国的妇女卫生（1895—1949）》[①]一书考察了1895至1949年间"强国强种"风潮下，中国女性在面临月经、怀孕、生产等身体生命历程时，其相关卫生知识逐渐走出传统的过程，以及女性在妇女卫生推广上扮演的角色。吕美颐、郑永福的《近代新法接生的引进和推广》[②]一文认为西医妇产科知识与技术之一——新法接生在近代中国的引进和推广，不仅有利于促进女性的生育健康，也进一步凸显了女性的生育主体地位。杨念群的《再造"病人"——中西医冲突下的空间政治（1832—1985）》[③]一书中也对与女性生育密切相关的产婆训练和改造进行了分析。此外，美国学者白馥兰的《技术与性别：晚期帝制中国的权力经纬》[④]和费侠莉的《繁盛之阴：中国医学史中的性（960—1665）》[⑤]两书尽管是对前近代的研究，而从中国传统医疗文化角度探讨历史上性别观念与身体问题的思路值得借鉴。

女性身体与体育研究。台湾妇女史学者游鉴明在其近代女子体育的系列研究中，多有对于女性身体的阐释和分析。其论文《近代中国女子体育

---

[①] 周春燕：《女体与国族——强国强种与近代中国的妇女卫生（1895—1949）》，台北丽文文化事业股份有限公司2010年版。

[②] 吕美颐，郑永福：《近代新法接生的引进和推广》，《山西师大学报》（社会科学版）2007年第5期。

[③] 杨念群：《再造"病人"——中西医冲突下的空间政治（1832—1985）》，中国人民大学出版社2006年版。

[④] [美]白馥兰：《技术与性别：晚期帝制中国的权力经纬》，江湄、邓京力译，江苏人民出版社2006年版。

[⑤] [美]费侠莉：《繁盛之阴：中国医学史中的性（960—1665）》，甄橙译，江苏人民出版社2006年版。

观初探》<sup>①</sup>从女子体育观的角度探讨近代女子对自己身体的认知；《近代中国女子健美的论述（1920—1940年代）》<sup>②</sup>从有关近代中国女性的身体论述中发现，健美的女性身体一度被扭曲为色情或肉感，因此强调20世纪20至40年代女子健美的论述某种程度上表明人们对女性身体进一步窥视；《媒体与近代中国的女子体育》<sup>③</sup>认为媒体对女运动员的偏爱，在保国强种的话语之外，还有描述极具诱惑力的女性身体的指向，借此满足人们偷窥女性身体的欲望。而专著《超越性别身体：近代华东地区的女子体育（1895—1937）》<sup>④</sup>，则不仅从性别视角审视女子体育与国家、社会文化的关系，更是借助丰富史料分析了"近代中国学校、政府、媒体、社会如何联手改造女性身体的历史"<sup>⑤</sup>。

女性身体与服饰。服饰与身体息息相关，女性服饰的发展变化轨迹某种程度上体现着女性身体观念的变化。近代中国的女性服饰由传统保守日渐转向开放、时尚，相伴而生的则是女性身体由隐秘到逐步公开展示的历程。吴昊的《中国妇女服饰与身体革命（1911—1936）》<sup>⑥</sup>一书便以简洁的文字和大量的图片，探讨了辛亥革命至1935年妇女服饰的变迁以及由此所引发的女性身体变动。

3. 女性身体形象研究

近代女性身体史研究，不仅是身体史研究的重要领域，同时也是女性/性别史研究的重要方面。近年来学者们在梳理和阐释近代女性/性别议题时，将这一时期日渐繁荣的报刊媒体视为绝佳的媒介和途径。不仅有专门的女性报刊，大量的综合性报刊也时常登载女性/性别相关问题，画报则借助直观而具象的图文优势"异乎寻常"地关注女性。于是借助报刊媒体研

---

①游鉴明：《近代中国女子体育观初探》，鲍家麟主编《中国妇女史论集》第5集，台北稻乡出版社2001年版，第257—304页。

②游鉴明：《近代中国女子健美的论述（1920—1940年代）》，《无声之声（Ⅱ）：近代中国的妇女与社会（1600—1950）》，台北"中央研究院"近代史研究所2003年版，第141—172页。

③游鉴明：《媒体与近代中国的女子体育》，《共和时代的中国妇女》，洪静宜、宋少鹏等译，台北左岸文化2007年版，第341—364页。

④游鉴明：《超越性别身体：近代华东地区的女子体育（1895—1937）》，北京大学出版社2012年版。

⑤游鉴明：《超越性别身体：近代华东地区的女子体育（1895—1937）》，北京大学出版社2012年版，封底页。

⑥吴昊：《中国妇女服饰与身体革命（1911—1936）》，东方出版中心2008年版。

究近代女性身体，成为越来越多学者的研究旨趣，而且主要集中于对女性身体形象及其相关问题的解读与分析——在追求身体美观的驱使下，塑造并展现现代摩登女性形象，进而触及性别、消费文化、现代性等问题，呈现和研究载体多以画报为主，兼及其他报刊。

罗苏文的《上海与近代都市美女视觉形象的塑造（1880—1920）》①，以画报（《点石斋画报》与《图画日报》等）、明信片、月份牌广告画等印刷传媒来分析近代上海都市美女视觉形象的塑造、制作、传播过程，认为近代都市美女视觉形象是表现女性人体美的先行样板，是上海都市文化发展的一个印记。王儒年的《欲望的想像——1920—1930年代〈申报〉广告的文化史研究》②一书从女性的肉体美、服饰美、行为美三个层面探讨了《申报》广告对于都市女性美的理想的建构。吴果中的《〈良友〉画报与上海都市文化》③在分析了《良友》画报封面登载的名媛与明星形象、时装在都市的流行特别是旗袍的风靡之后，认为正是这些因素构建出了一个梦幻与摩登的都市文化空间。她的《民国〈良友〉画报封面与女性身体空间的现代性建构》④一文则通过《良友》画报封面的女性身体图像，来探究上海都市文化摩登与时尚、现代性的生活空间，进而思考传媒与女性身体空间建构、媒介与社会想象性营建的关系。王若梅的《在摩登与传统之间——以〈良友画报〉中的女性题材之处理为例》⑤一文，分析了《良友》画报所展示和塑造的女性形象，认为《良友》画报牢牢抓住了摩登女性活跃而流动的魅力，在摄影和文字中为女性提供了模仿的对象，也为男性提供了消遣的资源。李从娜的《〈北洋画报〉中民国女性身体美的绽放——一个女性身体史研究的媒体视角》⑥提出，正是《北

---

①罗苏文：《上海与近代都市美女视觉形象的塑造（1880—1920）》，徐安琪主编《社会文化变迁中的性别研究》，上海社会科学院出版社2005年版，第163—182页。
②王儒年：《欲望的想像——1920—1930年代〈申报〉广告的文化史研究》，上海人民出版社2007年版。
③吴果中：《〈良友〉画报与上海都市文化》，湖南大学出版社2007年版。
④吴果中：《民国〈良友〉画报封面与女性身体空间的现代性建构》，《湖南师范大学学报》2009年第5期。
⑤王若梅：《在摩登与传统之间——以〈良友画报〉中的女性题材之处理为例》，"近代中国社会转型与变迁——第四届'两岸三地'历史学研究生论文发表会"会议论文，武汉，2003年10月。
⑥李从娜：《〈北洋画报〉中民国女性身体美的绽放——一个女性身体史研究的媒体视角》，《中华女子学院学报》2013年第2期。

洋画报》呈现美与塑造美的旨趣以及媒体作用的发挥，使得指向现代性的女性身体之美，成为映现在画报读者乃至后人面前的显著亮点。

　　日本学者坂元弘子的《民国时期画报里的"摩登女郎"》[①]一文，则通过考察广告画的形成来论述"摩登女郎"的文化背景，以社会性别差异视角分析《上海漫画》及《时代漫画》等新兴媒体中出现的摩登女郎形象。作者强调，尽管摩登女郎形象大多出自男性画家之笔，却仍可以看到她们的愿望和主体性。《玲珑》是1930年代风靡上海的女性消闲读物，台湾孔令芝的《从〈玲珑〉杂志看1930年代上海现代女性形象的塑造》[②]一文，则通过对《玲珑》杂志编辑、出版、作者、读者群以及内容等的分析，探讨该画报对20世纪30年代上海现代女性形象的形塑，即培养美化生活、适应现代家庭生活的现代女性。

　　建构摩登的女性身体形象尽管是现代社会转型的大势所趋，仍然面临传统与现代的纠葛以及男权影响。白蔚的《摩登与反摩登——民国报刊建构的女性身体极其现代意义》[③]，提出民国报刊建构的摩登女性身体形象具有丰富的现代意蕴——既是近代中国社会对现代性的追求，又体现出女性身体的解放与社会化，但在男权中心意识和消费文化影响下，也不可避免存在身体物化倾向。贾海燕的《20世纪30年代大众媒介对女性摩登身体的建构——以〈良友〉和〈玲珑〉为中心的考察》[④]，指出精英文化一度强力抵制摩登，而大众媒体不仅号召都市女性进行摩登身体实践，还竭力尝试建立摩登身体的合法性，为女性身体正名。李晓红在《女性的声音：民国时期上海知识女性与大众传媒》[⑤]一书中，专辟一节对20世纪30年代发行于上海的《妇人画报》进行详尽分析，着重探讨《妇人画报》对于摩登女性的形塑与建构，认为"这份男性办给女性看的刊物"体现出男性对于女性变化的恐惧与焦虑心理，而这种心理又对女性产生多重的影响。

---

　　①[日]坂元弘子：《民国时期画报里的"摩登女郎"》，转引自姜进主编《都市文化中的现代中国》，华东师范大学出版社2007年版，第73—88页。
　　②孔令芝：《从〈玲珑〉杂志看1930年代上海现代女性形象的塑造》，硕士学位论文，台湾"国立"暨南国际大学，2006年。
　　③白蔚：《摩登与反摩登——民国报刊建构的女性身体极其现代意义》，《妇女研究论丛》2011年第4期。
　　④贾海燕：《20世纪30年代大众媒介对女性摩登身体的建构——以〈良友〉和〈玲珑〉为中心的考察》，《山西师大学报》（社会科学版）2013年第3期。
　　⑤李晓红：《女性的声音：民国时期上海知识女性与大众传媒》，学林出版社2008年版，第115—138页。

不仅摩登女性，女运动员、女学生等也被视作现代的新女性典型形象。周丹的《近代媒介图像对体育明星的塑造及其意义——民国画报对运动员杨秀琼的视觉表征》[1]，以著名女子游泳运动员杨秀琼为例，挖掘近代媒介图像对体育明星的塑造及其意义，其中碰触到视觉表征、身体消费等问题。陈艳的《"新女性"的代表：从爱国女学生到女运动员——20世纪30年代〈北洋画报〉封面研究》[2]认为30年代后《北洋画报》封面频频出现的爱国女学生及女运动员形象，并未消解当时社会意识形态上的保守性，但起到了调和现代与传统的特殊功能。

除此之外，学界对女性身体与消费、情感、国族、解放等问题也有细致分析。张英进的《中国早期画报对女性身体的表现与消费》[3]一文，选取《点石斋画报》《飞影阁画报》《良友》画报、《北洋画报》《独立画报》等晚清和民国时期的中国画报，研究女性身体的多种表现及消费方式，认为现代中国画报中的女性身体既被建构成提供视觉享受的奇观，又是文化消费和话语形成的场域，也是表达私人幻想、公众焦虑、压力和矛盾的文本空间。台湾学者洪芳怡的《女声、女身、雌雄同体：老上海流行音乐中的同性情欲展现》[4]一文，使用《北洋画报》中有关女扮男装（主要为坤伶）、女子短发的文字及图片等资料，阐释女性身体所体现的"男女"之外的情感与欲望。李钊的《画中有话：晚清〈人镜画报〉的文化构图——性别、国族与视觉表述》[5]以《人镜画报》为中心，借助视觉文化理论和方法，探讨清末画报中所反映出来的女性形象以及与国家、民族的关系。侯杰的《〈大公报〉与近代中国社会》[6]一书则有专章分析《大公报》视野下的戒缠足、文明婚姻、兴女学等近代妇女解放的重要内容，并从身体解放的角度阐释清末民初"开女智"之下妇女生活、妇女与社会

---

[1]周丹：《近代媒介图像对体育明星的塑造及其意义——民国画报对运动员杨秀琼的视觉表征》，《成都体育学院学报》2008年第6期。
[2]陈艳：《"新女性"的代表：从爱国女学生到女运动员——20世纪30年代〈北洋画报〉封面研究》，《广西社会科学》2009年第12期。
[3]张英进：《中国早期画报对女性身体的表现与消费》，姜进主编《都市文化中的现代中国》，华东师范大学出版社2007年版，第33—72页。
[4]洪芳怡：《女声、女身、雌雄同体：老上海流行音乐中的同性情欲展现》，（台北）《近代中国妇女史研究》第16期，2008年12月。
[5]李钊：《画中有话：晚清〈人镜画报〉的文化构图——性别、国族与视觉表述》，硕士学位论文，南开大学，2007年。
[6]侯杰：《〈大公报〉与近代中国社会》，南开大学出版社2006年版。

的变迁。曾越的《社会·身体·性别：近代中国女性图像身体的解放与禁锢》①一书以近代报刊的大量女性题材绘画作品为研究对象，立足于现代化转型的社会背景，从社会性别建构角度分析中国近代女性解放运动的成功与失败。

从上述成果的梳理中可知，女性身体形象的塑造在近代中国是与现代化进程交织在一起的，体现着现代化转型对女性身体的规训。姚菲的《中国女性的身体形塑研究（1870—1950）——以"身体的近代化"为中心》一文则对此进行了系统阐释，在考察近代中国女性身体形塑的基础上，以"身体的近代化"为中心，探讨近代中国社会的政治、文化生态与女性身体形塑的互动关系。②

综上所述，目前中国近代女性身体史、报刊与女性/性别的研究已经取得不小的进步，如身体史、社会性别、文本分析、视觉文化等新的研究理论与方法已经开始运用，研究视角更为多元化，研究内容也得到极大拓展。这些都将为本书提供重要的参考和借鉴。然而，纵观现有相关研究，仍存在这样一些特点和不足。其一，已有研究中，以个案居多，缺乏对近代中国报刊媒体与女性/性别问题的整体把握，对许多颇具影响的报刊还缺乏深入的研究和梳理。其二，在近代女性身体史研究方面，废缠足和女性身体形象的研究开展较为充分，相比之下，其他研究显得薄弱一些，尤其报刊媒体对女性身体的呈现绝不应仅限于形象建构。同时也鲜见对于近代中国女性身体史的整体性把握。因此，中国近代女性身体史研究仍有深入探讨的广阔学术空间。

## 三 理论方法、史料来源及基本研究思路

*（一）理论方法*

本书将在马克思主义唯物史观指导下，以文献分析法为基础，引入社会性别、视觉文化、传播学等理论方法，遵循透过媒体看社会的路径，展现报刊媒体下的近代中国女性身体的转型与变迁，揭示报刊媒体、女性身体及其社会之间复杂的互动关系。

---

①曾越：《社会·身体·性别：近代中国女性图像身体的解放与禁锢》，广西师范大学出版社2014年版。

②姚菲：《中国女性的身体形塑研究（1870—1950）——以"身体的近代化"为中心》，《甘肃社会科学》2012年第3期。

（1）文献分析方法。文本分析的前提是占有极大丰富的史料。因此，本书写作过程中，尽可能多地搜集《北洋画报》及其相关辅助资料，同时兼及近代中国其他有代表性的报刊资料，如《妇女杂志》、《世界日报·妇女界》、《醒俗画报》、《良友》画报、《玲珑》、《大公报》、《益世报》等，梳理其中有关女性身体的表达，并置于近代中国急遽变动的文化与社会环境中加以解读。

（2）社会性别理论与方法。社会性别理论最先由西方的女性主义者提出，源于现代西方女权运动发展过程中女性对于自身的解构和反思。社会性别，具体是指"男女两性在社会文化的建构下形成的性别特征和差异，即社会文化形成的对男女差异的理解，以及属于男性或女性的群体特征和行为方式"[1]。20世纪80年代末，历史学家琼·斯科特提出，"（社会）性别是组成以性别差异为基础的社会关系的成分；（社会）性别是区分权力关系的基本方式。社会关系组织的变化总是与权力关系的变化同步进行，但变化的方向不尽相同。"[2]作为社会关系的一种，社会性别不是单一的、孤立的，而是牵涉四个相关因素：其一，具有多种表现形式的文化象征；其二，对象征意义给予解释的规范化概念；其三，政治和社会组织与机构；其四，主观认同。[3]斯科特强调，男女两性并非自然属性的构成，而是社会权力关系生成，因此社会性别概念在历史分析中是有效的。此后社会性别作为一种理论视角和分析方法，广泛进入历史学领域。20世纪90年代社会性别理论引入中国，并很快应用于史学研究。具体到本书的研究，近代中国女性身体的转型与变迁是一个多重力量、多种因素共同作用的过程。对此进行研究，社会性别可以说既是切入的视角，又是研究的取向。社会性别的理论视角和分析方法将为本书的研究提供一个有别于传统史学研究的思路。

（3）视觉文化分析方法。"视觉文化"一词，最早出现于匈牙利电影理论家巴拉兹的《电影美学》中，指的是"通过可见的形象来表达、理解和解释事物的能力"[4]。视觉文化的研究起初源于美术、绘画，后逐步

---

[1] 韩贺南、张健主编：《女性学导论》，教育科学出版社2005年版，第46页。
[2] [美]琼·斯科特：《性别：历史分析中的一个有效范畴》，转引自李银河主编《妇女：最漫长的革命》，上海三联书店1997年版，第168页。
[3] 参见[美]琼·斯科特《性别：历史分析中的一个有效范畴》，转引自李银河主编《妇女：最漫长的革命》，上海三联书店1997年版，第168、169页。
[4] [匈]巴拉兹·贝拉：《电影美学》，何力译，中国电影出版社1978年版，第20页。

向摄影、电影、电视、网络等领域延伸。20世纪30年代，本雅明在《机械复制时代的艺术作品》和《摄影小史》中强调，视觉文化关注的是视觉事件，消费者以视觉事件为媒介获取信息、意义或快乐等。60年代罗兰·巴特在《符号学原理》和《时尚的系统》两书中，开始用符号学解释视觉文化，涉及电影、广告、连环画、新闻图片等。进入21世纪以来，西方一批视觉文化研究著作得以翻译成中文出版：英国马尔科姆·巴纳德的《理解视觉文化的方法》①、理查德·豪厄尔斯的《视觉文化》②；美国尼古拉斯·米尔佐夫的《视觉文化导论》③、米歇尔的《图像理论》④等。

尼古拉斯·米尔佐夫指出，"视觉文化是一种流动的阐释结构，旨在理解个人以及群体对视觉媒体的反应。因而它是一种策略，而不是一门学科"⑤。他进而强调，"视觉文化并不取决于图像本身，而取决于对于图像或是视觉存在的现代偏好"⑥。米歇尔则认为视觉文化研究主要关心的是视觉经验的社会建构⑦。因而"看与被看"成为重要的概念之一。任何视觉影像中，都充满了看与被看的权力关系。而在大多数情况下，视觉影像中看与被看的权力关系往往又是多重的。陈龙、陈一在《视觉文化传播导论》中，根据视觉传播过程，总结出"看与被看"的四种情形："传播主体和现实中被摄（被描绘）的人物的看与被看，影像中的人物之间的看与被看，影像中的人物和接受主体之间的看与被看，接受主体之间的看与被看"⑧。"看与被看"的权力关系里，又包含着性别、阶级、民族等因素。本书以《北洋画报》为例探讨近代中国报刊与女性身体问题，画报中如摄影照片及绘画等能够展示女性身体的丰富图像或视觉讯息，是不可或缺的重要资料和依据。对这些视觉资料的解读，上述视觉文化分析方法的适当引入无疑大有裨益。

（4）传播学的理论方法。传播学理论认为，由于文化背景不同以及

---

①[英]马尔科姆·巴纳德：《理解视觉文化的方法》，常宁生译，商务印书馆2005年版。
②[英]理查德·豪厄尔斯：《视觉文化》，葛红兵译，广西师范大学出版社2007年版。
③[美]尼古拉斯·米尔佐夫：《视觉文化导论》，倪伟译，江苏人民出版社2006年版。
④[美]W.J.T.米歇尔：《图像理论》，陈永国、胡文征译，北京大学出版社2006年版。
⑤[美]尼古拉斯·米尔佐夫：《视觉文化导论》，倪伟译，江苏人民出版社2006年版，第5页。
⑥同上书，第6页。
⑦参见周宪《视觉文化的转向》，北京大学出版社2008年版，第17页。
⑧陈龙、陈一：《视觉文化传播导论》，上海三联书店2006年版，第119页。

主体的差异，个人在信息接受的过程中不可避免受到社会文化背景、受教育程度和心理因素等的影响与制约，具有主观选择性。研究近代中国报刊媒体的宣传方式与宣传策略，深入挖掘其所承载的话语权，解读其中表达的性别意蕴与社会意义，必须借助"传播—接受"这一传播学的基本理论与方法。

（二）史料来源

本书研究的主体资料为《北洋画报》。1986年，书目文献出版社出版了《北洋画报》影印本，全套共32卷，同年还出版了北京图书馆文献信息服务中心所编订的《〈北洋画报〉索引》1卷。近代中国的众多报刊，尤其是在全国或局部地区享有一定影响力的报刊，如女性报刊——《妇女杂志》《世界日报·妇女界》《京报·妇女周刊》《新妇女》（天津），画报——《点石斋画报》《醒俗画报》《良友》画报、《玲珑》，综合性报刊——《大公报》《益世报》《新青年》《晨报》等，也是本书依据的史料来源。此外涉及报刊与报人的文史资料、出版史料、地方志、人物录、文集、回忆录等，则是本书写作的重要参考和佐证。

（三）基本内容与思路

本书基于社会性别理论与方法，以《北洋画报》为主体，兼及同时代的其他报刊媒体，探讨近代中国由报刊媒体所展现的女性身体建构，并以此透视近代中国的社会转型与社会变迁。首先，在恰当把握近代中国社会背景前提下，对报刊媒体与女性身体建构的互动关系进行理论分析，阐释借助报刊媒体研究女性身体建构的可行性。在此基础上探寻典型报刊媒体所呈现的女性身体记载。这是本书研究的重要理论支撑与文本基础。其次，报刊媒体世界中出现的女性身体符号在多个面向共同反映了该时期的女性身体不同侧面。本书将从女性身体形象的塑造、女性身体的健康建构、由跳舞所折射女性身体消费、女性身体裸露的表现与品评等五个层面，逐一深入，试图展示女性身体在社会公共空间的变化轨迹以及所面临的复杂境遇。最后总结报刊媒体视野下女性身体建构的性别意义与社会文化价值。其基本内容和思路如下。

导论部分集中介绍本书的选题缘起及意义、相关学术史回顾、理论方法、史料来源、基本内容与思路等问题。

第二部分以《北洋画报》为例解读近代报刊。首先回顾《北洋画报》存在的社会环境。20世纪二三十年代的天津，工商业发展迅速、消费文化气息愈加浓厚,西方文明渗透、传统与现代意味并存,报刊业日趋走向繁荣,摄影术和印刷术进一步发展等,这一切促成了大型摄影画报的出版。其次,探讨《北洋画报》的报人和读者群体、分析其编排制作与营销等问题是解读画报的必经步骤。最后,立足于《北洋画报》提倡艺术和美的办刊旨趣,挖掘其对女性身体的呈现与建构,从传播学视角分析近代报刊媒体与女性身体建构之间的互动关系。

第三部分是关于近代中国女性身体的时尚塑造。近代尤其进入民国时期以来,随着商业的繁荣和消费文化的兴起,加上受到世界新思潮和国外时尚潮流的影响,部分冲破身体束缚的女性尤其都市女性开始勇敢地追逐时尚,试图实现其身体形象的时尚塑造。以《北洋画报》为代表的报刊媒体,站在流行前沿,在美容化妆、头发、服饰、高跟鞋等方面给予都市女性身体从头到脚的"包装"。《北洋画报》对都市女性身体的时尚引领,旨在向都市民众尤其女性传达走在时代前列的现代性的、人工修饰的女性身体之美。这一过程刺激了都市女性的消费需求。她们追求身体时尚与美丽的行动,同时也是一种消费行为,在此彰显出女性的主体性和自我意识。

第四部分研究近代中国女性身体的健康建构。"健康为美"是近代中国社会展示女性身体的重要价值取向之一。《北洋画报》等报刊媒体一方面力主提倡天足、天乳运动,宣扬以天足、天乳为美的观念,推崇女性身体的自然之美;一方面通过参照西方女性体育活动、关注运动女性、制造女性运动典范、报道大众体育娱乐等途径,推动都市女性参加体育,使其身体强壮而有活力;甚至还不厌其烦地向都市女性宣传和推广健美运动。这些观念与实践以及在报刊中反映出来的女性身体气质,恰是都市文化孕育的现代女性身体健康之美。

第五部分探讨由跳舞所折射的近代中国女性身体消费问题。在近代中国都市浓厚的消费文化气息之下,不能忽视的是女性身体的消费和被消费的问题。既广受欢迎、又争议不断的新生事物——跳舞无疑是解读近代中国女性身体消费问题的最佳切入点。现代中西舞蹈展示了女性舞者的自信与自主,但却映衬出现代女性身体被欣赏、被消费的现实命运。随着交际舞业的蓬勃兴起,消费女性身体的现象充斥于舞厅等现代社交场所。画报中呈现的舞女群体,可以说是研究消费女性身体的典型案例。舞客为获取娱乐和满足欲望而对舞女的身体消费,体现出社会性别关系的不平等以及身为舞女的女性群体的无奈。舞场内外充斥的复杂的性别权力纠葛表明了女性身体所折射的多元意蕴。

第六部分分析报刊对近代中国女性身体裸露的表现与品评。近代中国，以《北洋画报》为代表的报刊媒体，以艺术之名，将大量中西女性裸体画作和摄影照片呈现在都市社会中，令读者乃至民众徘徊于艺术和色情之间，其间所透射的是男性欲望表达与女性身体物化的交织。裸腿风潮的盛行则成为都市公共空间里女性身体裸露的典型，尽管遭遇种种争议，却体现着都市女性尤其女学生对现代身体美的追求。报刊媒体对女性身体美的评判，则力图使现代文化脉络中健康、时尚、自然的女性身体融入都市民众的欣赏情境，同时也反映出男性对女性身体的现代性想象。女性身体现代美的转变实际是一个艰难的过程。

最后是结论部分。近代报刊媒体世界的女性身体建构，某种程度上是展示女性身体在社会公共空间变化轨迹及复杂境遇的重要注脚，蕴含着丰富的性别意蕴与社会价值。就性别意蕴而言，一方面，女性身体建构难以避免男权中心意识的支配，呈现出一定的商品性和消费性；另一方面，女性主体意识逐步增强，有着自我身体建构的努力。因此女性身体建构的过程，也是近代中国社会性别关系变动和重构的过程。就社会价值而言，近代中国的女性身体建构，还表现出浓厚的国族主义印记、消费文化气息等，是社会发展与时代变迁的典型缩影，一定程度上揭示着近代中国社会由传统向现代的艰难转型。

# 第一章 近代报刊的媒体解读
## ——以《北洋画报》为例

报刊是解读社会问题的一面镜子。"报刊之深刻影响于中国社会的各个层面，已为有目共睹的事实；而由于其形构的公共空间，对于改变国人的思维、言谈、写作定势以及交流方式，都具有不可估量的作用。特别是报纸的逐日印行，新闻的讲求实效，记者的好奇搜隐，使其最大程度逼近于社会情状的原生态。"[①]近代的中国，网络、电视根本没有面世，广播、电影等媒体形式也远未普及，于是逐步发展、繁荣起来的报刊，便成为记录时代变革、追踪现代社会生活的最为重要的载体，"不仅能够很好地展示近代中国社会的嬗变，而且从一个相对广阔的领域揭示了现代中国社会的本质、特征"[②]。一般而言，创办和经营报刊的报人们往往借助报刊这一话语资源，宣传自己的思想主张，以达到对社会舆论的引导。社会中相当数量的民众作为报刊的读者，则将读报视为获取更多社会信息和社会认知的重要途径之一。于是从媒体与社会的互动关系解读近代中国社会变迁的多样性，成为近年来报刊史研究的趋势。[③]

20世纪二三十年代是近代中国画报迅速发展的时期，一时间大大小小的画报成为都市民众获取讯息和休闲消遣的重要选择之一。相比于上海由《良友》画报引领现代都市视觉媒体的潮流，天津的《北洋画报》则可以视为华北乃至北方地区大型摄影画报的代表，开启了近代中国北方画报的

---

[①] 夏晓虹：《晚清女性与近代中国》，北京大学出版社2004年版，第4页。

[②] 李晓红：《女性的声音：民国时期上海知识女性与大众传媒》，学林出版社2008年版，第18页。

[③] 如侯杰：《〈大公报〉与近代中国社会》，南开大学出版社2006年版；李晓红：《女性的声音：民国时期上海知识女性与大众传媒》，学林出版社2008年版。

新时代。

借助报刊媒体研究社会历史问题，必然触及对媒体本身的理解。"就近代报纸媒体而言，大致是由这样几部分组成：媒体本身（报纸）、媒体制造者（报人或发行者）、媒体反应者（读者）和媒体环境（社会）。"[①]因此探讨媒体环境、报人、读者等要素，进而分析画报的编排制作、营销、办刊旨趣等，对于全面把握某一视觉媒体是十分必要的。研究《北洋画报》也是如此。

## 第一节 《北洋画报》创办、发行的社会背景

媒体环境对于媒体的生存和发展是至关重要的，而从媒体中去发现过往的社会、探寻所折射的文化意象时，同样离不开特定时期的历史语境。近代的报刊绝大多数创办、发行于都市之中，尤其以上海、天津、北京等最为集中。因此，借助报刊探究近代中国女性身体变迁，首先要了解近代以来日渐生成、发展繁荣的都市社会。分析近代都市社会的特征，不仅有助于客观地理解报刊——这一呈现和反映都市面貌的文化媒介，更有助于深刻把握近代女性身体变迁中的诸多复杂问题。与此同时，都市的发展和都市文化生活的丰富多彩，推动了近代报刊媒体事业的长足进步。印刷技术和摄影技术的持续改进与应用促进了报刊媒体制作形式的变迁。既有各种综合性报刊，还有专门的女性报刊；不仅有大量的纯文字报刊，图文并重的画报也逐渐增多。图像在报刊媒体中所占比例的逐渐增大，改变着都市民众的阅读习惯。而天津则成为近代北方报刊媒体的中心。

### 一 现代转型中的近代天津都市社会

在近代中国，都市的形成与发展与开埠通商关系密切。凡是在近代得到较大发展、并可以称之为都市的大城市，除北京、西安是作为传统政治行政中心外，几乎都是开埠通商城市，如上海、天津、广州、南京、重庆、青岛、哈尔滨、沈阳、汉口、大连等。因此，在近代的都市社会里，

---

[①] 侯杰：《〈大公报〉与近代中国社会》，南开大学出版社2006年版，导论第5页。

工商业的发展与繁荣促使消费文化气息日渐浓厚,"开风气之先"的窗口作用有利于西方文明的浸润与渗透,而植根于传统社会土壤的历史因素又导致传统与现代意味并重和相互影响。在此仅以天津为例。民国时期的天津是北方第一、全国第二大的工商业和港口贸易城市。而天津由传统到现代的急速转型,可以说是近代中国社会的缩影,正所谓"百年中国看天津"。

### (一) 工商业发达,消费文化气息日渐浓厚

人类的消费活动是日常生活中的文化活动之一。波德里亚提出,消费文化就是在消费社会的人们消费中所表现出来的文化[①]。在这样的消费社会中,"消费是社会生活的主流,消费已经成为一种完全的生活方式"[②]。消费文化是资本主义和社会经济发展到一定条件的产物,是商业社会的重要表现。美国人类学者麦克·可瑞肯(C.McCracken)认为,消费者使用被赋予了文化意义的消费商品能够表示不同类别的文化,培养一定的生活价值理念,形成特定的生活方式,建构自我概念,并见证和标记社会变迁。[③]赋予了文化意味的消费不再以物的使用价值为唯一目的,而具有了象征意义。

不仅如此,之后有越来越多的学者从文化角度审视消费问题。人们在消费某一物品时,不再拘泥于其作为日常生活的必需品,而是将其视为具有某种认同的符号,并以此勾连起人们的地位、身份、品位等。波德里亚认为,在消费社会,消费已经远离了物品的使用价值,不再限于感官需求和满足的胜利层次,而成为对符号的消费,"消费的主体,是符号的秩序"[④]。因而消费文化是文化在消费领域的渗透与发展,是伴随消费活动而来,表达某种意义或传承某种价值系统的符号系统。[⑤]从范围上讲,消费文化包括物质消费文化、精神消费文化和生态消费文化,是社会文明的重要内容之一。布迪厄还提出"审美消费"的观点,打破审美消费和日常

---

[①] [法]让·波德里亚:《消费社会》,刘成富、全志钢译,南京大学出版社2001年版,第220页。

[②] [英]弗兰克·莫特:《消费文化——20世纪后期英国男性气质和社会空间》,余宁平译,南京大学出版社2000年版,第3页。

[③] 陈坤宏:《消费文化理论》,扬智文化事业股份有限公司1996年版,第13—18页。

[④] [法]让·波德里亚:《消费社会》,刘成富、全志钢译,南京大学出版社2001年版,第226页。

[⑤] 郑力:《媒介传播中的消费文化》,《青年记者》2006年第14期。

消费的界限,"将审美消费置于日常消费领域的不规范的重新整合"①。

值得关注的是,消费文化充斥的商业社会里,消费也是个人价值和生活意义所必不可少的。"消费作为一种能够带来官能刺激和满足的行为而被理所当然地定为人生价值和终极意义的所在。"②它以极大的诱惑力刺激着人们的欲望和需求,"关于消费的一切意识形态都想让我们相信,我们已经进入了一个新纪元,一场决定性的人文'革命'把痛苦而英雄的生产年代与舒适的消费年代划分开来了,这个年代终于能够正视人及其欲望。"③消费文化伴随着西方资本主义侵略势力的扩张,进入开始迈向现代的近代中国社会。各大都市在迅速崛起的过程中,工商业一直起着主要的推动作用,而工商业发展所带来的是消费文化的兴盛和民众消费观念的变化。

天津设卫筑城始于明朝初期的1404年,最初是出于军事目的。数百年来由于南来北往中转贸易的地理优势,天津的经济功能"后来居上",成为一个依靠工商业而兴的典型沿海城市。而天津进入现代都市发展行列,是在1860年被迫开辟为通商口岸之后。19世纪中后期,作为北方洋务运动的中心,天津先后有天津机器局等军工企业和轮船招商局、开平矿务局、天津电报总局等"官督商办"的现代工商企业。20世纪初,天津又成为清政府实行"新政"的重镇。在袁世凯的主持下,北洋银元局、直隶工艺总局、天津织染缝纫公司、万益织呢厂等一批号称"北洋实业"的工商企业纷纷在天津设立。到了民国时期,天津的近代工业体系基本完成。"据1928年天津社会局的调查,在天津的中国城区(不包括租界),共有中国人开办的工厂2186家,资本总额约为3300余万元,其中制盐、碱、棉纱、面粉、火柴等17家大型工厂的资本额为2900余万元,占资本总额的93.3%。另外各国租界内中外工厂3000多家。"④

这一时期天津的商业更是获得了长足进步。其中洋纱、洋布、百货、五金、西药、棉花、皮革等与对外贸易关系密切的行业获得较大发展。以洋布庄为例,到民国初年时,天津主要的洋布庄有31家,如天津资本家经

---

①罗钢、王中忱主编:《消费文化读本》,中国社会科学出版社2003年版,第44页。
②王儒年:《欲望的想像:1920—1930年代〈申报〉广告的文化史研究》,上海人民出版社2007年版,第13页。
③[法]让·波德里亚:《消费社会》,刘成富、全志钢译,南京大学出版社2001年版,第74页。
④罗澍伟主编:《近代天津城市史》,中国社会科学出版社1993年版,第418页。

营的隆顺、义泰昌、同和成、德华公、广和顺等,以及总店在山东而在天津设有分店的瑞林祥、恒祥茂、庆祥等。①

近代城市商业发展中,百货业是日益壮大起来的新兴行业。百货店前身是杂货店,原本主要经营城市或乡镇附近地区的手工业产品和农副产品。随着西方国家大量商品的涌入,天津的杂货店开始兼销或经销洋货,综合性的百货商场如中日商场、北海楼、东安市场也陆续出现。1913年,宋则久接手天津工业售品总所,由于提倡国货的理念和经营范围的逐步扩大,在1923年将其更名为天津国货售品所。国货售品所经销商品丰富,绸缎布匹、日用百货、工艺品、五金、钟表等不一而足。随着资本的增加,商场规模不断扩大,1926年时经销商品达8000余种,年盈利也达到万元以上。②

天津的商业中心最初位于老城区,主要在北门外的竹竿巷、估衣街和环城马路(以北、东马路为主),开埠后仍继续繁荣了很长一段时间。自20世纪20年代开始,租界区由于局势相对安定而逐渐繁荣起来,吸引了越来越多的商店由老城区商业中心移向租界区。到1926年,"旭街全路大半为华商铺号所占","大小商号前往租界者,罔不争先恐后"。③表1.1为1927年时天津租界和老城区主要的绸缎布庄、衣装帽铺、鞋店等。

表1.1 1927年天津主要商业店铺一览(部分)

绸缎布庄

| 商店名称 | 地点 | 商店名称 | 地点 |
| --- | --- | --- | --- |
| 老九章 | 日租界旭街 | 大纶 | 日租界旭街 |
| 九纶 | 法租界梨栈 | 瑞蚨祥鸿记 | 估衣街 |
| 元隆 | 估衣街 | 大章 | 法租界 |
| 敦庆隆 | 估衣街 | 崇德 | 日租界旭街 |
| 聚源长 | 锅店街 | 裕兴文 | 锅店街 |
| 久复源 | 法租界 | 荣记 | 锅店街 |
| 锦章 | 估衣街 | 华竹分号 | 日租界旭街 |
| 大丰 | 法租界 | 隆顺 | 竹竿巷 |

---

① [日]中国驻屯军司令部编:《二十世纪初的天津概况》,侯振彤译,天津市地方史志编修委员会总编辑室出版(内部发行)1986年版,第377页。
② 参见罗澍伟主编《近代天津城市史》,中国社会科学出版社1993年版,第374页。
③ 《大公报》1926年10月21日。

续表

| 商店名称 | 地点 | 商店名称 | 地点 |
| --- | --- | --- | --- |
| 合记号 | 针市街 | 谦祥益 | 估衣街 |
| 志大昌 | 特一区 | 裕盛永 | 估衣街 |
| 谦盛祥 | 日租界旭街 | 庆祥 | 估衣街 |
| 华竹支号 | 法租界马家口 | 仁昌 | 法租界梨栈 |
| 永源 | 日租界 | 同昌信 | 竹竿巷 |
| 何庆昌 | 英租界 | 范永和 | 估衣街 |
| 裕丰永 | 归贾胡同 | 永记 | 北马路 |
| 华竹 | 估衣街 | 利丰 | 法租界 |
| 源隆协 | 法租界 | 宝泰祥 | 竹竿巷 |
| 元兴隆 | 竹竿巷 | 李同益 | 法租界 |

衣装鞋帽

| 商店名称 | 地点 | 商店名称 | 地点 |
| --- | --- | --- | --- |
| 九恒源 | 锅店街 | 华源德 | 估衣街 |
| 德华馨 | 大胡同 | 月升齐 | 毛贾果巷 |
| 同升和帽庄 | 估衣街/法租界 | 联升 | 宫北 |
| 文盛 | 估衣街 | 德茂源 | 锅店街 |
| 同德馨 | 法租界 | 凤祥 | 估衣街 |
| 老美华义记 | 日租界 | 久大皮鞋公司 | 法租界 |
| 源合时 | 锅店街 | 起兴义 | 锅店街 |
| 美华鑫鞋庄 | 大胡同 | 同德义 | 侯家后 |
| 盛锡福 | 法租界 | 天祥号鞋铺 | 特二区 |
| 同义和帽庄 | 侯家后 | 西华兴皮鞋庄 | |
| 美华鑫鞋庄 | 大胡同 | 洪义和鞋帽庄 | |
| 宏胜昌鞋铺 | 宫北 | 天祥号鞋铺 | 特二区 |
| 洪香九时鞋庄 | | 华胜敦皮鞋店 | |
| 义聚和帽庄 | 估衣街 | 凤翔帽庄 | 估衣街 |

资料来源：甘眠羊编《简明天津指南》，中华印书局发行1927年，第48—49页；甘眠羊编《新天津指南》，绛雪斋书局发行，1927年，第81—82页。

1928年1月，位于旭街的中原公司开幕。其中1至3楼为百货商场，经营洋广杂货，布匹绸缎、呢绒、食品等。①同年12月开业的劝业场后来居上，规模迅速超越其他商场，成为天津、甚至华北地区最大的百货商场。此外同期设立的还有法租界的天祥商场、泰康商场等。1934年天津市政府出版的《天津市概要·工商篇》介绍了天津百货商场的盛况："天津百货店，凡国人所设者二：曰中原公司，曰国货售品所。外人所设者三：曰惠

---

① 参见罗澍伟主编《近代天津城市史》，中国社会科学出版社1993年版，第374页。

罗公司，曰福利公司，曰华东百货店。又有百货商场之设为招商事业，其动机甚早在清宣统三年（1911年）即有中日商场之创立，今存者有北海楼、泰康、天祥、劝业数处，而天祥、劝业之设备较为完善。"①在此基础上，天津形成了大、中、小商店并存，综合性商场和专门性商店互为补充的商业格局。

1931年"九·一八"事变后，日本在华北地区制造紧张局势，觊觎平津，致使天津商业中心由老城区向租界区转移的速度加快。20世纪30年代中期，法租界劝业场、梨栈一带形成新的商业中心。根据1934年的统计，天津资本较大的566家各类商店中，设于租界的已达211家，占到37%以上，其中设于法租界、日租界者居多。②仅劝业、天祥、泰康三大商场就集中了600多家商店，遍及百货、绸布、服装、鞋帽、金银首饰、珠宝玉器、食品杂货、中西药、钟表眼镜、木器、玻璃、瓷器、图书字画等门类。③

林林总总、规模不一的商业店铺作为重要的消费场所，无不显示着都市民众的消费能力和市场需求。民众不仅满足于基本的生活消费，更向奢侈性的消费行为迈进。曾经有人回忆起这一时期天津繁荣的消费景象："那时（1925—1931），最繁荣的街道是北门外大街、估衣街、锅店街、娘娘宫大街，从早到晚车水马龙，游人如过江之鲫，摩肩接踵。有的逛商店，有的进市场，有的下饭馆。每天入夜之后，达官显贵人家的老爷、太太、小姐们带着佣人，坐着汽车、马车、人力车来到估衣街、锅店街的夜市，出入各大绸缎呢绒店、皮货庄、百货线店、鞋帽店、钟表店选购高档的商品，然后大包小包装车，真是'满载而归'。众多的一般游人也逛夜市，九十点钟方告收市。"④

（二）西方文明渗透，传统与现代意味并存

西方文明对于近代中国都市社会的渗透，一个重要的体现便是在都市民众的日常生活与休闲娱乐之中。天津的各租界区里，居住着为数众多

---

① 天津市市志编纂处编：《天津市概要·工商篇》，天津百城书局1934年版，第6页。
② 参见天津市市志编纂处编《天津市概要·工商篇》，天津百城书局1934年版，第20—24页。
③ 参见来新夏主编《天津的城市发展》，天津古籍出版社2004年版，第179页。
④ 王秀舜、张高峰：《天津早期商业中心的掠影》，中国人民政治协商会议天津市委员会文史资料研究委员会编《天津文史资料选辑》（以下均简称《天津文史资料选辑》）第16辑，天津人民出版社1981年版，第70页。

的外国侨民。他们将西方文明裹挟下的喝咖啡、吃西餐、跳交际舞、看电影、打高尔夫球、打网球、游泳、观看赛马等现代娱乐休闲活动带入天津。面对日渐兴起的电影院、舞厅、游艺场、球房、回力球场和赛马场等带有浓厚"洋味"的娱乐消费场所，天津的民众由最开始的好奇迅速转为向往和喜爱。

1931年宋蕴璞所编的《天津志略》第十八编"食宿"篇记载："关于食，天津之饭店可略分为天津馆、北京馆、扬州馆、宁波馆、川菜馆、山东馆、山西馆、广东馆及洋饭庄等数种。"[①]这里的洋饭庄，即指西餐厅。民国时期天津最著名的西餐馆当推起士林，1908年由德国厨师起士林与他人合办于法租界，到30年代时已远近驰名。此时天津还有太平洋饭店、永安饭店、大华饭店等多家西餐馆。[②]不仅在津的外国人是这些西餐厅的常客，不少颇有财力的中国民众也以吃西餐为时髦。

天津最早的电影院是建立于1906年的"权仙电戏院"。1930年元旦，有声电影在平安电影院首次放映[③]。1926年天津的电影院仅有6家，其中4家建在英租界和法租界[④]；而到1934年时，全市的电影院已增至21家，一些戏院也改放电影。[⑤]光明、平安、天升、光陆、明星、国泰、天宫、大明、新新等档次不同的电影院，播放着来自美、法、英等国的外国影片和来自上海的国产影片。看电影已成为天津民众娱乐休闲的活动之一。

交际舞在都市的逐渐流行推动了舞场的出现。最初侨居的外国人在租界开办各种形式的舞会，并设立舞场，如20年代初天津的起士林在其屋顶花园附设跳舞场。[⑥]随后不久舞场便多了起来，天津饭店、起士林西餐厅、利顺德饭店、大华饭店、西湖饭店、福禄林大饭店等均附设舞场，30年代还出现了专门的舞厅，如巴黎舞场等。

赛马场主要设在英租界，多为英商所建，也有中国商人出资，影响较

---

①宋蕴璞编：《天津志略》第十八编"食宿"，天津协成印刷局1931年铅印本。
②参见天津市地方志编修委员会编《天津通志·附志·租界》，天津社会科学院出版社1996年版，第265页。
③冯紫墀：《我在平安电影院二十年的经历》，《天津文史资料选辑》第32辑，天津人民出版社1985年版，第216页。
④刘再苏：《天津快览》，世界书局1926年版，第161页。
⑤天津市市志编纂处编：《天津市概要·杂俎篇》，天津百城书局1934年版，第4页。
⑥龙父：《起士林屋顶花园观"石头"跳琴纪》，《北洋画报》第6期，1926年7月24日。

大者有1925年建成的天津英商赛马会、1932年建成的万国赛马场等。回力球场则在1935年春建于意租界。观看赛马和到回力球场打球被都市的上层民众认为是时髦的娱乐消费活动。

游艺场是集电影、戏剧、曲艺等各种活动为一体的娱乐消费场所，大多附设在商场、饭店或戏院中，广受都市民众的青睐。1927年以后，劝业场、天祥市场、惠中饭店及春和大戏院等先后开设了游艺场。其中劝业场内号称"八大天"[①]的娱乐场所久负盛名。

中西文明的碰撞和交融、传统与现代文化的交织促成了以天津为代表的都市华洋共处、新旧杂陈的社会环境。反映在天津民众的文化消费领域，则出现了两大倾向：一方面，来自异域的、现代形式的休闲娱乐与文化活动（如前文所述），较大程度上刺激了都市民众的消费欲望和享受心理；另一方面，传统意味十足的戏曲与民间曲艺异常繁荣，也广受到民众的追捧。

戏曲和民间曲艺作为传统文化的重要组成部分，发展到民国时期进入了鼎盛阶段。戏院（或剧院）作为营利性质的戏曲演出场所，遍布天津的老城厢和租界区。其中名气较大的有春和大戏院、北洋大戏院、明星大戏院、皇后戏院、华北戏院、中国大戏院等。[②]京剧、评剧、河北梆子等不同戏曲门类百花齐放，各路名家名角悉数登上天津的戏院舞台，如梅兰芳、荀慧生、陆素娟、章遏云等。天津也一度成为名旦、名角的"唱红"之地。那些居住在租界的清朝遗老遗少、军阀政客甚至买办、富商等都是戏曲艺术的欣赏和消费群体，"捧角"现象盛极一时。一些具有稳定收入的机关职员和知识分子也以戏曲为娱乐消遣内容之一。大鼓、相声、评书、杂耍等民间曲艺通俗易懂，注重生活实际，满足了都市下层民众的消费需求。当然，这些艺术形式并非完全割裂的，戏曲和民间曲艺的大放光彩共同成为天津都市社会文化生活的重要内容。

于是，天津被描绘成这样一座都市，"十点过后……商店、饭店开门了，游人也逐渐增多，直到深夜十点，便进入了高潮。灯火辉煌，剧曲连台，锣鼓喧天，歌声靡靡，婆娑乱舞，通宵达旦，此时此刻，这个商业中心已是不夜之城，出现了奇特的夜景。当时针指向二十四点时，饭店、

---

① "八大天"即20世纪30年代劝业场4楼至7楼开设的八大娱乐场所：天华景戏院、天乐戏院、天宫影院、天会轩戏院、天露茶社、天纬台球社、天纬地球社、天外天屋顶夜花园。
② 参见周利成、周雅男《天津老戏园》，天津人民出版社2005年版，第222—227页。

酒肆、旅馆、浴室又开始上客，猜拳酬酒，寻花问柳，吞云吐雾，直到天明。"①

然而在消费文化兴起、西方文明大量涌入的同时，国家民族主义话语仍旧顽强生长于天津民众的社会生活之中。20年代中后期新旧军阀的混战，"九·一八"事变后华北局势的紧张，更使得天津无时无刻不笼罩在国族危机的氛围中。都市民众的社会生活，包括衣食住行、休闲娱乐等都潜移默化地受到国家民族主义话语的影响。美国学者葛凯便认为，"20世纪初期的中国，正在兴起的消费文化既界定了近代中国民族主义，又帮助传播了这种近代中国民族主义"②。因而，某种程度上这一时期天津的消费文化又与国家民族主义话语发生着不同层面的融合，如提倡购买国货等。《北洋画报》在30年代宣传服装鞋帽、美容化妆品等消费品的文字和图片里，不时可见对国产货品的赞扬和推崇。

## 二 日渐繁荣的天津报刊业

天津近代报刊业的发展，始于19世纪末期，到抗战前达到繁荣之势：以宣传政论和揭示社会问题的报纸层出不穷，广受都市民众欢迎；女性报刊的出现为天津报业增添了新的活力；画报的发展丰富了天津的报业市场。

从1886年开始，天津陆续出现了外国传教士创办的《时报》（1886年英人创办）、《京津泰晤士报》（1894年英人创办）、《直报》（1895年德人创办）等。1897年严复等人创办的《国闻报》是近代中国人在天津自办的第一份报纸。同年严复等人又创办《国闻汇编》，连同《国闻报》一起，大力宣传维新变法思想。严复著名的译著《天演论》，便是通过在《国闻汇编》连载的形式问世的。

清朝末年，随着政府开报馆、办报纸等新政措施的出台和知识分子社会参与意识的增强，天津的报刊业得到发展。1902年2月，袁世凯在天津设立北洋官报局，出版以政府公报为主的《北洋官报》等。同年6月，知名报人英敛之创办了以"开风气、牖民智"为主旨的《大公报》。这一

---

①张高峰：《劝业场一带的变迁——一片郊野怎样发展成为商业中心的》，《天津文史资料选辑》第16辑，天津人民出版社1981年版，第88页。

②[美]葛凯：《制造中国：消费文化与民族国家的创建》，黄振萍译，北京大学出版社2007年版，第4页。

时期天津商业及企业创办了一些商业报刊，包括《华洋时报》（1904年创办）、《北洋商报》（1904创办）、天津商报（1905年创办）等。天津的白话文报刊也诞生于这一时期。英敛之最先倡导白话文，1905年9月《大公报》附出的《敝帚千金》周刊，是天津最早的白话报。之后出版的白话报有《竹园白话报》（1907年创办）、《天津白话报》（1910年创办）、《公民白话报》（1910年创办）等。

此时天津的报业市场上，还出现了以漫画为表现手法、采用石版印刷技术印刷的画报。1907年3月，温世霖和吴芷洲共同创办《醒俗画报》，这是天津最早的画报，第一任主笔为画家、植物学家陆辛农。1907年6月吴芷洲和陆辛农脱离《醒俗画报》，另组《人镜画报》（周刊、约5个半月后停刊）。1908年5月，《醒俗画报》更名为《醒华画报》，后于1913年1月停刊。此外还有《民辛画报》（1911年创刊）、《正风画报》[①]等。其中《醒俗画报》以辛辣、幽默的笔调，再现了清末民初的社会风情。

进入民国以来，一方面，中国政局动荡，由军阀、政客组建成立的北京政府政权交替频繁，无力对社会进行严密的控制，给报刊媒体的发展提供了客观条件；另一方面，五四新文化运动的蓬勃发展造就了一批新式的知识分子。他们不仅迫切希望通过报刊这一媒介形式了解世界、交流思想，同时还试图借助报刊向社会宣传自己的主张，以实现改造社会的愿望。在这样的社会背景下，天津的报刊业有了长足的进步，呈现出繁荣的局面。1915年10月，天主教传教士、比利时人雷鸣远在天津创办了《益世报》。这是天津近代报刊史上的一份重要报纸，很快发展成为全国知名大报。1920年马千里等人创办的《新民意报》、1923年刘霁岚创办的《评报》、1924年刘髯公创办的《新天津报》等也都在天津的民众生活中产生了一定的影响。

20年代中期以后，天津政局的相对稳定又促使报刊业进一步向前推进。1925年，董显光创办《庸报》，以体育新闻和副刊为办刊特色。1928年，王镂冰、叶庸方等联合创办《商报》，以服务商界为主旨。1928—1929年间，天津出现了《大公报》《益世报》《庸报》和《商报》"四大报"并存的局面。

天津女性报刊的出现是从五四新文化时期开始的。1919年直隶女师

---

[①] 辛亥革命前出版，具体时间不详。

学生许广平、蒋云创办并主编了《醒世》周刊，同年天津女界爱国同志会和天津学生联合会又共同创办了《平民》（半月刊）。创办报纸是活跃于天津的女权运动先驱们宣传革命、倡导妇女解放的主要形式之一。1923年，邓颖超、李峙山等组成的进步妇女团体——女星社在《新民意报》开办《女星》旬刊。1924年，刘清扬等人发起创办面向全国讨论妇女问题的《妇女日报》。《妇女日报》是中国女共产党员参与创办的一份重要的妇女报纸。30年代天津的女性报刊则有《新妇女》（周刊，1935年创办）、《妇女园地》（月刊，1936年创办）、《天津妇女》（1936年创办）等。

天津画报的发展也在20年代以来进入一个新的阶段。随着印刷技术和摄影技术的进步，此时画报已由清末民初的石印阶段过渡到铜锌版印刷阶段。本书所研究的《北洋画报》创办于1926年，这是天津第一份使用铜锌版技术印刷而成的大型摄影画报。随后的《玲珑画报》（1929年创办）、《中华新闻画报》（1930年创办）、《风月画报》（1934年创办）、《银线画报》（1935年创办）等则多模仿《北洋画报》的版式。

天津报刊业的繁荣使得天津成为华北乃至北方地区的新闻报刊中心，"据不完全统计，1927年到1937年'七七'事变前，先后创办于天津的各种中文报纸有58种，外文报纸9种，周报2种，画报6种，发行总量超过29万份"[①]。

## 三 持续发展的摄影与印刷技术

20世纪二三十年代是近代中国画报的繁荣时期。此时的画报与清末民初的画报相比，技术层面上实现了巨大的突破，皆为"照相铜版画报"[②]。摄影术和印刷术的进步与革新，为《北洋画报》的诞生及发展创造了必备的物质技术基础。

（一）摄影术

摄影术的成熟是画报发展和取得突破的重要因素之一。摄影术是1839年由法国人路易·达盖尔发明的，时称"达盖尔法"或"银版法"。几乎与达盖尔同时，英国人塔尔博特发明"卡罗法"摄影术；1851年，阿彻尔推出湿版火棉胶法摄影术，即"湿版法"。摄影术的发明是世界图像史和

---

① 徐景星：《近代天津报业概述》，《天津报海钩沉》，第16页。
② 武越：《画报谈》（上），《北洋画报》第18期，1926年9月4日。

艺术史的一场重大革命。摄影可以较为客观地保存图像和实现"瞬间的永恒",因而受到世人的欢迎,很快风靡全世界。"这种潮流及活动,遍及世界各地,仅1853年,美国就有1万多人拍摄了300多万幅照片。在伦敦,人们可以租用装有玻璃天棚的摄影室来拍照,租用黑房进行冲洗。1856年,伦敦大学的课程甚至增开了一门摄影技术课。一种新的行业——一种新的消遣事业诞生了。"①

摄影技术伴随着鸦片战争进入中国,很快应用于清政府的外交活动中。1844年8月,两广总督兼五口通商大臣耆英在与法国拉萼尼签署《望厦条约》之际,曾向意大利、英国、美国、葡萄牙四国官员赠送"小照"。该"小照"使用的是银版摄影法,拍摄者是来华的法国人埃及尔。随后摄影术主要在中国的香港、广州、上海等南方城市和地区传播,一些外国人相继在这些地区开设照相馆。摄影技术传入中国的早期,画师成为较早接受摄影技术的中国人,甚至出现画师改业从事照相的情况,摄影专著也陆续问世。②而早期的摄影师则以邹伯奇、罗元佑、赖阿芳为代表。③

第二次鸦片战争中,英法联军将炮火打到了天津、北京等地,摄影便由随军的摄影师带到了中国的华北地区。《津门闻见录》曾记载:"英匪入天津时,志颇不小,心亦过细。凡河面之宽窄,城堞之高低,所有要紧地方,无不写画而去。尤可异者,手执玻璃一块,上抹铅墨,欲象何处,用玻璃照之。完时铅墨用水刷去,居然一幅画图也。如望海楼、海光寺、玉皇阁,皆用玻璃照去。"④19世纪70年代初期,广东摄影师梁时泰来到天津,开设照相馆。

到19世纪末,在天津的照相业中,日商经营的"武斋"和华商所办的"恒昌"形成对峙局面。"武斋"照相馆因辛丑条约后日商回国而停办。"恒昌"照相馆最初创办人为黄国华,摄影师为王子铭。1904年,在天津

---

① 美国时代生活丛书编辑部编:《摄影的技术》,梁世伟译,时代公司1978年版,第8页。

② 参见胡志川,马运增主编《中国摄影史(1840—1937)》,中国摄影出版社1987年版,第16—17、40—51页。

③ 邹伯奇(1819—1869),广东南海人,被称为"中国照相机之父",于1844年制成中国第一架照相机,并完成《格术补》《摄影之器记》两本摄影学术著作;罗元佑和赖阿芳则分别在上海和广州开办了营利性质的商业照相馆,成为中国第一代专业的摄影师。

④《红毛国形象衣服器械船只图说》,参见郝福森《津门闻见录》稿本,天津图书馆藏。

盐商王奎章出资之下，王子铭接管"恒昌"，随即更名为"鼎昌"。1912年，王子铭逝世，学徒出身的王润泉、李耀亭接管照相馆，再次更名为"鼎章"。经过不断地扩大规模，鼎章照相馆很快在民国时期天津的照相业中跃居首位，其精湛的摄影技术受到天津乃至北京各界人士的好评。

"银版法""卡罗法""湿版法"等摄影技术因客观条件限制，存在着种种不便，导致摄影照片的清晰度受到影响。于是在摄影术不断传播到世界各地的过程中，科学家们也在进一步探索更加便捷、经济实用以及能使照片更加清晰的办法。19世纪末20世纪初，摄影技术取得了较大的突破，最为显著的是胶卷的发明。摄影技术随之由湿版摄影一跃进入干版摄影时代。1889年，美国研制生产出了以硝化纤维素为片基的成卷软片，即世界上最早的胶卷。后经过改进的胶卷很快成为正式的商品被广泛采用。此外，照相器材方面，小型的镜箱代替了部分笨重的相机；彩色摄影技术经过摸索研制，初步付诸实用。摄影技术的改进，促使照相在世界各地更加普及。

摄影技术每取得一步进展，便很快通过不同的途径传播到中国。20世纪二三十年代，在摄影技术引入和国人的不断摸索实践之下，中国的照相业获得较大发展，照相馆相继在各地出现，"二三十年代，全国各大中城市，都有一些著名的照相馆。上海有王开、宝记、兆芳、中华等，北平有大北、同生，天津有鼎章、同生，武汉有显真楼，广州有艳芳等等"[①]。而这些照相馆所采用摄影技术，几乎是与世界同步的。摄影技术的推广为中国摄影画报的出现和发展提供了技术基础。此时甚至还出现了一批专门服务于报纸媒体或出版机构的摄影记者。《北洋画报》以大量登载摄影照片而著称，其能够在20世纪20年代中期至30年代的天津乃至北方地区发展迅猛并产生较大影响，与摄影技术的传入和照相业在天津及中国其他各大都市社会的流行，以及摄影记者群体的出现是分不开的。

（二）印刷术

印刷术是中国古代的四大发明之一，曾居于世界领先地位达千年之久，远播世界各地。西方近代印刷术便是在中国古代印刷术的基础上发展

---

[①] 胡志川、马运增主编：《中国摄影史（1840—1949）》，中国摄影出版社1987年版，第299页。

而来①，主要包括凸版、平版、凹版、孔版四种印刷技术②。自19世纪初开始至20世纪初的百余年时间里，这些印刷工艺和技术陆续传入中国，促使中国的印刷文化开始由传统到现代转型。画报的产生及发展与印刷术的不断革新有着密不可分的联系，尤其是以石版、珂罗版和照相间接印刷的平版印刷技术，对画报影响巨大。画报也可以说是西方近代印刷术回输中国与中国印刷跨入现代历程中的重要产物。

石版印刷由奥地利人塞纳菲尔德（Alois Senefelder）于1796年发明，"是以石板为版材，将图文直接用脂肪性物质书写、描绘在石板之上，或通过照相、转写纸、转写墨等设备和方法，将图文间接转印于石版之上，进行印刷的工艺技术"③。最初石版印刷技术由来华的外国传教士带入中国，主要用途为印刷宣教品。石版印刷与中国古代的印刷术相比而言，制作成本大为降低。不过石版印刷的完成除机械设备外，还需要专门的画师或具备一定绘画训练的人。1884年创刊的《点石斋画报》是中国刊行最早的画报，采用的便是石版印刷，即"把石印手绘的时事风俗画，用石印方法把线条画印在连史纸上"④。在天津，石印画报则以创办于20世纪初的《醒俗画报》《人镜画报》为代表。

铜锌版印刷是1855年由法国人稽禄脱（M.Cillot）发明的。照相铜锌版"是照相术应用于印刷制版之产物"⑤，分为照相铜版和照相锌版，因而合称铜锌版。铜锌版制图尽管需要时间较长，但在图画清晰度方面，远远超过了石印版制图，"虽细如毫发之纹，亦异常清楚。其免燥湿伸缩之虞也，胜似木刻；其无印刷模糊之病也，超乎石印"⑥。铜锌版印刷术的应用，使得摄影照片可以以较高的清晰度进入画报版面，因而很大程度上拓展了画报的发展空间，丰富了画报的内容。"铜版印出来的画报，比绘画石印的要逼真、清晰、美观得多。不论是自然风景，时事新闻，艺术作

---

①范慕韩主编：《中国印刷近代史初稿》，印刷工业出版社1995年版，第492页。
②同上。
③张树栋、庞多益、郑如斯等：《中华印刷通史》，台北财团法人印刷传播与才文教基金会2004年版，第509页。
④吴果中：《〈良友〉画报与上海都市文化》，湖南大学出版社2007年，第31页。
⑤张树栋、庞多益、郑如斯等：《中华印刷通史》，台北财团法人印刷传播与才文教基金会2004年版，第504页。
⑥梅素文：《天津最早出版的几种刊物》，孙五川、李树人主编《天津出版史料》第5辑，百花文艺出版社1993年版。

品，社会风俗习惯，人类生活情形；不论是远是近，国内国外，皆可收在小小的镜头内，然后制成铜版，印在报上，使看报的人，如同身历其境，一目了然。"①

近代画报发展史上，铜锌版印刷术的上述优点决定了石版印刷术被取代的命运。1907年李石曾等留法学生在巴黎创办、行销于中国各地的《世界》画报，以刊登照片为主，是中国人最早采用铜锌版印刷技术制作的画报。1912年6月上海出版的《真相画报》是中国国内第一份铜版印刷的画报。20世纪二三十年代，摄影画报因铜锌版印刷术的应用而日渐增多，并进入民国时期著名报人萨空了所说的"铜版时代"——"此石印时代直推延至民国九年（1920年）上海《时报》之《图画周刊》出版，始渐为铜版画报所代兴，而造成中国画报之'铜版时代'"②。1920年上海《时报》出版摄影副刊《图画周刊》，1924年冯武越在北京创办《图画世界》，随后《良友》画报于1926年2月诞生于上海，此外另有《上海画报》《摄影画报》《星期画报》等。据蒋荫恩在《一九三五全国画刊名录》中的统计，截至1935年，全国共有画报235家。③

这一时期，上海、天津、北京等地的出版业、印刷业已经普遍采用铜锌版技术，"数年来印刷业发达，刊物怒茁，铜版已为最流行最普通之物"④。相关的制版和印刷机构纷纷设立，以天津为例，"专门制版之工厂：有景明、协华，以摄影而兼制版者有鼎章，各大报如大公、益世、庸、商亦均有铜版部，盖亦成为必要之供给与设备矣"⑤。《北洋画报》也采用了铜锌版的印刷技术，并"以印刷精美见称于读者"⑥。创办之初，《北洋画报》暂由天津光华美术印刷公司代为制版印刷。1929年，北洋美术印刷所成立，从5月7日开始承担起《北洋画报》的制版与印刷业务。此外，《北洋画报》也尝试使用了珂罗版印刷技术，如第51期的1927年新年增刊（共2张），"宝贵得很，是用珂罗版精印的"⑦。

---

①蒋荫恩：《中国画报的检讨》，《报学季刊》1935年第1卷第4期。
②萨空了：《五十年来中国画报之三个时期》，见祝均宙、萧斌如主编《萨空了文集》，上海科技文献出版社2002年版，第366页。
③甘险锋：《中国新闻摄影史》，中国摄影出版社2008年版，第30页。
④秋尘：《最初制铜版的国人是谁？》，《北洋画报》第827期，1932年9月6日。
⑤同上。
⑥姜公伟：《"北洋画报"九周年纪念日》，《北洋画报》第1266期，1935年7月7日。
⑦记者：《岁首宣言》，《北洋画报》第51期，1927年1月1日。

## 第二节 《北洋画报》的本体解读

《北洋画报》是近代中国北方画报中出刊时间最长、出版期数最多的画报，由于在天津乃至北方地区持久的生命力和影响力，还获得了与上海《良友》画报并称南北"画报奇葩"的美誉。《北洋画报》能够在近代中国画报史上取得举足轻重的地位，与报人们的精心打造和运营是分不开的。

### 一 《北洋画报》的编读网络

《北洋画报》从创办到发展壮大，创办者冯武越可以说是功不可没。他一手创办了《北洋画报》，并坚持经营达8年之久，即便在离开《北洋画报》之后，仍时刻关注着它的前途和命运。历任主编们则在不同时期为维持和扩大《北洋画报》的影响而付出艰辛努力，并将《北洋画报》的精神发扬光大。而作为亦图亦文的画报媒体，《北洋画报》不仅有着数量庞大的文字作者，更有专门提供摄影照片与绘画作品（包括漫画、素描、风俗画等）的众多图像作者，即摄影记者和画家。《北洋画报》发行的11年间，天津作为大都市尽管相对稳定，却仍面临各种危机。《北洋画报》却能够经受住各种挫折、克服困境，成为近代华北画报之翘楚，与其广受都市民众欢迎、拥有相对稳定的读者群体也是分不开的。

（一）创办人——冯武越

冯武越（？—1936），广东番禺人，自号笔公，出身名门，为中国银行总裁冯耿光之子。他早年先后远赴法国和比利时留学，学习航空和无线电，回国后曾服务于航空界，一度担任张学良的法文秘书。冯武越"能文、能书、能画"，酷爱摄影，早在海外游学期间，便曾做过画报的见习摄影记者。1909年，年仅13岁的冯武越牛刀初试，与人合作创办了《儿童杂志》，"自从十三岁便小试身手，立下办报的根基，得到壮年来，不但喜欢看报玩报，而且玩外国报"。[①]

冯武越立志办报，首先是基于他个人强烈的服务社会、改造社会的

---

[①] 武越：《笔公自记》，《北洋画报》第101期，1927年7月6日。

责任感和使命感。而选择办画报，则是他看到了画报对于普及社会知识的独特价值，"画报的好处，在于人人能看，人人喜欢看，因之画报应当利用这个优点，容纳一切能用图画和照片传布的事物，实行普及知识的任务。"①清末民初画报业虽然已经有所发展，然而画报数量仍是少之又少，无法满足社会民众的需求。对此，冯武越也深有体会，"中国的报纸杂志，就现今人民知识程度而论，总算够发达的了，然而社会所最需要的画报，却还十分缺乏。"②

早在1924年，冯武越便在北京独资创办了《图画世界》。《图画世界》为月刊，以"时事、艺术、科学"六字为宗旨③。由于同年9月第二次直奉战争爆发，导致该画报销路受阻，亏本严重，不得已而停刊。截至停刊之时，《图画世界》仅出版3期。这是近代中国北方照相铜版画报的开始。1924年冬，随着第二次直奉战争的平息，冯武越以图画世界社的名义，主办了《京报》的副刊之一——《图画周刊》。《图画周刊》堪称近代"北方日报附刊（副刊）画报之始"④，出刊数10期后，因冯武越赴东北出任张学良法文秘书而无奈辍刊。

冯武越十分注意对摄影照片、绘画等有关文艺的历史资料的收藏和积累。这些素材在他创办和经营画报过程中发挥了重要作用。1926年，冯武越来到天津，受聘为《益世报》的总监察兼撰述。也就在这一年，冯武越再度筹办画报。数年来办画报经验的积累和张学良的经济支持，有效地提升了冯武越创办画报的信心。几个月后，7月7日《北洋画报》创刊。在近代中国，"北洋"专指从山东及以北的沿海地区，包括山东、河北、辽宁等地域。⑤冯武越将画报取名"北洋"，足可见其开拓北方画报宏业的气度。

与创办《图画世界》一样，冯武越再度将"时事、艺术、科学"定为《北洋画报》的口号，反映了其一贯的文化理念和抱负。"北洋画报之刊行，亦取时事、艺术、科学六字以为口号，实欲竟图画世界未竟之志

---

① 记者：《几句要说的话》，《北洋画报》第1期，1926年7月7日。
② 同上。
③ 参见武越《画报谈》（上），《北洋画报》第18期，1926年9月4日。
④ 武越：《画报谈》（中），《北洋画报》第19期，1926年9月8日。
⑤ 参见任继愈主编《中国文化大典》，山西教育出版社1999年版，第1546页；周振甫选编《严复选集》，人民文学出版社2004年版，第83页。

也。"①在这一理念下,《北洋画报》风生水起,日渐受到民众的欢迎和喜爱,在天津都市的文化消费品市场占有了一席之地。"在外国人所称为华北(North-China)的范围里,除了北京《晨报》有画报以外,竟没有第二家。天津社会爱读画报的,都买上海的画报,所以在《北洋》没有出世以前,天津的报摊上,充满了上海的各种画报,这也可见画报在天津是怎样的需要了。自从《北洋》一出,真有'风行一时'的盛况。"②

《北洋画报》的风行,固然与顺应了都市社会民众对画报媒体的需求密不可分,更离不开冯武越的不懈努力。首先,冯武越在筹备创办和经营《北洋画报》过程中,争取到了张学良的经济支持。"本人(指冯武越)出资购置印刷机械和一切设备,另由东北军张学良每月补助一部分经费。"③冯武越不仅曾担任张学良的法文秘书,也是张学良的高级幕僚和挚友,其妻赵绛雪则是赵一荻的姐姐。张冯二人的交往和密切关系,使得冯武越有机会向张学良介绍、宣传经营画报的理念以及《北洋画报》的旨趣。而张学良对中国的文化事业素来抱有极大热忱,多次投资教育、文化、新闻等事业,对《北洋画报》的经费支持自在情理之中,并一直持续到"九·一八"事变前。④

其次,为了扩大《北洋画报》的社会知名度和影响力,冯武越还想方设法结交京津等地的社会名流。冯武越是近代都市现代化过程中出现的

---

① 武越:《画报谈》(中),《北洋画报》第19期,1926年9月8日。
② 谬子:《北洋画报一周年纪念》,《北洋画报》第101期,1927年7月6日。
③ 俞志厚:《一九二七年至抗战前天津新闻界概况》,中国人民政治协商会议天津市委员会文史资料研究委员会编《天津文史资料选辑》第18期,天津人民出版社1982年版,第63页。
④ 不过正因为这层关系以及画报对东北军尤其张学良笔墨颇重的事实,让不少人甚至史学界、新闻学界的人士认为《北洋画报》倾向东北军,是张学良的"喉舌"。老报人吴云心也在回忆录中提及,"一般认为《北画》后台实为张学良"(吴云心:《冯武越经营〈北洋画报〉》,《天津报海钩沉》,第134页)。而实际上《北洋画报》办报之初,冯武越及编辑便否认了这一观点,"大家认为《北洋画报》是张学良的机关报,其实只初办时登载过一些三、四方面军的消息,以后很少谈政治,偶尔登一些有讽刺性的政界花絮而已"(许姬传:《天津十年》,《天津文史资料选辑》第39期,天津人民出版社1987年版,第190页)。张学良作为20世纪富有传奇色彩的历史人物,二三十年代是其在中国历史舞台上最为活跃的时期。天津则是张学良进行政治和文化活动,体验外来文明乃至休闲娱乐的重要地点之一。立足于天津、辐射华北的《北洋画报》,多加报道张学良这一政治明星自然也在情理之中。而对于冯武越的具体经营与《北洋画报》的走向,张学良并未加以干涉和控制。

"经营文化企业的绅商的代表"①。绅商和文化人的身份,使他既向往和追求现代的、外来文明浸染下的生活方式,同时又具备较高的传统文化素养。冯武越内心对于中与西、传统与现代文化的这种态度,很大程度上代表了此时居住在天津的众多社会名流的心态。因而《北洋画报》不仅是实现和反映冯武越文化理想的媒介,也是社会名流们表达文化趣味的话语空间。冯武越为保证稿源,时常邀请社会名流赠送稿件或摄影照片、画作等。而他答谢这些《北洋画报》老友的方式,并不是支付稿费,"只是每期赠给经常写稿人画报一份,每年举行宴会一次,请写稿人吃一顿"②。每年的酬答宴会固定在创刊纪念日7月7日这一天,地点则在天津有名的大华饭店,"年年举行纪念,宴于大华,已成定例"③。这既是冯武越经营《北洋画报》的经济办法之一,从另一侧面体现出他在京津等地社会文化圈较好的人际关系。谭林北在接手《北洋画报》后仍延续了这一惯例。

此外,冯武越善于发现人才、重视人才。冯武越大胆用人,既保证了《北洋画报》的持续发展,又推动不少初出茅庐的文学青年迅速锻炼成长为杰出的报界人才。经营《北洋画报》期间,冯武越先后延揽了王小隐、刘云若、吴秋尘、童漪珊等一批报界人才。其中,刘云若报业才干的养成与冯武越的提携有着密切关系。《北洋画报》创刊不久,在王小隐推荐下,冯武越聘用初露头角的刘云若为主编。在刘云若担任主编期间,冯武越付给他的报酬是月薪百元,这一数目在20年代中期的天津是不算少的。同时冯武越也对刘云若的主编工作提出了较高的要求。据老报人吴云心的回忆,冯武越的经营方式是精简、高效,最初编辑部只有一位编辑兼校对员、一位交通员兼勤杂及冯武越本人,即所谓"一笔闲钱不花,一个闲人不用,但在工作质量上要求却是最高的"④。正是在冯武越这种近乎苛刻的要求下,刘云若积累了丰富的报业经验,跻身天津报界名流之列。

冯武越在经营、运作《北洋画报》之余,不仅将自己之前所收藏的文字及摄影作品贡献出来,还将更多的时间放在创作上。他先后以"武越""越""笔公"等为笔名,在《北洋画报》发表图文作品数百篇,其

---

①张元卿:《读图时代的绅商、大众读物与文学——解读〈北洋画报〉》,《天津社会科学》2002年第4期。
②吴云心:《冯武越经营〈北洋画报〉》,《天津报海钩沉》,第134页。
③秋尘:《纪念宴追记》,《北洋画报》第495期,1930年7月7日。
④吴云心:《冯武越经营〈北洋画报〉》,《天津报海钩沉》,第133页。

中有游记如《南游杂记》34篇、《再度南游杂记》11篇、《山中杂记》4篇等，研究近代中国画报的系列小文如《画报谈》《画报进步谈》等，摄影作品有《影中影》《初雪》《玉泉秋色》等，绘画则有《松》等。

"九·一八"事变后，国族危难之下，冯武越的抗日意识愈加强烈。于是他又在天津创办了另一份画报——《图画日报》。《图画日报》以刊登抗日文章为主旨，囿于形势，创办还不到一个月即宣告停刊。1933年，冯武越萌生退意，将一手创办的《北洋画报》转卖给天津同生照相馆的老板谭林北。不过直到1935年底，冯武越仍在《北洋画报》上发表文章、画作、照片等，并关注《北洋画报》的发展。1936年5月，冯武越因肺病去世。《北洋画报》可以说是冯武越画报事业的顶峰。

（二）主编与作者群体

影响报刊媒体的各种因素中，报人无疑是极为重要的，"作为大众传媒的成员，报纸是较为典型的印刷媒介之一，在一定的物质技术条件下，传播过程中的决定因素是传播者而非纸张和印刷术"[①]。报人的知识背景、思想倾向、价值观念等要素很大程度上左右了报刊媒体的风格和舆论导向。近代中国报刊媒体占据社会主要传播载体的位置，具有普遍的影响力，因而"报人得以利用他们在社会中享有的资源以及所掌控的话语权，借助报纸媒体来向某些社会群体宣传自己的思想和理念"[②]。

1. 历任主编

在《北洋画报》这样一个信息聚合与传播的舆论空间中，发挥"策划者和引导者"作用的无疑是主编。正是由于他们的努力，才能真正传承《北洋画报》的精神命脉并发扬光大。冯武越在筹备和创办《北洋画报》之初，邀请了已经在京津报界颇有名气的王小隐担任主编。

王小隐（具体生卒年不详），山东费县人，20世纪二三十年代活跃在京津报界。王小隐最初在北京大学学习土木工程专业，后改学历史。大学毕业后，王小隐先是留校任教，随后又赴西北大学任教，20年代则担任北京平民大学新闻系教授。而辗转各地任教期间，王小隐便已经开始了报业生涯，曾担任北京和上海画刊的通讯员。1925年，王小隐出任天津《东方时报》总主编，不久改任《益世报》副刊《益智录》主编。在接

---

[①] 范继忠：《晚清〈申报〉与上海城市文化研究》，博士学位论文，中国人民大学，2001年，第17页。

[②] 侯杰：《〈大公报〉与近代中国社会》，南开大学出版社2006年版，第5页。

受《北洋画报》主编一职之前，他已跻身京津地区的报界名流之列。"王学贯中西，知识渊博，在报界声望甚高。为人豪放有名士气，学界、报界无论老、中、青都乐与交游。"①1926年7月，王小隐担任《北洋画报》的首任主编。无论对于延揽社会名流供稿，还是提升《北洋画报》的社会影响力，王小隐都发挥了一定的作用。王小隐身为报人，勤于创作，作品等身。二三十年代京津地区的报刊，时常可见王小隐的名字。在邵飘萍经营《京报》期间（1918—1926），王小隐曾与徐凌霄在《京报》合写《三言两语》专刊，每日约百十字，颇受读者欢迎。《北洋画报》自创办之初直到终刊，更是受惠于王小隐的长期供稿。王小隐还十分重视提携青年后辈，在他任《北洋画报》主编没有多久便举荐初露头角的文学青年刘云若担任主编。而他自己则于20年代末，在《商报》创办以考证文物为主旨的副刊《古董摊》。

刘云若（1903—1950），名兆麟（一说兆熊），以字行，天津人，曾在扶轮中学读书，课余喜欢诗词短文创作，时常向报纸杂志投稿。他也因此获得了王小隐、吴秋尘等人的赏识。1926年刘云若为《东方时报》的副刊《东方朔》写稿。刘云若接替王小隐出任《北洋画报》主编后，承担起了整个编辑部的工作，包括撰写文章，编排版面，校对文字，付印出刊等。20年代末，刘云若受聘担任《商报画刊》主编，同时兼办《商报》副刊《鲜花庄》。1936年，刘云若自办《大报》，不过很快由于转载杜重远的《闲话皇帝》一文而遭到查封。

刘云若不仅是杰出的报界人才，还是民国时期著名社会言情小说家、北方鸳鸯蝴蝶派的重要代表人物之一。自30年代起，他开始了小说创作，以描写社会言情为主。"他有深厚的古典文学基础，又受五四新文学洗礼，能深入社会底层，观察世态，觅取典型，挖掘不被人注目的小人物内心深处的情感。笔触细腻，语言生动，富于天津地域性的幽默感，饱含批判社会的现实意义。"②1930年，刘云若的处女作小说《春风回梦记》在沙大风主编的《天风报》连载，受到读者的追捧和称赞。后刘云若又创作了《红杏出墙记》《粉墨筝琶》《小扬州志》《情海归帆》《歌舞江山》《换巢鸾凤》《旧巷斜阳》《冰弦弹月记》《湖海香盟》《恨不相逢未嫁时》等小说40余部，成为在北方可以与张恨水齐名的著名小说家。老报人

---

① 《天津报海钩沉》，第180页。
② 同上书，第192页。

吴云心曾评论："自刘云若小说问世，天津报纸上始有天津人写的能与北平的张恨水相媲美的小说。"①在刘云若之后，接替其担任《北洋画报》主编的是吴秋尘。

吴秋尘（？—1957），江苏吴县人，民国时期活跃在京津报界，以办报而著称。他从北平平民大学新闻系毕业后，先任《世界日报》编辑，继而转任天津《东方日报》副刊《东方朔》的主编。在主编《东方朔》期间，吴秋尘网罗了大批文艺青年踊跃投稿，其中包括"北京的吴征哂、宫竹心、萨空了、施白林，天津的刘云若、戴愚庵、胡秀娟、林墨农、吴云心"②等。他们日后均扬名于京津报界。

1928年吴秋尘又担任天津《商报》采访部长和副刊《杂货摊》主编。随后吴秋尘接替刘云若出任《北洋画报》主编一职。吴秋尘的文学才华虽然不及刘云若，不过作为职业报人的他善于交际，有着良好的人际关系和社会网络。在主编《北洋画报》的数年里，吴秋尘更是积极地将画报与天津的都市文化生活紧密结合起来，如"黎锦晖率明月歌舞团来津，吴秋尘做了义务宣传员；王泊生来了，又大宣传一气；又如怪画家肖松人、舌画家黄二南，找到吴秋尘，吴便尽力捧场"③。正是由于吴秋尘的努力，在《北洋画报》的周围聚合了一批社会名流和城市知识分子。1934年，吴秋尘离开《北洋画报》，加入《益世报》编辑副刊，创办《社会服务版》。1937年天津被日军占领后，吴秋尘不再从事报业，而是转到耀华中学教书。

在吴秋尘之后，《北洋画报》主编的位置由左小遽接任。左小遽是《北洋画报》的最后一任主编。他在1932年1月加入《北洋画报》，担任编辑之职，1934成为主编。左小遽担任主编期间，画报的形式仍然依照前例，只是在内容上稍作调整，保留了戏剧、书画、时事等栏目，增加了对电影的报道、男女婚恋问题的讨论等。

上述历任主编或为活跃于天津的报界名流，或为立志报界的文学青年。五四新文化运动的洗礼和西方文明的浸润，促使他们肩负起了传播文明、启发民众的社会职责，而从事报业成为他们实现理想与抱负的重要途径。《北洋画报》则为他们提供了一个施展才华的媒体空间。也正是在上

---

① 《天津报海钩沉》，第192页。
② 同上书，第214页。
③ 吴云心：《冯武越经营〈北洋画报〉》，《天津报海钩沉》，第134页。

述历任主编的努力之下，《北洋画报》得以存在发展于天津这样一个消费文化气息浓厚、文化消费品竞争激烈的都市社会中。

3. 作者群

一份报刊媒体的生产和经营需要一个稳定的作者群体。编者、作者合二为一可以说是近代报刊媒体发展的普遍规律，《北洋画报》的经营者冯武越、谭林北以及历任主编和编辑们，同时也是画报的长期供稿者。而《北洋画报》图文并重的内容设置形式，则决定了其作者群体中既有文字作者，又有画家以及摄影作者。

文字作者。《北洋画报》存在的时代，鸳鸯蝴蝶派在天津的文化消费市场占据着重要位置。该派以描写恋爱与婚姻家庭的社会言情小说为主。小说连载则是包括《北洋画报》在内的众多报刊媒体设置的版块。其中，刘云若、赵焕亭[1]、左次修[2]等一批知名作家便是《北洋画报》的通俗小说作者。袁寒云、方地山等社会名流则为《北洋画报》贡献了大量的艺术小品类文字。袁寒云（1889—1931），名克文，为袁世凯二子，无心政治，留居天津，擅长诗文创作和金石书画赏鉴，20年代活跃于天津的文化界。方地山（1873—1936），原名方尔谦，字地山，江苏省江都（今扬州市）人，出身于书香世家，擅长书法和楹联，有民国"联圣"之称。《北洋画报》还设立特约记者，宣永光（即老宣）、施永厚、吴云心、丁继昶、萨空了、严仁颖、张锡祜等[3]均为《北洋画报》的记者。其中宣永光（1886—1960）为北京人，笔名"疯话老宣"，以杂文而著称，现代著名文学家，是20世纪30年代中国文坛奇才。《北洋画报》曾连载宣永光的杂文著作《妄谈》。该书以讨论妇女问题、男女两性关系为主，刊出后在社会上引起不小的轰动。严仁颖则是著名教育家、南开"校父"严修（即严范孙）之孙，张锡祜为中国近代著名教育家、南开系列学校创办人张伯苓之子，两人均为迅速成长起来的报业人才。由此可见，《北洋画报》的文字作者中，有相当一部分为报界乃至社会的知名人士，其社会身份对于提升《北洋画报》的影响力有着重要的作用。1928年12月，《北洋画报》编辑在向他们发出约稿启事时，便预言读者对其文字作品的喜爱，"并约定

---

[1] 赵焕亭（1877—1951），本名赵绂章，河北玉田人，民国时期武侠小说作家。
[2] 左次修（1889—1962），又名修畼，字熙，安徽桐城人，出身桐城诗书世家左氏望族，为书画篆刻家，20世纪20年代后定居济南。
[3]《北洋画报》第647期，1931年7月7日。

天行室主、小隐、镠子、狂屈、谏果、王郎、涤秋，小迂诸名家，按期撰稿刊登，是于精美图画之外，更有极饶趣味之文字，可资传诵，谅必读者所欢迎也"①。《北洋画报》也成为这些名士向都市民众表达文化理想的媒介。此外，《北洋画报》尽管由男性创办经营、男性主编，作者也以男性为主，却并不排斥女性作者的文字。如1927年在《北洋画报》上发起女性胸衣讨论的"绾香阁主"，便是一位具有"新头脑"的女性；1932年，《北洋画报》聘请了在天津就学的姚念媛女士为特约记者。

绘画作者。《北洋画报》不仅将各种"古今名人书画以及古物之原照"②、海外名家画作悉数呈现给都市民众，还向同时代的名画家们约画。曹涵美为民国时期上海的著名画家，其系列漫画"女子三百六十行"则是应《北洋画报》之邀而作，"涵美可风室主之仕女画，早已脍炙人口，今盛已约请期绘女子三百六十行画稿，现在制版中，明年岁首，开始刊登"③。而曹涵美所作的女子时装"美的装束"系列更是广受都市女性的欢迎，亦是本文解读女性身体时尚建构的典型案例。画家童漪珊则为《北洋画报》提供了大量的"时人素描"，生动地刻画出部分军阀政客的情态。漫画家孙之俊的作品更是贯穿了《北洋画报》的始终。《北洋画报》还专门为画家李子畏、李苦禅、赵望云等分别开辟了绘画作品展览专页，而张大千、齐白石、徐悲鸿等大师的绘画名作更是时常出现在《北洋画报》的版面之中。1928年天津成立了以中西画为主的专业性美术组织——绿荑画社美术会，成员有苏吉亨、赵松声、胡奇、李捷克、周维善、沈硕甫、孙观生、冯志庚、潘一缘等人。绿荑画社美术会与《北洋画报》关系密切，其成员的作品通过《北洋画报》得以被更多的民众阅知和欣赏。《北洋画报》所刊登的绘画作品中，同样有不少是出自女性画家的手笔，如中国女画家杨令茀女士绘制"美国第一美人鲍女士肖像"等。上海女画家李珊菲、陈映霞则为《北洋画报》提供了系列时装画。为了做贡献，林汝瑛、林佩玉、周练霞、张紫瑛等名门闺秀也将自己的画发表于《北洋画报》。

摄影作者。《北洋画报》所登载的照片，有一部分是冯武越及编辑们收藏或向社会名流、名贵、明星索要的个人小照，有一部分是征集于海

---

① 《编辑者言》，《北洋画报》第44期，1926年12月8日。
② 《编辑者言》，《北洋画报》第9期，1926年8月4日。
③ 《编辑者言》，《北洋画报》第44期，1926年12月8日。

外的摄影名作,还有便是天津的同生照相馆和鼎章照相馆、北京的同生照相馆、东北的新闻图片社等提供的各种照片素材。然而,这远远无法满足画报连续出刊的需要。而随着摄影技术的成熟和广泛应用,社会上出现了专门为报纸杂志提供新闻摄影照片的摄影组织和摄影记者。于是《北洋画报》的周围,也聚集起了一批摄影作者。

1927年,正值《北洋画报》出版一周年纪念之际,冯武越发起举办"北洋画报美术摄影第一次悬赏竞赛"。举办摄影竞赛的目的之一即为发掘摄影作者、筹办北洋摄影会。竞赛中获奖作品和进入预选作品的作者均可列为北洋摄影会的基本会员。在此之前曾在《北洋画报》刊登过摄影作品的作者,亦被列为北洋摄影会的名誉会员。《北洋画报》便作为北洋摄影会成员所拍摄照片的发表平台。北洋摄影会还另设新闻部,征求会员和特别摄影记者,提倡新闻摄影,《北洋画报》则可优先刊登此类照片。由此,北洋摄影会聚集了一大批摄影人才。仅以该会创办初期来看,基本会员有:孙仲宽、抡小赞、王乃泗、黄耀庭、周诵先、程镇、赵蔷生、林悦明、孙静庵、黄炽昌、黄善甫、沈器超、许家祯、刘卓勤、沈宁机、姚第鸿、周瑟夫、瓦格梭夫;名誉会员有:金国琦、沈鉴会、袁清泉、金亚雄、耿幼山、李择善、金梦庵、于自玄、李雨轩、吴苏会、励勤、王元章、梅健民、方建;总干事为冯武越。①

20世纪20年代末到30年代,专职的摄影记者群体逐渐形成。在北方,"一些大报、画报和通讯社也先后配备了摄影记者,如北平《世界日报》的魏守忠、《晨报》的宗惟赓、天津中外新闻社的方大曾等都是名噪一时的人物"②。他们先后为《北洋画报》提供了数量不等的摄影佳作。这一时期京津等地还产生了一批受到新思想熏陶和有较高艺术修养的摄影家,如李尧生、乐元可、谭林北、倪焕章、乐朴苏等。他们也时常将自己的摄影作品贡献给《北洋画报》等报纸杂志。而一些旅居国外、喜爱画报的留学生或华侨,如旅日的鲍振青、旅法的"慰予"、旅德的"汉生"等,则将在国外的风土人情、新奇事物拍摄成照片,寄至《北洋画报》刊出。

不难发现,《北洋画报》由文字、绘画、摄影作者所组成的创作群体中,不少人兼有两种或三种身份。1930年7月《北洋画报》四周年宴会

---

①《北洋摄影会会员人名一览》,《北洋画报》第138期,1927年11月16日。
②胡志川、马运增主编:《中国摄影史(1840—1937)》,中国摄影出版社1987年版,第141页。

之后，身为主编的吴秋尘将与画报素有交往、并贡献佳作的"老友"一一列出，"袁寒云、方地山、李直绳、潘经荪、唐立厂、赵道生、谭林北，及柬约而未出席之陈藻一、叶庸方、王镂兵（冰）诸先生，则皆为我画老友，时以诗文图片相惠者"①。社会名流倾力于《北洋画报》，某种程度上反映了《北洋画报》在天津文化市场的影响力。女性作者能够在《北洋画报》中占据一定位置，某种程度上说明了社会公共空间对女性群体开放与包容的态度。

（三）读者群体

一份报纸杂志的持久发展，离不开相对稳定的读者群体。而只有对读者类型定位明确，在编辑、组稿之时，才能准确把握读者心理，增强刊物的吸引力。吴果中研究《良友》画报时认为《良友》画报是一份"以摩登和时尚为文化基调……传播现代化都市物质世界和现代性精神特征的杂志"②。因而"阅读杂志的读者应是有时间、有精力并能产生除物质之外的符号、意义消费情趣的人群"③。就《北洋画报》而言，尽管创刊时强调"画报的好处，在于人人能看，人人喜欢看"④，但在读者群体的定位问题上，也提出了一定的要求，"读北洋画报者，其赏鉴图画之能力，必且超过爱好文字之美，若仅仅能看图画者，必非真能赏鉴图画者也"⑤。可见《北洋画报》所预设的读者群，是具备一定文化基础和赏鉴能力的人。由于画报的制作工序比纯文字报刊要复杂得多，其成本和售价自然要高于同时期的纯文字报刊，因而能够买得起画报的，也需要具备一定的经济实力或购买力。

清末至民国时期，天津城区的人口有较大幅度的增长（参见表1.2）。

表1.2 天津市区总人口统计表（1840—1936）

| 年度 | 合计 | 中国区 | 租界区 |
| --- | --- | --- | --- |
| 1840 | 198715 | 198715 | |
| 1906 | 424553 | 356857 | 67696 |
| 1910 | 601432 | 549549 | 51883 |

①秋尘：《纪念宴追记》，《北洋画报》第495期，1930年7月7日。
②吴果中：《〈良友〉画报与上海都市文化》，湖南大学出版社2007年版，第112页。
③同上书，第113页。
④记者：《几句要说的话》，《北洋画报》第1期，1926年7月7日。
⑤王小隐：《一年以来》，《北洋画报》第101期，1927年7月6日。

续表

| 年度 | 合计 | 中国区 | 租界区 |
|---|---|---|---|
| 1911 | 611130 | 556587 | 54543 |
| 1917 | 719896 | 600746 | 119150 |
| 1925 | 1072691 | 843677 | 229014 |
| 1927 | 1111048 | 906220 | 204828 |
| 1928 | 1122405 | 939209 | 183196 |
| 1930 | 1068121 | 937053 | 131068 |
| 1933 | 1033642 | 881296 | 152346 |
| 1934 | 1188883 | 1029751 | 159132 |
| 1935 | 1237292 | 1071072 | 166220 |
| 1936 | 1254696 | 1081072 | 173624 |

资料来源：李竞能主编《天津人口史》，南开大学出版社1990年版，第91页。

如表1.2所示，根据天津巡警总局和租界当局的统计，1906年天津市区总人口为424553人，其中中国城区有356857人，租界区有67696人。而自1906年至1925年，天津人口的发展速度远超以往任何时期。1925年，天津城区人口首次超过100万，跨入中国特大城市行列。此后天津城区人口呈稳定发展状态，1936年达到125万余人。飞速增长的人口呈现出复杂的社会分层：

一、下野的军阀官僚，清朝贵胄，中外银行、公司的董事和高级职员以及买办，大型工厂、商店和银号的投资者，社会名流。

二、银行、公司和大型工厂、商店的专业职员和某些高薪雇员，中型工厂、商店投资者和经营者，一般银钱号商人。

三、小企业主和商人，职店员，中间商，教师及一般政府职员。

四、手工业者，小商贩、工头、工厂的机匠、行帮头。

五、工厂、商店和手工作坊的半熟练工人和非熟练工人，运输、建筑、装卸等行业的工人和季节工，临时工，摊贩等。

六、无业游民，难民，乞丐、娼妓等贫民。[①]

---

[①] 罗澍伟主编：《近代天津城市史》，中国社会科学出版社1993年版，第469页。

上述分类中，前三类人群均受过不同程度的教育，其中相当一部分还具有较高的文化水平。随着近代报刊业、出版业的发展，报刊编辑和职业撰稿者等群体人数逐渐增多；近代教育的发达不仅产生了数量日益庞大的学生群体，而且壮大了教师群体；此外还有律师、医生等。他们具备一定的"赏鉴图画之能力"和经济实力，因而成为《北洋画报》潜在的读者群。

20世纪以来，外国人在天津者也呈逐步上升之势。1901年，租界里的欧美人为1549人，日本人1200人。1906年，天津市区的外国人有6431人，其中租界区5987人，中国区354人。到1920年，欧美人5914人，日本人4000人，俄国人1200人，共计11114人。[①]此后随着日本侵华势力的加剧，日本人在天津的数量大为增加。这些外国人大多居住在天津的各个租界区中，既有传教士、商人、牧师，又有工程师、教师、资本家、律师、医生等。阅读报纸杂志是他们接触和了解中国时事和中华文明的途径之一。他们也在某种程度上也参与了近代天津都市文化生活的建构。英语是世界使用最广泛的语言，《北洋画报》最初几年采用中英文形式共同标注刊名、图片标题以及刊行的日期、期号、地点等，体现了报人们也将外国人视为读者群体，并照顾到其阅读需求的考虑。

在《北洋画报》报人们所预设的读者群中，还包括女性读者。民国以来，出身于名门望族的名媛闺秀或贵妇，既无经济之忧，又拥有大量的空闲时间，良好的家境又使她们有条件获取一定的文化知识。因而她们首先成为《北洋画报》预设的女性读者群体。如1935年《北洋画报》发起健美运动时，便强调"故本文贡献之对象，为饱食终日，既不直接负经济之责任，而家庭劳作又有仆役足供驱使之妇女"[②]。随着女子教育逐渐普及，众多女校相继设立，男女同校实行，女学生数量增多。《北洋画报》对京津乃至全国女子学校及女学生、女运动员等方面的报道显然有着吸引和扩大女学生这一读者群的考量。而因美丽姿容时常荣登画报的女电影明星、交际明星、坤伶、舞星等群体也是《北洋画报》的忠实读者。图1.1为1935年《北洋画报》9周年纪念之时刊出的"中华舞后"郑孟霞女士"玩味本

---

[①] 统计数字仅为成年人，也不包括在津的外国军队。参见陈卫民《天津的人口变迁》，天津古籍出版社2004年版，第141页；罗澍伟主编《近代天津城市史》，中国社会科学出版社1993年版，第453页。

[②] 方：《介绍"健美运动"序言》，《北洋画报》第1276期，1935年7月30日。

报九年来之收获"的情景：

上图中郑孟霞女士面前，摆放的是历年出版的《北洋画报》合刊20余册（每册50期）。郑女士手捧一册在读，而低俯之余，面庞流露出的是喜悦与满足的微笑。这种情形表明了郑孟霞女士对《北洋画报》的喜爱。《北洋画报》刊出这一照片，不仅意在表明郑孟霞女士《北洋画报》读者的身份，同时也有借其知名度吸引更多读者尤其女性读者的广告效应。对于都市社会的女性群体而言，《北洋画报》是她们获知海外化妆美容技巧、了解流行服饰的重要信息途径，也是其消遣、娱乐的休闲读物。

图1.1 中华舞后郑孟霞女士玩味本报九年来之收获[①]

在《北洋画报》经营和发展的11年中，从地域范围来看，读者群体以京津地区为主，同时兼及华北及东北的城市地区，甚至远及上海、成都等少量南方地区。1927年3月《北洋画报》举办"第二次悬赏大竞赛"，同月30日公布获奖者名单。通过这份获奖者名单，可以体察到冯武越及主编力图照顾到不同地区读者的考虑：获奖的31人，包括天津18人，北京3人，上海3人，奉天2人，唐山、热河、大同、哈尔滨、无锡各1人。[②]代销处尤其外埠代销处的设立也一定程度上表明了读者群的广泛。如冯武越时期，《北洋画报》就先后在北平、天津、青岛、沈阳、成都等地设立代销处。谭林北接手《北洋画报》后，重新委托外埠代销处，包括北平、青岛、张家口、石家庄、包头、烟台、唐山、保定等地。[③]

## 二 《北洋画报》的编排与营销

发行11年的《北洋画报》，可以说是上述报人办报理想与理念的重要实践。那么如何编排、如何营销等，也是解读这份画报时需要关注的内容。

（一）编排

在《北洋画报》创办之初，冯武越及编辑制订了画报发展的3年规

---

[①]《北洋画报》第1266期，1935年7月7日。
[②]参见《北洋画报第二次悬赏大竞赛揭晓》，《北洋画报》第74期，1927年3月30日。
[③]参见《本报外埠代销处》，《北洋画报》第972期，1933年8月15日。

划："以三年为成功期限：第一年为投资牺牲时期；第二年为不再亏蚀时期；第三年为自立印刷与制版部分，完成整个报馆时期；节节进行，不遗余力"①。相比于同期的纯文字报刊，图文并重的《北洋画报》耗费了出版人更多的心力，"凡一纸北画之得贡献于读者之前，其间所需要之手续，至为繁多，'来处不易'一语，未尝不可用之于此"②。

《北洋画报》发行两周年之际，冯武越创意并摄影、画家童漪珊制图，以"北画产生之程序"为名，将《北洋画报》的具体编排与制作过程呈现在读者面前。一般而言，编排制作一期精美的《北洋画报》，大体包含了"摄影、制版、编辑、排印、发行、折封、交邮、派送、贡献、保存"③等10个步骤。《北洋画报》以登载摄影照片为主，故"摄影"为画报制作的第1步，"北画原料以摄影绘图为大宗，有若干外勤记者努力搜罗绘制，寄至本报"④。第2步为"制版"，编辑们对搜集到的摄影照片和画作进行审查、选择，依照画报版面规定图像的尺寸，制作成铜版或锌版。此外画报还尝试采用珂罗版和套色版印刷技术，但使用量很少，仅偶尔用在新年、周年等的纪念专刊或专号上。第3步为"编辑"，此为对文字进行编辑。画报的文字既有"由若干撰述担任之"作品，也有记者供稿和向广大读者征求所得的稿件。第4步为"排印"，照片或画作等图片制版和文字编辑的工作完成后，接下来就是对报纸的版面进行排版和印刷。"每期之底样，于一星期前即约略拟定，将图画文字地位，先期排妥，然仍不免变更。因印刷份数太多，底样制成后，须于出版之前四五日即交印刷所排样，且至少须经两次校对。然再经垫板、磨字、上板等手续，舛误即所难免。"⑤画报印刷出刊之后，便是第5步"发行"了。发行主要由《北洋画报》的营业部负责，并依托邮局来完成。故接下来便是"折封、交邮、派送"这3个步骤：画报营业部根据订阅者登记的住址，完成"印政、折叠、装封"等手续，将画报交到邮局，再由邮局按住址把画报派送到读者的手中。邮局在寄送《北洋画报》时"照立券报纸例收寄"，不需要粘贴邮票。这一措施是邮局专为销路较大的报纸而设，可见《北洋画

---

① 记者：《北画发展之步骤》，《北洋画报》第341期，1929年7月7日。
② 《北画产生之程序》，《北洋画报》第201期，1928年7月7日。
③ 参见《北画产生之程序》，《北洋画报》第201期，1928年7月7日。
④ 《北画产生之程序》，《北洋画报》第201期，1928年7月7日。
⑤ 《北画产生之程序》，《北洋画报》第201期，1928年7月7日。

报》销路之广。而天津的派报社①、书局、报摊等则主要承担了《北洋画报》的代售工作。依图例所示，第9步"贡献"指的是读者阅读画报②。图中的读者形象为一名悠闲、恬静的都市仕媛。报人以女性作为读者的代表，表明画报读者中不乏女性身影。最后的步骤"保存"环节中，北洋画报社专门为读者提供装订画报的服务，并收取一定酬劳，以便于读者能够长久保存画报而减免纸张受损。

《北洋画报》翔实而具体的编排和制作过程，代表了20世纪二三十年代一般画报出版的系统过程，同时也向读者介绍和传播了现代出版文化与理念。10个步骤之中，涉及了编者、作者、读者及其他人员，也从另一个侧面体现出《北洋画报》所构建的编读网络和话语空间。

在不断的摸索中，《北洋画报》逐渐形成了相对固定的编辑章法和版面设计。画报出刊两个多月后，1926年9月25日正式公布了"编辑的章法"："以最精美，最有价值或最与时事有关系的图片登于封面上方中部。第二页登新闻照片，时事讽画，及与时事有关的人物风景照片，小品文字亦取切合时事者编入此页内，是可名为动的一页。第三页登美术作品，如古今名人书画、金石雕刻、摄影名作，艺术照片如戏剧、电影、游戏、闺秀及儿童等照片，文字则取合于艺术方面的，是可称为静的一页。第四页即底封面，刊科学发明，长短篇小说等。遇有重要时事照片，必须赶速刊入者，则牺牲广告，登封面广告地位内。此编辑之章法是也。"③动静分列，相互结合，浑然一体。

在具体的版面设计上，"均匀"是《北洋画报》坚持的重要原则，"举凡时事、艺术、美术、游戏、科学、风俗种种照片及文字，仍按期平均支配刊登"④。其中图与文的比例、每期图片的数量和分布均作了详细的规定，"计每期图画至少十二三幅，多则十五六幅，平均分配如下：封面画一，本国时事及人物三，调查一或二，外国时事及人物一或二，本国名人书或画一，古物或雕刻一，名闺或儿童照片一，摄影名片一，戏剧或电影一或二，时装或特殊风景片一，科学发明一"⑤。如上章法和分配，

---

① 如公道派报社、华昌派报社等。参见《订阅诸君注意——本报重要启事》，《北洋画报》第71期，1927年3月19日。
② 《北画产生之程序》，《北洋画报》第201期，1928年7月7日。
③ 《编辑者言》，《北洋画报》第22期，1926年9月18日。
④ 《编辑者言》，《北洋画报》第9期，1926年8月4日。
⑤ 《编辑者言》，《北洋画报》第22期，1926年9月18日。

一度被《北洋画报》同人引以为傲，"编辑画报之守章法者，当以本报为首创矣"[1]。之所以如此，一则增强《北洋画报》的收藏价值，"画报之编辑，如拉杂为之，诚非难事，然欲使其成为有流传价值之册籍，则于编辑上，不能不讲求章法与次序"[2]；二来这也是"增加读者之美感与愉快"[3]的途径之一。

（二）营销

作为一份民间独立经营的报纸媒体，《北洋画报》除了张学良的经费支持外，还必须多方扩大经费来源。在这种情况下，广告的收入不容小觑。《北洋画报》创刊之初，便注明了广告的收费标准，"每条百字内外每期收费一元"[4]。最初的广告多为电影院的影讯、流行的戏剧或歌曲唱片、书籍杂志的出版预告及汽车广告等等。自51期起，《北洋画报》又重新规定了刊登广告的费用：

篇幅/每期价目：
全面四分之一，五元；八分之一，三元；十六分之一，二元；
里面骑缝全幅，七元；半幅，四元；三分之一，三元；
外面骑缝全幅，五元；半幅，三元；三分之一，二元；
长期另议，特别优待。[5]

之后随着画报的发展和壮大，广告的收费标准又多有调整。而在《北洋画报》各期的第四版，除去断断续续的小说连载和不定期的"编辑者言"等栏目外，几乎都是广告的天地了，而且每一条广告所占版面越来越小，同一期中所登广告数量越来越多。自第6卷开始，差不多每期第4版的广告数目都维持在十几条左右，每卷的首期或纪念号等还会更多。而画报的第一版（除去封面照片）的大部分、第二版和第三版的报头、连接版面之间的中缝等也大量刊登广告。广告的种类，从服装、鞋帽、美容化妆、首饰、医药、茶叶及舞厅、饭店、百货公司等等不一而足。数量的日

---

[1]《编辑者言》，《北洋画报》第22期，1926年9月18日。
[2] 同上。
[3] 同上。
[4]《小广告》，《北洋画报》第2期，1926年7月10日。
[5]《广告刊例》，《北洋画报》第51期，1927年1月1日。

渐增多，使得广告越来越成为《北洋画报》的重要收入来源。然而广告的增加，曾引起读者的不满。于是有读者向《北洋画报》提出减少广告的意见。①1929年7月冯武越在《北洋画报》三周年之际就此向读者作了回应："本报不附属于日报，为完全独立之营业，一切开销，均恃广告以为调剂，故广告减少，颇不可能。"②可见，广告是《北洋画报》的重要收入来源之一。

《北洋画报》售价初为"零售每份大洋四分，定阅每大洋一元，本埠二十五期，外埠二十二期，外国十七期，邮费在内"③。一年之后，由于副刊的创办，画报的印刷费、制版费、稿费等制作成本随之增加，从1927年7月6日也就是《北洋画报》的第101期开始，每份售价由四分涨为五分。自1931年3月21日起，因纸张油墨涨价，《北洋画报》再次重订价目，"每份为大洋六分，每大洋一元定阅十七期，半年七十五期四元三角，全年百五十期八元四角，邮费在内"④。此后，直到终刊，《北洋画报》的售价价目未再有大的变更。

根据《天津市统计年鉴·教育类》统计，1933年天津小学教员的平均月工资为36.3元，中学教员平均月工资为53.1元。⑤以《北洋画报》每期大洋6分、每周出版3次计算，每月出版13或14期不等，合计不超过9角，中小学教师为代表的中小知识分子阶层是完全可以承受这一价位的。《北洋画报》的经营者适时调整价格，将其维持在相对稳定的状态，保证了画报的收入。

关于《北洋画报》的发行量，据1927年第144期《北洋画报第六次悬赏大竞赛揭晓》记载，"此次（悬赏竞赛）所收答案一千八百余件，约合读本报者全数七分之一·五"。⑥照此推算，1927年底《北洋画报》的发行量达到了8400份之多。当然受局势或经济的影响，不同时期的发行数量时有增减。

为了增加画报的销量，《北洋画报》的报人们采取了一系列的营销策略。首先，力图在内容选择和版面编排上吸引读者。如连载长篇小说和

---

① 参见笔公《三周例语》，《北洋画报》第341期，1929年7月7日。
② 同上。
③ 《北洋画报》第1期，1926年7月7日。
④ 《北洋画报》第602期，1931年3月24日。
⑤ 罗澍伟主编：《近代天津城市史》，中国社会科学出版社1993年版，第599页。
⑥ 《北洋画报第六次悬赏大竞赛揭晓》，《北洋画报》第144期，1927年12月7日。

杂文：《北洋画报》先后连载了喜晴雨轩主的《津桥蝶影录》、赵焕亭的《山东七怪》与《姑妄言之》、蕴珊的《辽东侠盗轶闻》、左次修的《卷帘西风记》、李熏风的《球场上的蔷薇》、刘云若的《换巢鸾凤》等名噪一时的长篇通俗小说，老宣的《妄谈》与《疯话》、曲线怪的《曲线怪百怪谈》、睇向斋主的《七上八下集》、左右的《时事杂咏》与《软语》、伏生的《夫妇箴言录》等杂文也是通过在《北洋画报》连载而首次问世；开设专刊：《北洋画报》所设置的专刊陆续有"戏剧专刊""电影专刊""儿童专刊""海滨专刊"等，此外还有不定期出版的纪念日专刊、时事专刊、人物专刊、高校专刊、运动会专刊、艺术团体专刊等。

其次，不定期地实行优惠销售，或打折，或附送赠品。1928年7月，《北洋画报》借出版两周年之机优待读者，规定"凡于七月一个月内，直接向本社定报者，照新价八折"[①]。1929年4月，优待直接订阅者的办法为"凡直接订阅半年者，仍收洋三元七角五分，赠赵焕亭著《山东七怪》首集上、下册。订全年者，仍收洋七元五角，赠人人喜爱之《人体美》第二集一册"[②]。"九·一八"事变后，受东北局势影响，《北洋画报》的发行量一度明显下降。1932年1月，《北洋画报》向老读者发出介绍新读者的恳切请求，并制定"介绍北洋画报普通酬报章程"[③]，其中所介绍的新读者"五人且每位定半年以上"，订阅画报时全按九折收费，介绍人或得到酬谢金，或获赠奖品。

最后，举办有奖悬赏竞赛，以调动读者的兴趣。《北洋画报》出版的前三年里，多次发起悬赏竞赛，或竞猜明星，或评选摄影照片等。所设奖品不仅丰厚，且多选择都市社会的流行之物，如袖珍摄影器、最新式镜箱、"人体美"影集等，就连《北洋画报》也常常成为奖品。1930年《北洋画报》发起"四大女伶"皇后评选活动，引起了读者的热烈反响和积极回应，从而扩大了画报的销量。

此外，北洋画报社还将画报装订为合订本，每本50期，以便于读者保存画报。尽管20年代中后期至30年代抗战前是天津相对稳定与和平的时期，然而"九·一八"事变后东北地区的沦陷和华北局势的日渐危急，仍旧对天津产生了巨大的影响。在这种局面下，《北洋画报》能够维持、

---

① 《北洋画报》第202期，1928年7月11日。
② 《北洋画报》第308期，1929年4月20日。
③ 《请求介绍本报，可得种种优益》，《北洋画报》第722期，1931年12月29日。

壮大，并存世11年之久，与报人们种种经营和销售策略的综合运用是分不开的。

《北洋画报》首创的编排模式不仅赢得了众多的读者，提升了画报本身的文化品位和社会效应，也为同时期及日后画报的发展提供了有益的借鉴和参考。多元化营销策略的综合运用是作为文化消费品的《北洋画报》在都市社会这一复杂市场环境下生存的重要砝码。了解《北洋画报》的编排与营销等问题，对于接下来《北洋画报》所涉议题的解读是有益的。

## 第三节 《北洋画报》的办刊旨趣与女性身体史意蕴

《北洋画报》立足于现代转型中的近代天津都市社会，从其编读网络及其编排、营销等，可知报人们试图贴合时代潮流的努力。20世纪20年代中后期到30年代抗战前，是天津画报发展与繁荣的重要阶段。《北洋画报》能够在竞争日趋激烈的天津都市社会乃至北方地区保持旺盛的生命力，获得与上海的《良友》画报并称南北"画报奇葩"的美誉，则源于经营发展中形成的融贯中西、普及新知以及引领新生活的办刊旨趣。

报刊在近代中国重要而独特的作用，为我们解读那一时期女性身体的转型与变迁提供了无可替代的媒介。"报刊、杂志是女性生活变迁的重要记录者，对女性解放也起着重要作用。"[①]报刊不仅仅呈现和反映出近代中国女性身体的转型与变迁，更是发挥媒体作用，参与到这一关乎女性生命体验和女性生活变革的时代历程中。一幅绚丽多彩的女性身体图景，借助报刊与社会的互动，清晰而立体地展现出来。《北洋画报》由于办刊旨趣指向对美的理想的追求，因而对女性身体转型与变迁的呈现和参与是不遗余力的。相遇——可以说是阐释以《北洋画报》为代表的报刊媒体与女性身体之间互动关系的最佳注脚。

### 一 办刊旨趣

《北洋画报》可以说是冯武越及其历任主编、编辑们办报理想的重

---

[①] 李晓红：《女性的声音：民国时期上海知识女性与大众传媒》，学林出版社2008年版，第1页。

要实践,多年来逐步发展形成融贯中西、普及新知、引领新生活的办刊旨趣。

《北洋画报》作为一份综合性画报,以"传播时事、提倡艺术、灌输常识"为宗旨。诚如报人所言,"吾报无政治作用,不高谈学历。最高使命,乃在救济社会生活之烦闷,畀以滋润之剂,又在矫正社会观点与行为之错误,为作正途指示,故于端庄之中,杂以诙谐,总期谑而不虐,乐而不淫而已。"[①]

融贯中西。冯武越及主编们所试图构建的是一种融汇中西文明的现代生活方式和价值观。"登中外时事照片,提倡一切艺术,介绍科学新知识"[②]是其创办《北洋画报》的社会使命。具体而言,则"包含一切时事,如民众运动,国家大典,国耻事迹,战争实景,各项发明,社会游艺,各种集会等是;至如人物,则凡闻人,学者,艺术家,体育家,闺媛,伶工等之照像,罔不加意搜罗,随时刊布。艺术部分,则不分中外古今,举凡金石,书画,戏剧,电影,均广为登载"[③]。如上包罗万象的内容选材印证了画报融贯中西的旨趣。

《北洋画报》第101期为画报出版一周年纪念专号,其封面设计也鲜明地体现出了融贯中西的特色,"纪念号的封面是用波涛汹涌的一片海洋,可说就是北洋,有一支中国式的大帆船,乘风破浪地前进,是表示进取的精神。画中更嵌着一幅裸体油画,题为'美的泉源',这幅画是巴黎鲁弗尔画院所收藏的世界名画之一。这两种画参合在一起,正是我们融和新旧文化的一种表示"[④]。因此,《北洋画报》不厌其烦地引介西方文化和生活方式。从展现艺术的视角刊登西洋人体摄影和西洋名画,及时捕捉与呈现欧美新潮的服装和发式,登载好莱坞明星生活照片和剧照、刊出西洋摩登家庭的精美布置等。"它以图像和文字营造了一副虚幻的现代性,这种现代性的呈现不仅依靠对物质世界和精神世界、人生观和世界观的重新审视,更重要依靠于对西方发达世界的'样板'呈现"[⑤]。同时,戏剧、书画、金石雕刻等传统文化精华也大量出现在《北洋画报》中。

---

[①] 画楼主人:《五周(年)纪念感言》,《北洋画报》第647期,1931年7月7日。
[②] 诛心:《宣传》,《北洋画报》第33期,1926年10月30日。
[③] 编者:《北画真正价值之所在》,《北洋画报》第201期,1928年7月7日。
[④] 《本报一周纪念的先声》,《北洋画报》第100期,1927年7月2日。
[⑤] 李永生:《记录时代的侧影——〈北洋画报〉》,硕士学位论文,暨南大学,2008年,第20页。

普及新知。1926年7月7日，《北洋画报》第1期便指明画报普及知识的作用，"画报应当……容纳一切能用图画和照片传布的事物，实行普及知识的任务"①。1930年3月27日，画报出刊至451期时，再次申明广泛涉猎各种新知以满足读者兴趣与需求的主旨，"世界事务，日进于新奇，数年以来，变化万端，不可胜纪，吾人立国大地，尤宜随潮流以演进。是以本报对于世界新事物，竭力介绍，以启发国人常识，以鼓励国民进取竞争之心，俾其图存于此弹丸之上。所以本报最近之口号，曰'世界化'，'新奇化'，独辟蹊径，为众前驱，尽我报纸之天职，引起读者之兴趣"②。1937年7月8日，《北洋画报》出刊11周年纪念号。这是《北洋画报》停刊前的最后一个纪念号。署名"公羊"的作者在《十一周年献词》中，将"新知识之介绍"作为《北洋画报》11年的逐步改进成果，又视之为画报继续努力的方向，"新知识之介绍。汤之盘铭曰：'苟日新，日日新，又日新。'今日之世界知识，正类乎此。新知识之介绍，自为新闻界重要之工作，世界科学发明，不乏图说，揭露大略，读者亦可以得其概念。自然此项图片，以富于兴趣者为主。……望北画同人齐努力焉！"③

引领新生活。报纸杂志引导社会舆论的功能是显而易见的，同样《北洋画报》的报人们亦希望使画报成为都市生活的干预者以及新风尚、新生活的引领者与设计者④。"画报和现在所流行的漫画一样，都是在时间和空间上最能抓住读者的；而其最有力的效果，便是在一种轻松的场合中，美化了人生，表现了人生，抑且还讽刺着人生。……（《北洋画报》）所具有的意义和价值，实与大型新闻纸一样，而是时代进展中的一种推动力！"⑤《北洋画报》的报人们便始终抱着永远坚实展开人生的希望，并为此不懈努力，"我们在《北洋画报》九周年纪念的时候，愿一面重新推荐给读者，一面希望《北洋画报》能更坚实地努力下去，随时以其最新颖的版面展开整个的人生。"⑥

再以《北洋画报》报头（图1.2）为例：

---

① 《几句要说的话》，《北洋画报》第1期，1926年7月7日。
② 《卷首语》，《北洋画报》第451期，1930年3月27日。
③ 公羊：《十一周年献词》，《北洋画报》第1587期，1937年7月8日。
④ 参见张元卿《读图时代的绅商、大众读物与文学——解读〈北洋画报〉》，《天津社会科学》，2002年第4期。
⑤ 姜公伟：《"北洋画报"九周年纪念日》，《北洋画报》第1266期，1935年7月7日。
⑥ 同上。

图1.2 《北洋画报》报头

图案正中为画报名称"北洋画报"四字，图案的背景为辽阔的海洋，兼有帆船和海鸥，正上方为北斗星和北极星。从图案的象征意义来看，海洋、北极星、北斗星恰好寓意了"北洋"。辽阔与博大的海洋、代表生活航向的北极星、象征持之以恒的北斗星等，烘托出《北洋画报》引领都市民众新生活的抱负。由此可见《北洋画报》的报人们力图使画报成为都市民众生活指南的努力。《北洋画报》不仅是呈现天津都市文化生活的重要载体，更丰富了天津、北京乃至华北地区的都市文化生活。

## 二 《北洋画报》与女性身体的相遇

依照融贯中西、普及新知、引领新生活的宗旨，我们发现《北洋画报》所反映和呈现到读者乃至都市民众面前的，更多的是对美的理想的追求。而这与近代中国女性身体改造的指向高度一致。

### （一）《北洋画报》美的理想

纵观《北洋画报》，更主要的着力点还在于对艺术的提倡，"至于国内时事，除非重要而有趣味者，宁缺毋滥，中外美术，依旧广为介绍，以符提倡艺术之旨"[1]。竭力打造一份"艺术化报纸"是《北洋画报》报人的不懈追求。他们在《北洋画报》出刊两周年之际宣称，"北画为国内有数之艺术化报纸"[2]。王小隐也曾指出，"'北画'而于尺幅之间，设法罗致而表现之，同时使中国以外之人亦得略窥中国艺术之过去成绩与未来之发展，不复以'无文化'相訾謷，并介绍东西两方之作品，用以放开新旧之范围，成为世界的艺术之地。"[3]

---

[1]《卷首语》，《北洋画报》第451期，1930年3月27日。
[2] 尘：《七月七日》，《北洋画报》第201期，1928年7月7日。
[3] 王小隐：《一年以来》，《北洋画报》第102期，1927年7月7日。

换言之，追求美、塑造美、呈现美是《北洋画报》的最大目的，美的理想即为画报的不懈追求。"有笔在手的人，应当尽量地写出一个美的宇宙，画出一个美的宇宙。有摄影机在手的人，应当尽量地照出一个美的宇宙。虽然，谁也知道宇宙之大，是描写不尽的。在本报过去的五百期中，我们便是这样努力地写着、画着。"①

冯武越在《北洋画报》出刊3周年之际，强调了"美"是画报选材的核心标准，"故惟有对于取材一端，力图精进，总期报面'美化'，凡不能引起美感之图画，避免不用；即时事照片，亦不求全，而求其精与美；此当为读者全数所乐许者"②。"美"也是《北洋画报》继续前进的目标，"本报四年来之选材，莫不以美为基本条件，将来之目标，一以最美为终点。若夫新旧兼采，中西并用，天下之美，网于一报"③。提倡艺术本是《北洋画报》的口号之一，艺术之美自然被《北洋画报》所宣扬，"美的方面，戏剧电影舞蹈以及一切艺术，自然更要尽量的提倡"④。

《北洋画报》的报人还将"美"的理念借助画报融入天津的都市社会生活中，"负编撰之责的各位老友，都是文艺界先进。他们因为自己负有提倡文艺的使命，所以整年日以继夜，夜以继日，精益求精地努力研究，已经把'美'的思想，摇入终日奔走于经济市场上的老板脑里。更盼他们再加些力量，用心理的培植，把天津相沿多年的枯燥环境，改建成美丽的花园。"⑤

（二）《北洋画报》对女性身体的呈现与建构

近代中国是在异常艰难的环境中迈向现代化之路的，社会生活的方方面面因此发生截然不同于传统古代社会的变革。女性身体的改造运动或被动、或主动地融入这一巨大的变迁历程中。一方面，女性身体被赋予多重的象征意义——强国保种、解放、商品化等，带有某些工具化的倾向；一方面，女性身体诸如时尚、健康等方面的变动又是女性表达主体性、展现自我意识的重要方式。现代化变革中，女性身体变动的每一步进展，可以说是社会发展和时代观念的重大突破；女性身体变动所遭遇的阻力与挫

---

① 秋尘：《卷头语》，《北洋画报》第501期，1930年7月22日。
② 笔公：《三周例语》，《北洋画报》第341期，1929年7月7日。
③ 记者：《四周年致语》，《北洋画报》第495期，1930年7月7日。
④ 雪豹：《对北画说几句话》，《北洋画报》第495期，1930年7月7日。
⑤ 继昶：《乞巧贺北画》，《北洋画报》第803期，1932年7月12日。

折，又昭示着现代变革的复杂性与艰巨性。

编辑和主笔们对《北洋画报》"美的理想"的阐述和强化，促使他们日益重视对女性/性别议题的发掘和呈现，关注性别图景的表达。因为社会日常生活中的"美"，多数情况下是借助女性甚或女性身体来表达的。1587期的《北洋画报》中，女性/性别主题几乎在每一期都占据了相当的篇幅。从政界风云人物的家眷（如宋美龄、于凤至等）到孜孜求学的女学生，从国内外蜚声影坛的女明星到驰骋运动场中的女运动员，从娱乐休闲场所的交际明星、坤伶、舞女到服务于都市民众生活的女招待、女理发师等，全部都是《北洋画报》搜罗和征集的内容。

封面是解读画报的一面镜子。以《北洋画报》的封面而言，除了刊登少量如张学良等军政名人的肖像外，则被名媛、贵妇、坤伶、电影明星、交际明星、舞星、女学生、女运动员等所占据。这种做法与上海的《良友》画报如出一辙，"《良友》封面，从创刊开始，一直是以年轻闺秀或著名女演员、电影女明星、女体育家等的肖像作封面的。迁港出版以后的各期中，配合战时需要，都改为以抗日将士或与抗战有关的妇女为封面了。"[1]而《北洋画报》的其他各版，也不乏对上述女性群体的图文呈现，"社会交际明星以及大家闺秀之影片，随时摄登"[2]。不仅如此，《北洋画报》还广泛涉猎女性化妆、服饰、恋爱、婚姻、体育、职业、社会交往、社会活动等。

民国时期报刊媒体尤其是大型摄影画报持续发展，走向繁荣。作为都市社会中图文并重的信息媒介和文化消费品，画报不仅与纯文字报刊一样承担着传播时事、交流讯息、引导舆论的媒体职能，还凭借直观具象的图像优势，表现出纯文字报刊远不能及的视觉冲击力。在对女性身体的表达上，这种优势尤其明显。于是画报中有关女性身体展示与评判的内容日益增多。正如张英进指出的，"身体不仅在中国现代艺术中高度可见，而且女性身体还在画报和多种商业产品的宣传中频频出现"[3]。《北洋画报》对于都市女性身体的展现，则始终与"美的理想"保持着高度的一致。

对于曾经在清末民初发挥引领都市时尚作用的妓女，《北洋画报》采

---

[1] 赵家璧：《编辑忆旧》，生活·读书·新知三联出版社1984年版，第53页。
[2]《编辑者言》，《北洋画报》第9期，1926年8月4日。
[3] 张英进：《中国早期画报对女性身体的表现与消费》，姜进主编《都市文化中的现代中国》，华东师范大学出版社2007年版，第69页。

取了坚决回避的态度,"本报初旨,除非与社会发生直接关系之妓女之照片,概不登载"①。这在某种程度上反映出《北洋画报》竭力将自己塑造为高雅文化载体的指向,而所呈现和塑造的女性,则是受到西方文明影响的现代形象。于是女性身体现代美的建构成为都市社会急剧现代化转型的重要缩影和标准之一。

为此,《北洋画报》开启了塑造和展示新女性形象的过程,站在流行前沿,在美容化妆、发型、服饰、高跟鞋等方面给予都市女性身体从头到脚的"包装"和打造。为了引领女子服饰潮流,《北洋画报》特辟专栏,"本报为研究妇女新装束起见,特开专栏,刊载新装画稿以及有关系之各种文字"②。女子系列时装画、海外新装以及高跟鞋式样的刊出为都市女性提供了效仿的模板。随之而来的大量服装鞋帽商店广告,则直接刺激和引导着她们为"美体"而消费。在这里,《北洋画报》还借助名媛、贵妇、电影明星、交际明星、舞星等女性的照片或画作,呈现服装和发型等在西方文化冲击下的变化,进而塑造出外在的女性身体美。

《北洋画报》还以"健康为美"作为展示女性身体的另一重要取向。一方面,提倡天足、天乳运动,不仅仅是为推动女性身体的解放,更是树立天足、天乳为美的观念,竭力打造女性身体的自然之美;另一方面,采取各种途径鼓舞和提倡女子参加体育活动,打造身强体健的女性,宣扬并展示都市现代女性"运动"下的健康之美。女性身着运动装和泳装的形象频频亮相《北洋画报》,不仅表明女性思想观念的解放,同时也是现代女性身体在公共空间的展示。现代中西舞蹈女性舞者的照片和报道、伴随交际舞业而兴的舞女群体乃至红舞星等等,也时常见诸《北洋画报》,又向都市民众呈现和打造出了女性身体的舞动之美。

更值得注意的是,《北洋画报》发挥图片见长的特色,在铜锌板印刷呈现的清晰图片中,多方位地展现了女性身体——不仅有大量的女性群像,还以推崇艺术的名义向都市民众呈现出女性身体的裸露之美,而且细微到女性身体的各个局部如头发、手、乳、腿、足等。其中既有静态的自然美,也有诸多动态的健康美。由此,都市民众通过画报可以享受到丰富的"艺术"与"美"的女性身体视觉体验,而女性身体的表现和消费,借助画报得到淋漓尽致的阐释。

---

① 《编辑者言》,《北洋画报》第9期,1926年8月4日。
② 《编辑者言》,《北洋画报》第44期,1926年12月8日。

由此可知，在相对和平、消费文化气息浓厚的近代都市社会中，《北洋画报》依托自身优势，向都市民众传达、建构了一种别样的充满现代性的女性身体图景：一方面以视觉图像和文字并用的形式呈现了近代都市女性身体，一方面又促使都市女性身体的建构以时尚、健康等为指向。以上议题将在后文中分别进行深入阐释。因此，可以说《北洋画报》是研究近代都市女性身体转型与变迁的典型范本。

## 小　结

《北洋画报》的创办和发展有着独特的社会文化背景。首先，作为近代历史上较早开放的商埠和通商口岸，资本主义工商业在天津获得了快速发展。商业的繁荣带动了天津都市文化尤其是消费文化的出现和繁荣。其次，天津是北方典型的租界城市，各国势力纷纷渗透进来，大量外国人侨居于此。天津因而成为各种文化汇集、碰撞的公共领域，有较强的包容性，能够兼容并包吸收各种外来文化。最后，长期积淀的文化传统和近代寓公群体的聚合，使得天津呈现出传统与现代意味共生、并存的态势。值得注意的是，国族话语始终存在于都市社会生活中，尤其在20世纪30年代以后呈逐步上升之势。报刊业、画报业的持续发展表明了《北洋画报》的出现是顺应潮流之举。摄影术和印刷术的革新则为《北洋画报》提供了坚实的物质技术保障。

而在《北洋画报》具体的经营和发展历程中，正是由于冯武越、王小隐、刘云若、吴秋尘、左小邊、谭林北等人的不懈努力，以及一批文字作者、摄影作者及画家的聚集，才使得《北洋画报》能够在天津乃至北方地区，保持了旺盛、持久的生命力。《北洋画报》内容丰富，包括时事、人物、戏剧、电影、风景名胜、书画等社会生活的各个方面。它不仅为都市民众提供茶余饭后的消遣和娱乐，而且更用了大量篇幅关注都市生活，针砭陋俗，宣扬流行理念，倡导时尚新风，为传统向现代的社会转型以及现代都市文化生活的构建做出贡献。可以说，《北洋画报》为时人移风易俗、接触新知、追求潮流提供了难得的信息渠道，形成了独特的都市生活场域，因而是了解天津都市生活极具价值的研究文本。

在女性被淡化、被遮蔽的传统社会，进入公共空间的女性与男性相比，简直是微乎其微。到了近代，走出家门、参与社会生活则成为新女性的重要标准。在都市社会生活中，报刊媒体与女性尤其女性身体的现代性转型和变迁有着密不可分的关系。《北洋画报》作为一份丰富反映近代都市社会生活的画报媒体，直观而具体地呈现和参与了女性身体的现代性转型与变迁。不可否认，画报的记者群体深入社会生活的多个层面，关注女性及女性身体，宣传域外女性风情，引导女性时尚，在塑造时代新女性形象过程中发挥了积极作用。而画报中的女性身体形象和女性议题，某种程度上也满足了都市民众了解女性身体、窥视女性隐秘生活的欲望。在《北洋画报》存在的社会时空里，由于商业性和消费性的蔓延，女性身体日益被商品化。画报中包括摄影照片和绘画在内的大量女性身体图片的展示，尤其封面多刊载明星及名媛照片，给读者以强有力的视觉冲击和美的享受。男性读者希望借助画报观瞻、偷窥女性身体，女性读者则将画报中时髦、新潮的女性形象视作效仿的对象。透过《北洋画报》的6000多个版面回望20世纪二三十年代，女性身体的图景依然清晰鲜活地表征出这一时期都市社会生活的某些侧面。

# 第二章 近代中国女性身体的时尚塑造

20世纪末，有学者曾经讲道，"20世纪上半叶中国人民经历了太多的变乱、战争和苦难，人们总是从政治或经济的角度去研究这一段历史，常常忽略了这样一个事实，即民国时期是中国服饰史上一个非常重要的时期"①。事实上，自晚清以来，随着国门的大开和大批洋货的涌入，西式服装开始进入中国，并逐渐形成"西服东渐"之势。在外来文化的带动下，越来越多的女性尤其都市女性步入追求时尚的行列。最早在公共领域敢于追求时尚的女性，是生活在租界中的女性尤其风月场中的妓女。她们在清末民初的时代一度充当了引领时尚的模特儿。②到了二三十年代，都市女性的身体包装已经出现了显著的变化，"中国近数十年来，变迁速者莫如妆饰，尤莫如女子之妆饰。其变迁之速，诚足与教育、实业、文学变迁相抗衡，容或过之。"③

在近代中国，工商业逐步发展、消费文化气息浓厚的都市是现代性因素聚合的重要场域。女性身体在一定意义上被视为表现现代性的载体，其身体打造的种种细节，不约而同地顺应着"现代"的潮流与趋势。而女性身体在现代意味下的转型与变迁，不能不说首要的是对时尚和美丽的追求，并且现代时尚的标准已与古代社会截然不同，"脸庞俏丽、卷翘短发、衣着流行时髦"的女性才可称得上是"现代"女性。美丽对女性而言，不仅是一种特质，也是一种诱惑。为获取美丽的体貌，改造和修饰

---

① 包铭新：《收藏旗袍》，《上海服饰》1995年第4期。
② 罗苏文曾就这一问题进行了深入研究，参见罗苏文《论清末上海都市女装的演变（1880—1910）》，游鉴明主编《无声之声（Ⅱ）：近代中国的妇女与社会（1600—1950）》，台北"中央研究院"近代史研究所2003年版，第109—140页。
③ 景庶鹏：《近数十年来中国男女装饰变迁大势》，李寓一等编《清末民初中国各大都会男女装饰论集（1899—1923）》，台北中山图书公司1972年版，第29页。

自己的身体往往成为女性的主动选择。报刊媒体则充当了时尚引领者的角色。在这里，女性身体的外在包装和改造，并不是孤立的个体行为，而成为女性在社会多重力量合力之下追求身体美的群体性行为。《北洋画报》作为一份颇多关注都市女性的画报媒体，全方位地展现和参与了女性身体现代时尚塑造的过程——从现代美容化妆知识的引入到发式的时尚转变，从服饰的中西融汇到"足上装"高跟鞋的风行等。

## 第一节　现代美容化妆的引入

毋庸置疑，外观的改变是最直接和最容易展现于公共场合的，其中脸庞最受关注。美容化妆则意在塑造脸庞美观、修饰面容瑕疵，是都市女性追求身体美的重要方面之一，正所谓美丽从化妆开始。化妆对于女性而言，也是增添自信的砝码之一，"女性在社交场所略施薄粉、仪容整洁，对社交对象是一种尊重；女性在职场上有个合宜的妆，也能增添自信。"[①]女性化妆在中国古代社会早已有之，自古文人墨客笔下不乏"胭脂水粉"的描写，"脂粉黛泽之化妆，我国古代早已实行。迨及唐朝，人文璨然，宫嫔众多，使六宫粉黛，竞美争妍。所以化妆一项，更趋浓艳。日本平安朝女子之化妆，起源亦由于唐，今分为鬐、额黄、眉黛、朱粉、口脂等等。"[②]时代不同，审美观念亦随之不断变化。如何塑造"美"和呈现"美"，也各有差异。近代以来西方文明不断传入中国之际，美容化妆经由传统向现代转换之时，呈现出较为明显的西化倾向，大有与国际接轨的趋势。

### 一　现代美容化妆产品的引介

近代以来在西方文明不断传入中国之际，欧美国家的美容化妆产品也随之进入中国。各大百货公司、药房、洋行等为了扩大影响、打开销路，不惜广告费用，使得为数众多的美容化妆品占据《北洋画报》的版

---

[①] 孔令芝：《从〈玲珑〉杂志看1930年代上海现代女性形象的塑造》，硕士学位论文，暨南大学，2006年，第50页。

[②] 黄现璠：《唐代社会概略》，商务印书馆1936年版，第64页。

面。而来自欧美国家的美容化妆产品成为《北洋画报》广告的"宠儿"。翻阅《北洋画报》的广告，琳琅满目的美容化妆产品大多为舶来品，尤其是正在欧美国家流行的种种新品。以中欧贸易公司为例，中欧贸易公司是天津较为知名的一家进出口贸易公司，独家经销法国名厂格尔兰研制的各种化妆品，"久为欧美妇女界所欢迎"①。1930年3月1日，该公司登载在《北洋画报》的广告中，列举了最新到货的格尔兰名贵化妆品，其种类包括"香水、雪花膏、扑粉、香皂、头水、头油、头蜡、唇膏、黛眉、睫墨"②等，几乎涵盖了现今女性面部化妆全部所需。20世纪二三十年代是美国好莱坞电影大发展的时代，同时期中国消费文化气息浓厚的都市社会中，好莱坞电影明星成为女性打造身体之美的追逐与模仿样板。《北洋画报》深谙此"道"，1929年4月打出"Hollywood电影明星之化妆品不久即到"③的广告宣传语，便以浓厚的诱惑力吸引都市女性。

不可否认，这一时期欧美化妆品的风行是都市社会外货铺天盖地泛滥的缩影。而另一方面受到民族主义话语影响，社会上提倡国货的声音与实践行动持续不断。反映在化妆品领域，国人也开始自行研制本土产品。从《北洋画报》可知，名利社自行研制的各种化妆品，以及上海新中华实业出品的"半月牌花露香水及梅花粉"等，均为爱美女性修饰面容和身体的热销之品。在二三十年代，国产化妆品似乎成为女性身体美与爱国之间的契合点之一。国产化妆品借助报刊媒体的推广，逐渐在都市社会的化妆品市场及都市女性的装饰盒中占有了一席之地。而此时的国产化妆品，自然与古代社会的"胭脂水粉"截然不同，而是以欧美化妆品为参照、已经西化的现代化妆品了。

厂家或商家借助媒体刊登广告，获得利润、增加盈利是最主要的目的。为了吸引都市女性前往购买，化妆品广告自然是不遗余力地强调其修饰女性面容、打造女性身体之美的功效。在梳理《北洋画报》一系列化妆品广告时发现，面容及皮肤美丽的标准为白皙、光滑、润泽、清香等。这也是女性选择修饰和改变自我身体时所想达到的理想效果。1928年12月到1929年2月，天津宝耳大药房的化妆品广告写道："新式雪花膏，有修

---

① 《北洋画报》第440期，1930年3月1日。
② 同上。
③ 《北洋画报》第306期，1929年4月16日。

饰面部，增加荣光之力；美颜香粉，能使皮肤润白……"①再如《北洋画报》1936年8月份的"卡沙娜"点唇膏、美容膏广告，"'卡沙娜'点唇膏、美容膏……能以清新娇嫩之色调，增加肤之秀丽，且其施用之后，足与平人皮肤相匀和。寒暑天气，水湿，接吻，均不退色。"②名利社作为天津一家享有一定知名度的化妆品专行，自1932年4月至12月连续在《北洋画报》刊登广告，推介不同的化妆新品。为了打动都市女性，名利社在广告词上可谓下了一番功夫，如"华露精——芬香除疫，清爽精神"③；"净汗香水——清洁芳香，净汗保裳"④；"甘蜜浆——浓芳透明，滋润面肤"⑤；"胭脂粉——红白合匀，美丽异常"⑥；等等。诸如以上种种，无不切中都市女性爱美、追求美的心理。对于追逐流行时尚的都市女性而言，实在是难以抵挡的诱惑力。不可否认，广告词存在虚夸的成分，而它所提供的美的理想，却是都市女性所向往的。

众所周知，化妆品成为都市女性爱美的必备之物，更在于其遮瑕的功效。宣传化妆品对面部皮肤如雀斑、粉刺等瑕疵的治疗作用，是《北洋画报》中着力强调的。如1933年12月底、1934年初的"美容液"广告，便注明"专治面部疾患、雀斑、粉刺、皮脂腺、酒渣鼻、风癣、顽癣、黑黄暗气、毛孔扩大"⑦，甚至"一切面部皮肤不美各症，准保除根"⑧。1934年10月的"颜如玉"牌搽脸药水广告也宣传道，"专治脸上粉刺、酒刺、红疙瘩、面部受风、红痒肿痛、雀斑黑气"⑨，且有"改头换面之奇效"⑩。1935年5月的"面母"广告则为"去雀斑，白皮色，嫩肌肤，增艳姿"⑪。

不同的化妆品适用于不同的场合，这是如今化妆的常识，在现代化妆品初步流行于都市的近代中国，《北洋画报》的广告词中也对此多有注明，以提醒都市女性切勿因化妆品使用不当而影响面容及身体的美观。宝

---

① 《北洋画报》第281期，1929年2月16日。
② 《北洋画报》第1434期，1936年8月4日。
③ 《北洋画报》第774期，1932年5月5日。
④ 《北洋画报》第782期，1932年5月24日。
⑤ 《北洋画报》第818期，1932年8月16日。
⑥ 《北洋画报》第833期，1932年9月20日。
⑦ 《北洋画报》第1040期，1934年1月20日。
⑧ 《北洋画报》第1029期，1933年12月26日。
⑨ 《北洋画报》第1151期，1934年10月9日。
⑩ 同上。
⑪ 《北洋画报》第1243期，1935年5月14日。

耳大药房推销"香水花"时即写道，"最新式春季香水花，宴会及步游时适用"①。这一时期，都市女性已经可以相对自由地出入社会的公共空间，在户外活动中她们难免因阳光的照射而使面容及身体肌肤被晒黑甚至受损，而防晒就成为都市女性保护面容及皮肤所迫切需要的。1930年，来自巴黎的防晒霜"海兰露边士美容贵品罗粉"出现在《北洋画报》中。该防晒霜"专防日晒汗斑等症，用后更使玉肤细洁、美丽可爱"。②因日晒而面容受损的女性使用后，"不但可恢复旧日的美观，并且能倍加鲜艳，出入于秋凉的交际场中"③。

广告词不仅突出化妆品对塑造女性身体美丽的作用，还强调其质地纯正，且对身体无害，以促使女性放心购买和使用。如1932年7月的半月牌花露香水广告，"质地纯洁，香味芬芳且能至五六日之久"④。而1930年3月中欧贸易公司在推销本公司化妆品时强调，"根据科学，选精制细，故其香味清醇，显色明艳，不宁益增美丽，且能确保肤发"⑤。

由此可见，《北洋画报》向都市女性传达和引导的是与中国传统社会截然不同的、西式的现代美容化妆理念。画报不仅通过广告推介各种现代的美容化妆产品，同时着力宣传最新出现于都市社会、特别是天津的美容术，吸引众多的都市女性学习、购买与体验，以此实现对于都市女性身体现代时尚转型的引领。

## 二 美容术的推行

《北洋画报》不厌其烦地推介新兴的美容术，频繁登载设立于天津等地的美容室以及美容师的各种信息。与化妆品一样，美容术同样以打造身体之美为要旨，所不同的是采取施行手术或使用辅助美容设备的办法。在此美容术可以理解为两层含义，一是指现代社会的整容手术；二是各种美容的技巧或方法。

这一时期有部分美容室是附设在大药房、理发馆、洋行和饭店等场所里面的。天津的宝耳大药房、维多利亚大药房、仙宫理发馆、福来洋行和

---

① 《北洋画报》第306期，1929年4月16日。
② 《北洋画报》第481期，1930年6月5日。
③ 《北洋画报》第532期，1930年10月2日。
④ 《北洋画报》第801、802期，1932年7月7日。
⑤ 《北洋画报》第446期，1930年3月15日。

利顺德饭店等均设有美容室；独立的专门美容室也有出现，如顾林祺太太美容室、波菲妮爱福夫人美容室、时流社美容室等。这些美容室以女性顾客为服务对象，"是专门接待爱美女士们的整容室"[1]，以打造女性身体之美为宗旨。1930年至1931年间顾林祺太太美容室刊登在《北洋画报》的广告词中讲道，"（该美容室）可保容颜娇嫩美丽超群，专治容颜丑陋及面部一切不雅观之疾"[2]。

现代的、西式的化妆及美容对于中国民众哪怕是都市民众来说，仍然是相对陌生的新生事物，甚至遭到社会中传统礼教维护者的抨击，以及崇尚俭朴、节约人士的批评。尽管一些都市女性为了追求身体之美开始接受和向往这种西方的美容，但这时她们对于如何美容，在技术的层面和专业化的角度还是知之甚少的。因而此时的美容师多为外国女性，并具有在美、法等国接受专业培训的经历。如天津宝耳大药房美容室的美容技师毕业于美国旧金山的万国美容学院[3]，波菲妮爱福夫人毕业于美国加州美容学院[4]，顾林祺夫人毕业于法国巴黎海兰露边士美容技术学院[5]等。外籍美容师专业训练的背景使中国的都市女性对她们增添了几分信赖，更愿意依靠她们来实现追求"完美无瑕"的面容与身体的目的。《北洋画报》还为来津公开表演的欧美等国著名美容专家大做广告，"美国著名电影明星素仰慕之化妆品公司美容专家，最近来津，定期公开表演……务请注重美容各界，勿失之交臂"[6]。画报并将美容专家来津表演的日期、地点详细列出，以吸引都市女性前往参观、体验。不仅如此，一些美容室还专门招收学生，传授美容知识，培训美容师。如波菲妮爱福夫人美容室"（1930年）十月一日起教授美颜按摩术，学生教授完成，给予文凭"[7]。中国都市女性中也因学习美容而多了一个职业选择，如天津利顺德饭店附设的好莱坞美容化妆公司，其美容师"华人方面有潘太太，蔡女士诸人"[8]；北平由英国贝五达女士主持的花累蕊美容室，则有"两个中国小姐，一个是

---

[1]《北洋画报》第602期，1931年3月24日。
[2]《北洋画报》第480期，1930年6月3日。
[3]《北洋画报》第233期，1928年10月20日。
[4]《北洋画报》第542期，1930年10月25日。
[5]《北洋画报》第678期，1931年9月17日。
[6]《北洋画报》第850期，1932年10月29日。
[7]《北洋画报》第542期，1930年10月25日。
[8]《曲线新闻》（二），《北洋画报》第717期，1931年12月17日。

费路路小姐,一个是何亦兰小姐"①。

由于"凡在交际场中的女士们互以容艳美丽争先恐后,倘面生斑痕,皮肤黑暗,殊于美观有损"②,所以《北洋画报》在宣传美容术时,着力强调其在美白、润肤、去皱等方面的功效。"能令您的丑面变为白嫩,倘有皱纹均可去掉或肩背不美等迹,均可用术治疗,回(恢)复您的美观,并且能倍加鲜艳,俾得出入于交际场中"③。宝耳大药房美容室的专门技师,则"施用'艾丽莎比司阿尔顿'(Elizabeth Arden)氏发明之手术……使人皮肤润泽,皱纹消减,显然长春不老;雀斑赘瘤种种瑕疵,可用人工除去"④。可见,美容术实为"注意美颜者之佳音"⑤。

除去手术外,针对身体的不同部位,美容室又提供了多种驻容、增进容貌美丽的办法。如波菲妮爱福夫人美容室在《北洋画报》的广告词写道,"专门美容,治疗粉刺、雀斑、黑痣、糟鼻、染发、洗发、电脸、电体,特别润容去油去污,日光沐浴"⑥。该美容室还竭力强调服务项目之周全,"各种皮肤颜色用于舞会、宴会者,能在本室或住宅施造按照医士指示方法,施行局部或全体按摩手术"⑦。仙宫理发店附设的美容室则引进蒸脸机、紫光机、震身机等,"紫光机美容,按摩及震身,治面部各病"⑧。此外,更有美容室采用"电气漂白皮肤及除去皱纹"⑨等法。

唇部的化妆对于增进女子的美观极为必要,"女子唇之美丽,固由于天赋,然若不事修饰,任其自然,则将失其美观。故近代中外摩登妇女咸借化妆术,以保持其唇之美丽"⑩。为此,署名"如愚"的作者翻译了美国某电影公司化装部主任提出的"美唇十诫",通过《北洋画报》传达给都市女性:

　　一、冰管摩擦,早晚行之,极有益。可增加血液流通,

---

① 无聊:《记北平花蕊蕊美容室》,《北洋画报》第1213期,1935年3月5日。
② 《北洋画报》第602期,1931年3月24日。
③ 《北洋画报》第678期,1931年9月17日。
④ 《北洋画报》第233期,1928年10月20日。
⑤ 《北洋画报》第233期,1928年10月20日。
⑥ 《北洋画报》第597期,1931年3月12日。
⑦ 《北洋画报》第542期,1930年10月25日。
⑧ 《北洋画报》第751期,1932年3月12日。
⑨ 《北洋画报》第542期,1930年10月25日。
⑩ 如愚:《点绛唇》,《北洋画报》第1515期,1937年2月9日。

保持唇之本色。二、切不可养成咬唇或润唇之习惯。三、每日呼啸五分钟，此为唇之一种极好练习，助成口形之美。四、呵欠时切不可强行制止。盖制止呵欠，将使肌理失其自然，结果唇角下拖。五、倘在日晒风吹中，可用香油涂唇以保护之。六、夜间慎重擦去唇膏，一如夜间擦去面上之脂粉。七、选用一种与自己口唇颜色相称之唇膏。八、拍粉之前涂唇膏，可使口之姿态较为自然。九、十、口部于一切动作时，应依顺唇之天然线形，切勿矫揉造作，使之过高或过低。①

修饰指甲和指甲上彩也是美容的一个重要方面，"都市女性出入社交场所或工作之所需，一双漂亮、柔嫩的手不仅能为女性的外在加分，且视指甲色泽和服装颜色相谐和为一种时尚。"②因而福来洋行美容室、仙宫理发馆美容室等大多数美容室都兼有修指甲的业务。

由此可见，《北洋画报》所呈现给读者的各种美容术，在修饰和改造女性面部及身体方面，是全方位的。《北洋画报》还采用图片对比的方式，通过面容形象的反差突出美容化妆对女性的重要。顾林祺太太美容室的广告便标示出"疏忽修饰之丑陋西妇"与"注意整容之美丽西妇"的图片（图2.1）。

图2.1 顾林祺太太美容室广告插图③

从图片中两位女性的头像来看，注意修饰的女性，不仅是美丽的，也是充满自信的；而没有修饰的女性，则面容丑陋，流露出自卑、惊恐的神态。这无疑给爱美的都市女性带来震撼，刺激她们加入到追求身体美的时尚潮流。1932年2月4日，《北洋画报》便在"曲线新闻"中写道，"（本

---

① 如愚：《点绛唇》，《北洋画报》第1515期，1937年2月9日。
② 孔令芝：《从〈玲珑〉杂志看1930年代上海现代女性形象的塑造》，硕士学位论文，台湾"国立暨南国际大学"，2006年，第49页。
③《北洋画报》第451期，1930年3月27日。

市）仙宫附设之美容室，现已开幕。摩登女士往试者甚众，咸称赞外国女技师之手术精妙"①。再看1936年9月底的一条鸣谢"雀斑除根"的广告：

  鄙人自幼患满面黑斑，百药无效，经赵素民大夫介绍，赴天津法租界二十四号路西工部局后积福新里美容医院，包治不到半月，不但斑点除根，并且不净多油之面皮亦被治好，实令人痛快，特登报鸣谢，并广告于同病
    北平常次兰②

  广告中出现的地名与人名，似乎更能让都市女性相信其真实性。这种亲身体验和现身说法无疑有助于美容室声誉及影响力的提升。

## 第二节　发型的时尚转变

  在中国传统社会，女子梳什么式样的头发不单单是个人的事情，而是受儒家文化、宗法观念影响，与个人的身份、年龄也有着重要的关系，甚至带有民族、政治因素的影响。"在人的整个身体结构，头发是最令人注目的一部分，所以它是最独特的语言，表达个人对外界（政治社会）的感觉与反映。"③女性身体是否美观，发式起着重要作用，"头发占人身最高的部分，与美观方面极有关系，所以妆饰的种类，也千变万化。"④近代以来特别是清朝覆灭、民主共和制的国家建立，发式的问题与社会变革、日常生活紧密联系在一起，如民国初年的男子剪辫风潮。民国时期，剪发对于女性来说，则经历了解放、革命、时尚的话语转变历程。20世纪20年代中后期及至30年代，短发、短卷发的流行风潮代表了女性发式的时尚转变。

---

  ①《曲线新闻》，《北洋画报》第737期，1932年2月4日。
  ②《北洋画报》第1452期，1936年9月15日。
  ③吴昊：《中国妇女服饰与身体革命（1911—1935）》，东方出版中心2008年版，第123页。
  ④镌永女士：《发的妆饰》，《大公报》1927年5月27日。

## 一 剪发：解放—革命—时尚

1903年金天翮所写的《女界钟》，是近代中国第一本系统阐释女权主义的专著。在书中，金天翮第一次提出了女子剪发问题，"吾以为女子娇惰腐败之劣根性，皆自缠足与盘髻深造阅历而来。当其春眠不觉之时，仓卒晨兴，盥漱犹所不顾，惟此重重絷缚，精致绵密，先费数十分钟之久，然后对镜从容，颐指气使，务使波婧云委，风吹不乱，钗光鬓影，灼灼鉴人，约费二三小时，全功告竟，而半日之光阴去矣。是以今日女子入学读书，宁姑从北狄辫发，以取简捷，非得已也。……今四方志士知识进化，截发以求卫生，吾以为女子进化亦当求截发始。"①在金天翮看来，女子剪发，利于女子读书求学、讲求卫生，可以改变"女子娇堕腐败之劣根性"。为推动女性成为国家民族解放可资利用的力量，首先要力促女性争取自身解放，而剪发便成为解放、改造女性身体的一个重要举措。

五四新文化运动以后，女子剪发一时成为风潮。此时女子剪发与"省时间、省妆饰、省衣服"的逻辑关系被社会上部分女性所接受②。同时女子剪发也被部分女性视作男女平等的考量，"古时候的男女都有长头发的，后来男人觉得长发于他们很不便，所以把头发剪短了。当时女人没有觉得长头发不便，因为那时男女情况不同，但是现在女人的地位是同男人一样的，男人所能做到的事，女人没有不能的。所以应该剪短头发。"③

1919年，北京《晨报》发出了剪发的呼声，"（妇女）若要作顶强健的人，就应按卫生学的法则作去（发辫）"④。都市女性对此风潮积极响应，如1920年《大公报》刊载《劝女子剪发》的文章，积极呼吁广大女子剪发，"快剪！快剪！！快快剪！！！"⑤为了发动更多的女性剪去长发，该文还认为剪发后，少了梳洗的麻烦，"爽爽快快的剪去了头发，可以不用梳洗"⑥。在这种剪发呼声之下，上海、天津、北京等地的都市女

---

① 金天翮：《女界钟》，上海古籍出版社2003年版，第17—18页。
② 参见姚霏《近代中国女子剪发运动初探（1903—1927）——以"身体"为视角的分析》，《史林》2009年第2期。
③ 黄女士：《论妇女们应该剪头发》，《晨报》1919年12月5日。
④ 《论妇女们应该剪短发》，《晨报》1919年12月5日。
⑤ 《劝女子剪发》，《大公报》1920年6月20日。
⑥ 同上。

性尤其女学生群体掀起了短发风潮。短发成为新女性的象征，也是女性解放的典型标志之一。

  大革命时期，加入革命队伍的妇女充当了女性解放的吹鼓手，她们是妇女剪发的急先锋，女子剪发也如同北伐一样，所到之处迅速蔓延，遂成为一种革命风潮。1926年12月，革命军校武汉军事政治学校破天荒地招收了183名女革命军人。出于对革命的炽热和对男女平等的急迫要求，这批中国的第一代女兵并不满足于把头发剪得短短的，部分女学员心中革命的火焰愈烧愈旺，索性把自己剃成了光头，以标榜与男学员的"真正"平等。

  1926—1927年，国民大革命轰轰烈烈开展，女子剪发被裹挟于革命话语之中。1926年12月，黄埔军校武汉分校第一次设立女生队，招收女生。剪短发成为女生入学的资格之一。不仅如此，女子剪发还跟随北伐势如破竹的脚步，迅速蔓延至北伐军所到之处。《申报》便记录了1927年上海、苏州、南京等地女子剪发的盛况。如上海，"青天白日旗所至之处，一般头脑稍新、智识开通之女子，莫不纷纷将发剪去。一月以来，沪上气象一新。自妇女联合会提倡妇女剪发后，与烦恼丝脱离关系者尤多。行于马路，女子十之六七皆属鸭股。足见女子头发之末日已临也。"①在苏州，女子剪发热更是盛极一时，"一般胡调之姨太太，乘时效颦，趋之若鹜。各女校学生，以三千烦恼丝付诸并州一剪者，约占三分之二。家居妇女效行者为数甚众。……北里群花剪发者亦不少，惟不及女学生之盛"②。在南京女子剪发，"战前寥寥可数，近则风行一时，触目皆是。花牌楼夫子庙一带理发店，女亲到剪发者日有所见"③。

  也正由于革命意味的融入，女子剪发遭到与南方革命对立的北京政府及下辖各地政府的禁绝命令。《北洋画报》曾谈及这一时期直隶省政府的杜绝剪发禁令。1926年10月30日，冯武越的《剪发禁令与女学生》一文谈到这一问题，"尚发式之女子，多为最时髦之流……，望之扑朔迷离，试莫辨其为雌为雄。剪发者以女学生居大多数，以其早起利便，不费时故也。近因本省当局令禁，其需在租界以外就学者，均缀假发于脑后，或加帽垂辫，以为掩饰，用待发之复长。今如南开女中校所见女学生，盖不复

---

① 《女子剪发琐闻》，《申报》1927年4月28日。
② 《苏州女界之剪发热》，《申报》1927年6月23日。
③ 《新都志趣》，（广州）《民国日报》1927年6月25日。

有剪发之形迹矣"①。省政府禁止女子剪发，带有教化和端正社会风气的意味。据接近官方者云："直省禁止女子剪发，系因查知党军侦探，利用短发，男扮女装，女扮男装，混迹人丛中，以肆行其宣传或侦探手段，扑朔迷离，令人无法捉摸之故。"②

不过剪发作为都市女性的一个重要选择，并没有因为传统道德的抨击和政府的禁令而消退，《北洋画报》1927年6月11日曾披露这一现象，"尔来省政府当局又严申禁止妇女剪发之令，惟租界中女子之剪发者仍多"③。而时隔不到一个月，《北洋画报》再度指出，"省政府禁止妇女剪发，业已三令五申，然剪者仍日见其多"④。也正是由于革命的象征意义，女子剪发经历着"从身体改造的一环，到女性权力的想象，再到新旧权力转换的场域"⑤。

然而解放、革命话语风行的同时，女子剪发或者短发作为时尚、审美的取向并未消失，甚至逐渐占据都市社会的主流。诚如上海的《妇女杂志》所言，"凡妇女之妍媸，类以发为定衡，是以妇女之爱发，若山鸡之爱其羽毛。……而男人之爱妇女者，亦以发为观美之具。"⑥女子的剪发风潮使头发既成为一种象征，也成为女性追求身体美的一个重要体现。1920年，《晨报》报道了北京孔德学校号召女学生集体剪发，理由是："以女子欲求社会解放必须从个人自己解放做起，因而一切不自然的装饰先要革除，现在世界各国男女既已剪发，而女子尚梳辫子网发髻，于作事底便利上及卫生上都很妨碍，虽然头发可以作女子的美饰，不一定剪得同男子一样，但是剪短了更可以发挥自然的美。"⑦20年代中后期以后，女性发式的时尚转变便表现为短发、卷发流行，这显然是有别于传统的现代性"身体打造"的一个方面。《大公报》署名秋漪的作者写道："在下是绝对赞成女子剪发的。尤其是妙龄女郎，秀发覆肩，另外觉得活泼可

---

①笔公：《剪发禁令与女学生》，《北洋画报》第33期，1926年10月30日。
②T.T.F：《剪发问题》，《北洋画报》第45期，1926年12月11日。
③《小消息》，《北洋画报》第94期，1927年6月11日。
④《时髦消息一束》，《北洋画报》第102期，1927年7月9日。
⑤姚霏：《近代中国女子剪发运动初探（1903—1927）——以"身体"为视角的分析》，《史林》2009年第2期。
⑥褚铁华：《广说发》，《妇女杂志》3卷2号，1917年2月，第33页。
⑦《女学生实行剪发》，《晨报》1920年1月31日。

爱。"①《北洋画报》不仅较好地传播和引导了短发、卷发的流行风潮，同时也将一些现代理发、护发常识与方法贯穿其中。

## 二 短发之风的盛行

《北洋画报》创刊之初，曾连续刊登女子短发的式样（见图2.2和图2.3）。

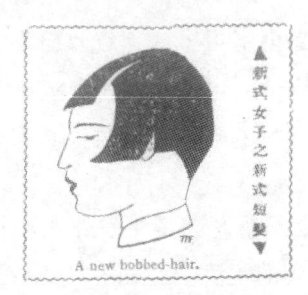

图2.2 "新式女子之新式短发"②　　　图2.3 "最新式之短发"③

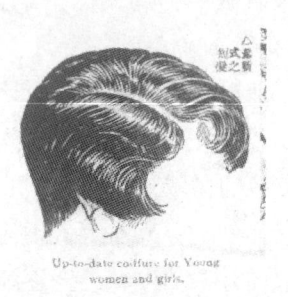

图2.2中尽管标榜"新发"和"新式短发"，而由刘海和鬓角的造型可以看出，仍存有明显的传统意味。图2.3中的发型，其刘海和鬓角已与传统女性的发型截然不同，流露出的则是"现代性"。

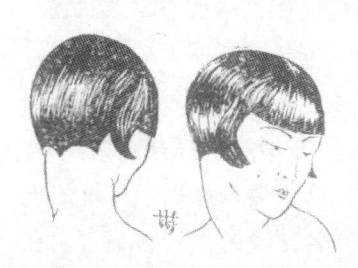

图2.4 "最新式之西式短发"⑤

20世纪20年代，短发被视作欧美国家女性的新潮流，上海的《申报》曾描述道："最盛行的要算法国，除了少数顽固老姐和乡曲妇人之外，差不多全都剪去了。有时在交际场中偶然见一个不剪发的女子，人家就要笑他是老婆婆。其次是美国，已剪发的女子约占了十分之八，女学生未剪的，不过百分之一，女明星和娼妓十九也多剪去了。"④《北洋画报》的报人们不断搜集并登载同时代欧美国家流行的短发样式。如图2.4的短发造型便是仿照于1926年美国的美育杂志。

---

① 秋漪：《服装琐话》，《大公报》1927年5月27日。
② 《北洋画报》第9期，1926年8月4日。
③ 《北洋画报》第90期，1927年5月25日。
④ 《女子剪发谈》，《申报》1926年1月27日。
⑤ 《北洋画报》第16期，1926年8月28日。

20世纪二三十年代，看电影是中国各大都市的一种重要的新型娱乐形式。曝光于屏幕和报刊媒体的电影明星尤其女电影明星成为引领各种时尚潮流的榜样。短发之风在都市社会的蔓延，便深受西方电影和女电影明星的影响。1926年8月至11月，《北洋画报》先后刊出了美国好莱坞女电影明星柯琳慕尔、李特尼斯乔、爱莲、多福等女士的照片。她们均以短发的形象呈现在中国都市民众特别是女性面前（图2.5—图2.8）。

图2.5 "'短发之美'——美国电影明星柯琳慕尔"[1] 　　图2.6 "'短发垂鬟之奇观'——美国电影明星李特尼斯乔"[2]

图2.7 "美国电影明星爱莲女士之短发"[3] 　图2.8 "美国电影明星多福女士之短发"[4]

上面几幅美国电影明星的小照中，第一幅柯琳慕尔的齐耳短发体现出一种清爽之感；而后三幅李特尼斯乔、爱莲女士、多福女士则在鬓角上大做文章，正所谓"短发垂鬟之奇观"。

在近代中国，上海是国际化、现代化的大都会。欧美国家的流行时尚多首先通过上海这一窗口进入中国，女明星的短发造型也多模仿自西方女性。1926年7月24日的《申报》记录了女明星黎明晖模仿美国电影明星柯琳慕尔剪短发的情形，"自国产电影兴，女演员咸竞尚奇装。于是，抱出

---

[1]《北洋画报》第27期，1926年10月9日。
[2]《北洋画报》第28期，1926年10月13日。
[3]《北洋画报》第34期，1926年11月3日。
[4]《北洋画报》第37期，1926年11月13日。

图2.9 上海电影女明星小妹妹黎明晖最近小影②

风头主义之妇女，胥以女明星之装束为楷模，而发髻一事，亦随之而异。黎明晖为女明星中最年轻者，垂髫年华，不在发髻争妍，故其秀发早已剪去，恒覆额若牧童。三年以迁，明晖浸淫电影，时以美之考伦穆亚（柯琳慕尔）自比。考亦短发，天真活泼，娇憨动人。主演之电影，已数见沪滨。于是明晖发，亦髦□仰翘，焕然如考伦穆亚（柯琳慕尔）矣。"①而与之相应，同年10月13日的《北洋画报》封面刊出了黎明晖模仿柯琳慕尔短发造型的照片（图2.9）。亦文亦图，南北呼应，示范效应可见一斑。

植根于天津、辐射北方地区的《北洋画报》在引领女子短发潮流之时，不仅将欧美国家女性作为示范，更将同属于中国本土的上海视为样板。演艺界无疑首先成为短发热潮风行的领域。"上海女明星剪发者，已有黎明晖、王汉伦、杨耐梅、傅绿痕、宜景琳、严月开、顾宝莲、陆美玲等八星。"③而在天津，女明星剪发亦呈现出"蓬蓬勃勃，不可遏止"④之势，"天津女明星之数，虽不及春申江上之多，而剪发者，已有其五：即张梅丽、高丽影、她（姓名未知）、李丽丽、黄春梅等。"⑤

除了黎明晖之外，《北洋画报》还大量刊登其他女明星短发造型的照片，如杨耐梅（11期）、黄阿媚（22期）、王汉伦（30期）、戴影霞（38期）、刘汉钧（54期）、黄春梅（66期）、张梅丽（68期）、严月开（71期）、庄蟾珍（90期）等。在展示女明星短发形象之余，画报也试图以此来影响越来越多的都市女性。

不仅如此，《北洋画报》更将女明星的短发视为扩大画报销量、吸引读者的卖点。为了拓展画报销路，《北洋画报》创办之初数次发起悬赏竞赛。1927年《北洋画报》举办的第二次悬赏大竞赛，谜题为依据发型猜答

---

① 《女子发髻谈》，《申报》，1926年7月24日。
② 《北洋画报》第28期，1926年10月13日。
③ 杏梅室主：《天津女明星剪发热》，《北洋画报》第33期，1926年10月30日。
④ 同上。
⑤ 杏梅室主：《天津女明星剪发热》，《北洋画报》第33期，1926年10月30日。

女明星姓名（图2.10）。

图2.10《北洋画报》第二次悬赏大竞赛谜题图示——女明星发型①

图中所列10位女明星的发型，短发竟有4款之多。女明星拥有较高的社会知名度，是都市民众休闲娱乐之时争相关注的对象之一。而这一谜题的设置，则说明了发式或发型此时已被作为时尚女性身体的重要表征。

由此可知，明星对于短发潮流的推动作用是显而易见的。由《北洋画报》所知，在电影女明星的带动下，一时间，崇尚摩登的名媛、贵妇、交际明星等都市女性纷纷以短发造型公开亮相（如图2.11—图2.14）。

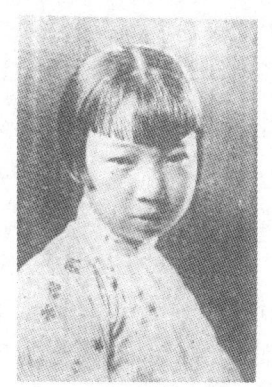

图2.11 "李赞侯前总长之女孙公子定玉女士"②

图2.12 "驻古巴国公使廖恩寿君之第十女公子"③

---

① 《北洋画报第二次悬赏大竞赛揭晓》，《北洋画报》第74期，1927年3月30日。
② 《北洋画报》第57期，1927年1月22日。
③ 《北洋画报》第74期，1927年3月30日。

图2.13 "谢振叔新夫人周平歧女士（已故总理周自齐氏之女公子）"①　　图2.14 "上海交际明星郁四小姐短发近影"

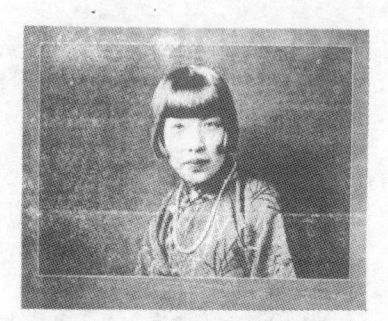

清新、简洁的短发成为都市女性的形象选择之一。都市女性选择短发，既是对传统仕女视觉形象的一种颠覆，又是对自我身体形象的一种张扬。

### 三 卷发的登场

与短发之风相伴而来的是卷发的华丽登场。在传统的审美观念看来，一头瀑布式的长发、乌黑光泽、细密如云是女性美的必备条件。短发风潮掀起后，社会上质疑和批评的声音也时常出现。如1927年6月，有位女性在《申报》刊发《关于"头发革命"的话》一文，就直陈短发引起的"审美危机"："那些女学生们、女职员们，剪了发，既便利，又爽快，实在有很多的利益。但如果要讲到那'美'的一个字上去，却就要失败……因为人的面庞是有异同的，不是一律的，而现在的发式，却完全都变成一样，并且那女子的美，尤以发居要，现在那头发一去，那头部美便走了一大半。"②因而，为了应对和修补由短发引起的审美缺陷，各种"美化"短发的方法也应运而生。卷发便是由"美发"而兴的潮流。

与短发由最初革命意味转向潮流追逐的指向不同，卷发一进入中国尤其都市女性的视野，便占据了时尚、流行的前沿，"秋高气爽的时光到了，头发可以卷了，不致随卷随软了，短发也是卷了好看"③。时尚的

---

① 《北洋画报》第88期，1927年5月18日。
② 《关于"头发革命"的话》，《申报》1927年6月25日。
③ "新式卷发"，《北洋画报》第18期，1926年9月4日。

一个重要特征是短暂性和不断地趋新性,"时代的日新月异,流行没有固定不变的款式"①。不同的人对烫发的要求也不尽相同,新颖发型不断出现。为此,《北洋画报》尽可能地搜集网罗新式、流行的女子发型和样式。"新式卷发(或烫发)"的图片在《北洋画报》中陆续出现,如1930年6月至10月仙宫理发馆推出了新式烫发式样(如图2.15—图2.18)。

图2.15 "仙宫发式之一"②

图2.16 "仙宫新式烫发之二"③

图2.17 "仙宫新式烫发之三"④

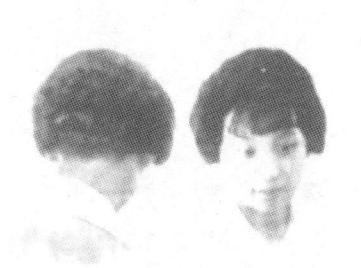

图2.18 "仙宫新式理发之四"⑤

由此可见,卷发花样繁多,主要以波浪式为主,又可细分为长波浪、中长波浪、油条式、卷式等。而《北洋画报》在登出各种卷发样式时,也从正面、侧面、背面、低头、平视等多个摄影角度,向读者展示了卷发与

①孔令芝:《从〈玲珑〉杂志看1930年代上海现代女性形象的塑造》,硕士学位论文,台湾"国立"暨南国际大学,2006年,第56页。
②《北洋画报》第490期,1930年6月26日。
③《北洋画报》第491期,1930年6月28日。
④《北洋画报》第492期,1930年7月1日。
⑤《北洋画报》第496期,1930年7月10日。

头部的协调和美感。同年8月到10月期间,《北洋画报》又刊出著名画家曹涵美所绘的"最新发式"系列(图2.19—图2.22):

图2.19 "最新发式之一"①

图2.20 "最新发式之二"②

图2.21 "最新发式之三"③

图2.22 "最新发式之四"④

在曹涵美笔下,卷发的波浪之美尽显。上述无论摄影照片还是绘画,都传递着这样的讯息:短发与卷发之风合流,短卷发成为新的流行趋势之一。

卷发时尚首先由欧美兴起,同样的,《北洋画报》也将欧美国家流行的卷发式样推介给都市女性。1931年6月刊出巴黎盛行的"复古发式"系

---

① 《北洋画报》第510期,1930年8月12日。
② 《北洋画报》第528期,1930年9月23日。
③ 《北洋画报》第532期,1930年10月2日。
④ 《北洋画报》第535期,1930年10月9日。

列（图2.23—图2.27）：

图2.23 "希腊式"①

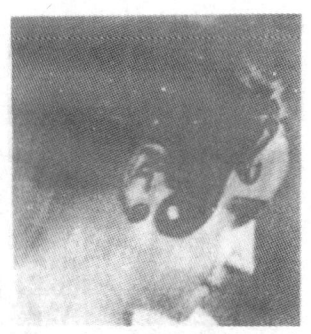

图2.24 "玉茜芬皇后式"②

图2.25 "法国海嘎米尔夫人式"③

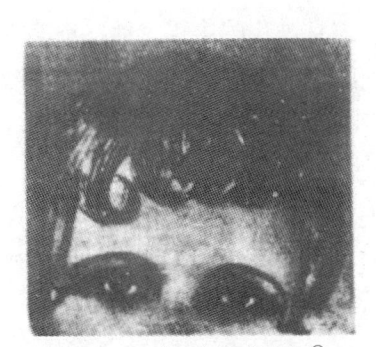

图2.26 "巴尔塞克式"④

图2.27 "罗马式"⑤

---

① 《北洋画报》第639期，1931年6月18日。
② 《北洋画报》第640期，1931年6月20日。
③ 《北洋画报》第641期，1931年6月23日。
④ 《北洋画报》第642期，1931年6月25日。
⑤ 《北洋画报》第643期，1931年6月27日。

图2.23—图2.27均为卷痕明显、式样夸张的复古发型。在追求新潮与时髦的话语下,复古某种程度上也是一种时尚潮流。而1933年巴黎流行的新颖发式也通过《北洋画报》展示给了都市女性(图2.28)。

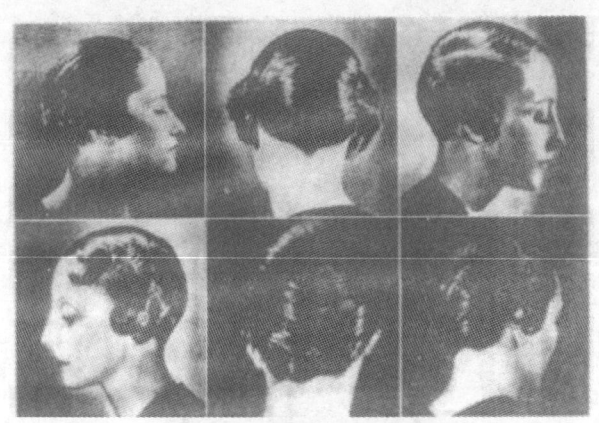

图2.28 "本年巴黎女子最流行新颖发样之六"①

如图2.28的六种女子发式,均梳洗整齐、紧贴头部,带给民众的是清新、简洁之感。可见,《北洋画报》在选择和刊载欧美流行发式之时,有着一个从猎奇到引导都市女性效仿和参照的转变。虽不能将欧美所有流行发式悉数载于报端,但仍尽力捕捉其不同时期风格的变化。

相比于简单的短发来说,不可否认,卷发更加美观。"女子由披发而结发,由结发而剪发,由剪发而烫发,这是进化的途程,谁也不能否认站在潮流前面的姊妹们当然是欢迎烫发的。"②对于女性而言,"可增美观"是其接受和选择烫发的首要原因。此外,烫发还可以除去长发梳洗的烦恼,为走出家门参加工作或进入社会公共空间的女性提供诸多便利。烫发发型整洁、大方、持久,每次烫发可保持3至6个月之久。自20年代末以来,妇女前往理发室烫发已然蔚然成风,"烫发的(女性)一天多似一天"③。

1935年2月15日,《北洋画报》刊出了一位署名"四方"的男性作者的文章《男人受女人压迫》。作者在这篇文章中描写了自己除夕当天的理发经历:

---

① 《北洋画报》第935期,1933年5月20日。
② 《北洋画报》第363期,1929年8月27日。
③ 《北洋画报》第354期,1929年8月6日。

一直忙到大年三十,才想起了"常剃头常刮脸,倒霉也不显"这句格言,况且又过年,到亲戚那里去,更得显出发财或"准"要发财的样子,才能有听戏看电影食饭之类的享受,就决定去理发馆"做发财样",因为"仙宫"近,所以就去了,一进门看见等的人比理发师还多二倍,我摇了摇头,出来到"南京",更妙了,每一个座位都有一二个人钉着,到"中山"吧,掌柜说你听电话吧,出来到"一乐也",伙计说:"您最少也得等三个钟头!"到"中原"一看,伙计给我一个牌子,上面写着二十多号,我说"谢谢吧!"好,到日租界"北洋"去,我不敢进去,探探头,轮到我怕快天亮了,可是发财样式不能做的,于是到法中街"明星"一趟,一进去,人更多,有一位"蜜丝"看见我入来,就皱起眉头,好像多了一位敌人的样子,把头偏了一偏,对理发师说:"我不要等到十二点!"我点了头,就迈步出去了,结果回来做了好些事,在夜里三点多钟,在"仙宫"理的。①

如上可知,差不多天津有名的理发馆作者都逛到了,那么本来简单的理发,作者缘何如此波折?"后来才知道当天理发馆的时间,被女人占去约四分之三"②,由此可知都市女性对理发的热衷。在作者看来,"她们都是为烫发,为的是新出炉,好在新年里摆一摆"③。

## 四 专业理发馆和理发师的推介

都市社会中女子短发、卷发潮流的兴起,无疑蕴含了巨大的社会需求和市场潜力。都市女性不仅渴望美丽、流行的发型,还渴望获得健康、亮丽的发质。也正因为如此,一时间专业理发馆纷纷设立,并配有经过一定专业训练的理发师。

据《北洋画报》统计,天津自1929年初设立仙宫理发馆开始,截至1937年7月,先后在该画报上刊登广告的理发馆有20余家。其中较为著名、经营时间较长的除仙宫理发店外,还有中山理发馆、白玫瑰理发店、

---

① 四方:《男人受女人压迫》,《北洋画报》第1205期,1935年2月15日。
② 同上。
③ 同上。

明星理发店、一乐也理发厅、南京理发公司、孔雀理发社等。

这些理发馆为了打造出紧随时代脉搏的流行发式，纷纷引进电机剪发、水烫、电烫等国外先进的剪发与烫发技术，并及时购买国外先进设备。仙宫理发店开办之初，"所有理发用具，皆购自西洋"[①]，并推出五大特色，即"电机剪发，水烫头发，电消毒器，女理发师，女子座椅"[②]。随后《北洋画报》的记者又对其电机剪发、消毒等给予详细说明，以求在宣传中打消都市女性的顾虑，"该店之特色，首为电机剪发，轻便舒适，逾异常法，在华北实为创见；所用电风干发机，亦绝无仅有，能吹伏头发，使其易干；又置备消毒器，亦用电气，将用过之刀剪、梳刷、手巾等物，随时消毒，皮肤病之传染，绝对免除"[③]。寥寥数语，强调了理发的种种优势，意在激发读者尤其都市女性的向往之心，也勾勒出现代模式下的理发馆。

各种卷发样式的出炉，烫发机可谓功不可没。京津等都市的各理发馆又先后引入电烫发机、气烫发机、无线电烫发机等。1935年孔雀理发社"特由美国购到特别新式电机烫发，附有保险机，自动开闭"[④]。1936年9月、10月间，大光明理发店在《北洋画报》所登的广告中，以汽烫发为卖点，"大光明理发店，由外洋新发明汽烫发，不用电力，管保半年，每次五元"[⑤]。到了1937年初，该店开始采用电烫机烫发，"大光明理发店，敝店为酬谢主顾起见不惜巨金首先购到新发明，无线电烫发机，美观耐久，且不伤发，各界仕媛驾临一试是幸。"[⑥]

在理发馆从业的理发师们，或在外国学得剪发、烫发知识，或由女子理发学校毕业。多年理发经验的积累和对时尚潮流的把握，使他们熟谙欧美国家女子的各种流行发式，并能通过高超的技术推广于都市社会中。如曾受聘于仙宫理发馆、继而自设烫发部的徐省三，便"由英国烫发学校毕业，在美各商号服务多年"[⑦]。王金波先后受聘于仙宫理发馆、徐省三烫发所、北平懋记理发馆，自行创办六国饭店理发部、好莱坞理发店等。

---

① 《北洋画报》第273期，1929年1月24日。
② 《北洋画报》第261期，1928年12月25日。
③ 《北洋画报》第273期，1929年1月24日。
④ 《北洋画报》第1252期，1935年6月4日。
⑤ 《北洋画报》第1451期，1936年9月12日。
⑥ 《北洋画报》第1534期，1937年3月27日。
⑦ 《北洋画报》第614期，1931年4月21日。

《北洋画报》在王金波最初受聘仙宫理发馆之际，大赞其烫发技艺，"仙宫新聘烫发名手王君金波花样繁多，其手艺较前时烫发师徐君（徐省三）更高一等，且天性和蔼，谦恭有礼，有徐君之长，无徐君之短，凡爱美的姊妹们盍兴乎来"[1]。此外一些理发馆还聘请了西洋理发师，如1934年中山理发馆则聘请英国人Mr.E.Raplan、外洋女艺师Lers Vers等，负责电机烫发。[2]张文海经营的明月理发馆也聘请了被本土理发师和女性视为"手艺高超、与众不同"的外国理发师[3]。由《北洋画报》所传达的信息还可得知，女性理发师普遍就职于各理发馆中，如"'仙宫'中的两颗明星——胡筎、黎莉莉"[4]等。这一时期社会上还出现了完全由女技师理发的理发处[5]。因而理发师可以说又是女性的职业选择之一。

这时的理发馆主要是以女性为服务对象的。如北平懋记理发馆，"摩登仕女，盍兴乎来，无任欢迎"[6]；久美理发店，"敬请各界仕媛驾临试制"[7]等。为了吸引都市女性，各个理发馆可以说竭尽所能，推出多种举措，并借助报端"广而告之"。一是不断引进和更新理发工具，改善理发店环境，以便都市女性能在剪发、烫发之时享受到舒适的服务和环境。二是竭力宣传理发名师的高超技艺和各种新式理发。1934年开张的南京理发公司，"新建楼房规模宏大，家具式样摩登，合于卫生，空气清爽，交通适中，特由欧美选购上好电机，烫发样新，电机刷头是本市首屈一指"[8]。北洋理发所1935年登在《北洋画报》的广告则写道："上海名师，手艺超群；水烫电烫，式样新颖；蒸气消毒，力求卫生；坐位舒适，布置摩登；放送音乐，足供遣闷；新张伊始，定价低廉；士媛惠顾，知非虚名。"[9]此外，各理发馆还时常推出种种优惠措施，不定期举办优惠活动。1929年8月，仙宫理发馆便规定"现定优待一个月，凡烫发者，赠送药水洗头，如剪后再烫，减售半价"[10]。

---

[1]《北洋画报》第482期，1930年6月7日。
[2]《北洋画报》第1002期，1933年10月24日；《北洋画报》第1124期，1934年8月7日。
[3]《北洋画报》第1310期，1935年10月17日。
[4]《北洋画报》第547期，1930年11月6日。
[5]《曲线新闻》（二），《北洋画报》第522期，1930年9月9日。
[6]《北洋画报》第946期，1933年6月15日。
[7]《北洋画报》第1104期，1933年10月28日。
[8]《北洋画报》第1125期，1934年8月9日。
[9]《北洋画报》第1199期，1935年1月29日。
[10]《北洋画报》第354期，1929年8月6日。

在修饰发型的同时，不少有钱有闲的都市女性越来越意识到头发护理对于保持美观的重要性。正所谓发型出色，发质也要出色，"健康、亮丽的头发对现代女性的外观具有加分作用"①。因而与面容一样，头发也是需要护理、保养的，否则很可能会面临"头发鬆乱，有失仪容，然油光过度，又失于俗"②的无奈与尴尬，这是爱美的都市女性所不愿意看到和试图极力避免的。基于此，理发馆便在头发的护理上下功夫，推出"洗头水""美发膏"等护发产品。

洗头是头发护理的基本步骤。1929年5月，仙宫理发馆广告讲道，"现在气候渐热，人身汗液之排出亦渐多，头发日久不洗必至汗臭难闻，而头痒头晕更觉难受"③。而从《北洋画报》的广告中发现，药水洗头不失为护理头发的一个有效办法，"用特制药水洗后，头发爽滑，头皮不痒"④。各理发馆均向顾客提供药水洗头的服务。白玫瑰理发店、久美理发店等则采办欧美生产的"洗头水"，"如洗头水，非特香味馥郁，尤能使头发光润柔滑，绝非凡品可比"⑤。中原公司则采用法国名厂的上等香料配制出"中原头水"⑥。不过每次洗头都进理发店是不现实的，于是适合女性在家洗头的洗发水开始受到欢迎，《北洋画报》的美容及理发广告中便频繁提及洗发水。1932年6月名利社的洗发水广告词写道，其洗发水具备"涤垢除痒，头发柔爽"⑦之功效。

洗头保证了头发的清洁，而都市女性想获得亮丽的发质还需要更进一步的努力。这一时期能够去油、促使头发柔顺的美发膏随之出现。如仙宫理发馆推出了该店自制的"仙宫美发膏"，并大赞其质量和效果，"本店特制之美发膏，其质料与洋来司丹康相同，能使发柔软贴服而不现油光"⑧。该理发店还推出使用香水祛除头发油腻的服务⑨。30年代以来，染发技术被引入理发馆，受到都市女性的青睐。1931年仙宫理发馆"办有西

---

① 孔令芝：《从〈玲珑〉杂志看1930年代上海现代女性形象的塑造》，硕士学位论文，台湾"国立暨南国际大学"，2006年，第54页。
② 《北洋画报》第570期，1930年12月30日。
③ 《北洋画报》第315期，1929年5月7日。
④ 《北洋画报》第790期，1932年6月1日。
⑤ 《北洋画报》第996期，1933年10月10日。
⑥ 《北洋画报》第1402期，1936年5月21日。
⑦ 《北洋画报》第792期，1932年6月16日。
⑧ 《北洋画报》第570期，1930年12月30日。
⑨ 《北洋画报》第273期，1929年1月24日。

洋染发药水，能将白发赤发染成漆黑，并能将黑发染成金丝，担保永不褪色，不损头发，不伤头皮"①。

《北洋画报》凭借图文并茂的优势，以图的形式向读者宣传和推介了各种流行的发型与发饰。短发与卷发的风行、发型的千变万化等，在某种程度上说明都市女性身体美的建构已经进入一个多元认同的时代。而广告不厌其烦地传达护理秀发的理念，为设备齐全、环境舒适的理发店和拥有高超技艺的理发师等进行宣传，促使着现代理发技艺与观念在都市女性中获得认同，从而推动头发的时尚转变。

## 第三节 融贯中西的女子服饰

现代的服装，已不再仅仅是御寒的工具，而是"身体的文化隐喻，它是我们用来将身体的表现'书写'和'描画'进文化语境的材料"②。对于女性来说，服装则表现为一种可以衬托、补充女性身体美的重要条件，"服饰也成为女性表现自己外在现代的最好辅助工具"③。

而作为一份呈现了女性身体美的大众读物，《北洋画报》对于现代新潮女子服饰——时装的渲染则是题中应有之义。在《北洋画报》这份大型画报里，进入读者视线的女服时尚，集中为两大类：一类是名画家们所绘制的名目繁多的时装画，一类是直接传递的欧美流行服饰讯息。这一时期都市女性的服装也明显呈现出中西融汇之势。

### 一 时装画里的服饰潮流

时装这一名词在中国出现是20世纪二三十年代，顾名思义，指流行的、美的服装。从深层次上来说，时装"是一系列复杂语言的'符号语言'，是时装主体阶层、身份及其审美观念和生活方式的表征，体现出

---

①《北洋画报》第790期，1932年6月1日。
②罗钢、王中忱主编：《消费文化读本》，中国社会科学出版社2003年版，第289页。
③孔令芝：《从〈玲珑〉杂志看1930年代上海现代女性形象的塑造》，硕士学位论文，台湾"国立暨南国际大学"，2006年，第53页。

他投射在个人欲望上的消费主义意识形态"①。人们对时装的追求，借助画报媒体在更为广大的社会空间和范围内实现。

《北洋画报》存在的十余年间，出自上海名画家如李珊菲、陈映霞、胡亚光、曹涵美等人之手的时装画系列，某种程度上再现了二三十年代女子时装变迁的过程。1927年1月至4月，《北洋画报》陆续刊出了女画家李珊菲女士的系列时装画(图2.29—图2.36)：

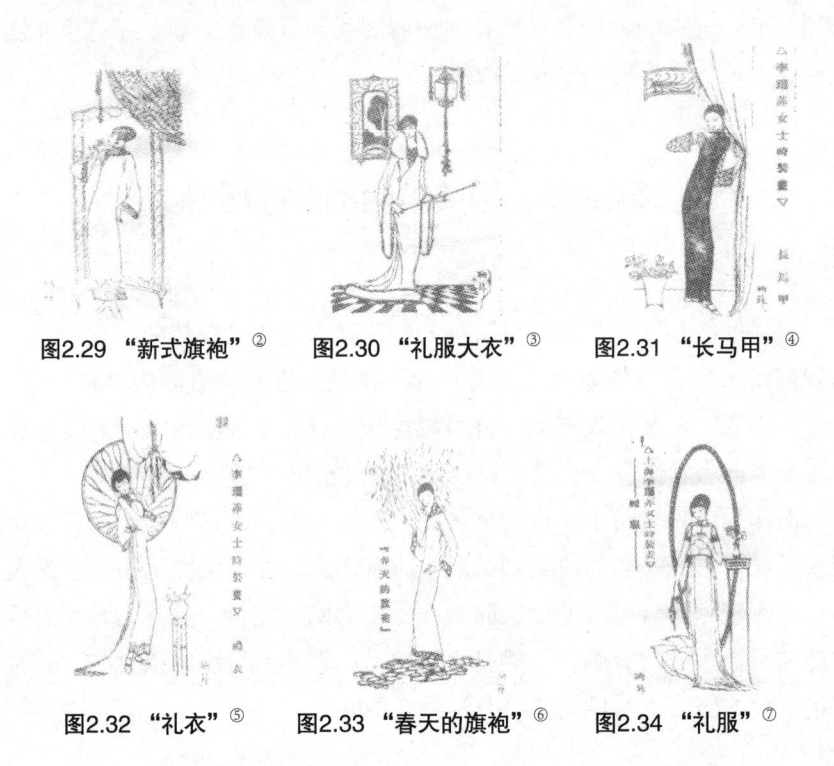

图2.29 "新式旗袍"②　　图2.30 "礼服大衣"③　　图2.31 "长马甲"④

图2.32 "礼衣"⑤　　图2.33 "春天的旗袍"⑥　　图2.34 "礼服"⑦

---

① [美]玛里琳·霍恩：《服饰：人的第二皮肤》，乐竟泓、杨治良等译，上海人民出版社1991年版，第21页。
② 《北洋画报》第52期，1927年1月5日。
③ 《北洋画报》第53期，1927年1月8日。
④ 《北洋画报》第54期，1927年1月12日。
⑤ 《北洋画报》第56期，1927年1月19日。
⑥ 《北洋画报》第62期，1927年2月16日。
⑦ 《北洋画报》第67期，1927年3月5日。

图2.35 "李珊菲女士时装画"① 　　图2.36 "李珊菲女士时装画"②

以上图片表明，李珊菲女士的时装画采用了"衣主人副"的表现形式，即以服装为主题，以人物作为衬托。因而，展示时装的女性人物是虚拟的。这也是众多名画家绘制时装样式是所普遍采用的手法。

20世纪二三十年代开始流行的旗袍，可以说是民国时期最具代表性的女性服装，深受都市女性的欢迎和青睐。"20世纪20年代初，旗袍开始普及，到了30年代，旗袍则已十分盛行，成为具有中华民族女性象征意味的服装。"③旗袍本源于清朝满族女子的旗装。它与传统旗装所不同的是，在借鉴西方剪裁技巧和融入西方审美理念之后，不再是以往宽大、掩盖、保守的风格，而是朝着紧身束腰、曲线明朗、长度缩短、凸显形体的方向发展。《北洋画报》1929年2月至4月刊出民国女画家陈映霞的"海上新装"系列（图2.37—图2.39）以及随后4月至5月刊出的"暮春新装"（图2.40—图2.43）系列，便体现出这些特点。

---

① 《北洋画报》第78期，1927年4月13日。
② 《北洋画报》第80期，1927年4月20日。
③ 吕美颐、郑永福：《中国近代妇女生活》，河南人民出版社1993年版，第101页。

图2.37 "海上新装"①　　　　图2.38 "海上新装之三"②

图2.39 "海上妇女新装之三"③

---

①《北洋画报》第281期，1929年2月16日。
②《北洋画报》第289期，1929年3月7日（"三"应为"二"，作者注）。
③《北洋画报》第301期，1929年4月4日。

图2.40 "春暮新装之一"①  图2.41 "春暮新装之二"②

图2.42 "春暮新装之三"③  图2.43 "春暮新装之四"④

这两组时装画同样选取旗袍为主题，而与李珊菲女士的时装画相比较，旗袍的长度越来越短，差不多及至膝盖或刚过膝盖；袖子也愈加的短，甚至出现无袖的式样等。

民国时期的都市是一个传统与现代、中西文化并存共融的社会空间。受时代局限，都市女性一方面有机会接受新思想、新气息，另一方面又不

---

① 《北洋画报》第310期，1929年4月25日。
② 《北洋画报》第318期，1929年5月14日。
③ 《北洋画报》第320期，1929年5月18日。
④ 《北洋画报》第324期，1929年5月28日。

可避免保留着些许的传统观念。就女子时装而言，正如吴果中所说，"妇女们寻求一种既符合她们新的被解放的身份，又不至于背离传统太远的中国式的混合服装。"①旗袍恰恰迎合了都市女性的这种时代要求，"在设计剪裁上开始改变了单纯采用直线的方法，开始用弧线、曲线，这样就改变了传统服装胸、肩、腰、臀等部位呈平直的状况，使衣服穿着更加适体美观"②。因而旗袍既具有鲜明的民族特色，又融入了西方时装流行元素，经过不断改造后，更合乎女性的身材，有利于体现女性身体的曲线美。名画家在绘制、设计时装样式时，总是力图把握流行脉动与前沿。李珊菲、陈映霞等的时装画系列选择以旗袍作为时装式样的核心，恰恰印证了旗袍在都市社会的流行。

在《北洋画报》的女子时装画中，还包括着更加多元化的式样。1927年4月、10月刊出的画家胡亚光的时装画，则为上身短褂、下身裙装的式样（如图2.44—图2.46）。

图2.44 "时装"③ 　　图2.45 "新装"④ 　　图2.46 "新装"⑤

而1929年6月至12月刊出的上海名画家曹涵美的"美的装束"系列（图2.47—图2.60），更是推介了式样各异、适合不同季节与不同场合的女子时装。

---

①吴果中：《〈良友〉画报与上海都市文化》，湖南师范大学出版社2007年版，第242页。
②吕美颐、郑永福：《中国近代妇女生活》，河南人民出版社1993年版，第102页。
③《北洋画报》第77期，1927年4月9日。
④《北洋画报》第127期，1927年10月8日。
⑤《北洋画报》第128期，1927年10月12日。

图2.47 "（一）风前玉立自亭亭"①  　　图2.48 "（二）恰如稚柳士垂条"②

图2.49 "（三）一朵海棠眠未足"③  　　图2.50 "（四）愿为红袖添香婢"④

---

① 《北洋画报》第331期，1929年6月13日。
② 《北洋画报》第334期，1929年6月20日。
③ 《北洋画报》第339期，1929年7月2日。
④ 《北洋画报》第348期，1929年7月23日。

104 ｜近代中国报刊与女性身体研究——以《北洋画报》为例

图2.51 "（五）想是兰汤初浴后"① 　　图2.52 "（六）轻掸罗扇晚初凉"②

图2.53 "（七）娇喘微微气力慵"③ 　　图2.54 "（八）散发纳凉荷沼畔"④

---

① 《北洋画报》第350期，1929年7月27日。
② 《北洋画报》第358期，1929年8月15日。
③ 《北洋画报》第359期，1929年8月17日。
④ 《北洋画报》第361期，1929年8月22日。

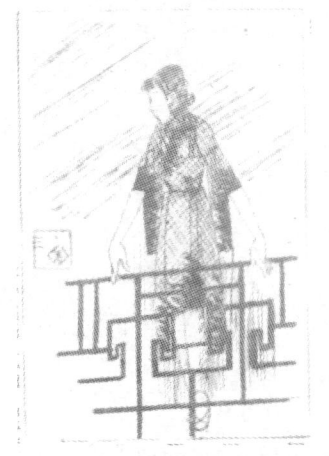

图2.55 "（九）危栏徒倚夕阳天"①  　　图2.56 "（十）惊鸿一瞥更销魂"②

图2.57 "（十一）睡余欲起意还慵"③  　　图2.58 "（十二）一篇小说读虞初"④

---

① 《北洋画报》第366期，1929年9月3日。
② 《北洋画报》第373期，1929年9月19日。
③ 《北洋画报》第375期，1929年9月24日。
④ 《北洋画报》第379期，1929年10月3日。

图2.59 "（十三）为问放心忆阿谁"[1]　　图2.60 "（十四）花光人面交映红"[2]

  署名为"曲线怪"的作者为曹涵美的时装画提供了文字解说，注明了时装的结构、用料、颜色、适宜场合等。如图2.50的上衫下裙式样，"上身小马甲，宜用印花绸为之，若在初秋，则印花薄丝绒亦宜。袖口腰际，均镶宽边，弥觉壮观。双袖用薄纱，初秋则用白绸，束以男西装式之袖，固极时髦者也。裙部用单色或不规则印纹轻绸制成，须与上身配称。是为白日游玩装，宴会跳舞，非所宜也"[3]。对图2.49时装式样的图解则强调质料与颜色搭配，"衣用软绸制成，或粉红，或浅绿，则方花及方格以白色丝线绣之。如用淡蓝料，则用宝蓝线绣，或白地黑花，亦雅洁可爱"[4]。图2.52则为"初秋家常装束"，"薄纱制成，领口胸口袖口及下身，镶以绸（或布）边。胸口可展开至腹部，纳凉最便。上身左手方及下身右手方各缀一袋，上者容香绢，下者纳钥匙等零物之用；盖家常便服之尤新颖者也"[5]。几例介绍中，无不突出时装时髦、流行、新颖的特点。而图2.53和图2.56的浴衣更在新奇之余，彰显出女性着装的大胆。体育活动及妇女健康生活方式的提倡，促使都市女性们敢于身着暴露的泳装出现在海边、浴

---

[1]《北洋画报》第384期，1929年10月15日。
[2]《北洋画报》第407期，1929年12月7日。
[3] 曹涵美拟样：《美的装束（四）——"愿为红袖添香婢"》，《北洋画报》第348期，1929年7月23日。
[4] 曹涵美拟样：《美的装束（三）——"一朵海棠眠未足"》，《北洋画报》第339期，1929年7月2日。
[5] 曹涵美拟样：《美的装束（六）——"轻掸罗扇晚初凉"》，《北洋画报》第358期，1929年8月15日。

场等公共社交空间。"游泳衣在1920年代成为流行服装,促进了刚刚得到解放的'现代妇女'形象"①。

名画家时装画所展现的款式、搭配等融入了欧美等西洋元素,是为中西结合式的时装式样,契合了时代的潮流,因而受到《北洋画报》读者,尤其女性读者的欢迎。1929年6月,《北洋画报》第330期上披露了一位女性读者的来信,信中讲道:"妇女莫不着意其服装之时髦及美丽,但花样日有翻新,不能独出心裁者,每苦瞠乎人后。今贵报提倡新装,令人有所取法,殊足为交际社会之明灯,惟希继续刊载,弗使闻晰云云。"②可见,《北洋画报》对流行时装的及时捕捉,吸引了都市女性的追随和效仿;同时,读者的反馈也表明了以《北洋画报》为代表的画报媒体充当了传播和扩大时装流行的重要媒介。

## 二 欧美流行服饰讯息

在《北洋画报》中,亦不乏大量法国、英国、美国等地妇女流行服饰的讯息。画报以图片形式及时、直接地将这些欧美流行服饰的讯息传达给都市民众,尤其女性,进而引导消费时装的主体——女性及时装生产与经销商对时装展开西化式的革新与改造,以求达到修饰女性身体美的效果。

为吸引读者,《北洋画报》标新立异,选取各国女性的新奇服饰刊出(图2.61—图2.63)。

---

① [美]珍妮弗·克雷克:《时装的面貌》,舒允中译,中央编译出版社2000年版,第201页。
② 《美的装束》,《北洋画报》第330期,1929年6月11日。

图2.61 "西妇之奇异装束"①　　图2.62 "西妇奇异装束之又一种"②

图2.63 "西妇之奇异围巾"③

　　图中服饰的新奇之处，在于图案搭配的大胆：图2.61意在展现"上绣海水轮船"之"妇女外衣"，图2.62突出"印有人物肖像之丝袜"，图2.63则为"绘有中国妇人像"之"奇异围巾"。《北洋画报》猎奇式的捕捉，更多的是考虑开阔都市民众的眼界，也对都市社会中传统的服饰理念形成一定的冲击。

　　随后《北洋画报》将越来越多的欧美流行时装刊登出来，使其进入都市民众的视野。法国的巴黎是流行服饰的发源地，长期享有世界流行服饰之都的美誉，"法京女子时装执世界牛耳，每年新花样一出，世界文明国之女子咸奉为圭臬，于今不替"④。旅居法国、署名"慰予"的记者，极

---

①《北洋画报》第33期，1926年10月30日。
②《北洋画报》第34期，1926年11月3日。
③《北洋画报》第48期，1926年12月22日。
④慰予：《复古与往左看》，《北洋画报》第667期，1931年8月22日。

为关注欧洲尤其巴黎流行服饰的脉动，陆续将所拍摄的照片邮寄给《北洋画报》。图2.64—图2.66即为1932年9月、10月间《北洋画报》刊出的"慰予"所寄的一组欧洲女性服装。

图2.64 "欧西之消夏乡居女子服装"①  　　图2.65 "巴黎女子浴场之便装"②

图2.66 "布质晚衣"③

作者在向《北洋画报》选择、寄送巴黎时装图片时，为使国内女性能有清晰了解，特意以"消夏""浴场""晚装"等词汇注明了时装的实际

---

① 《北洋画报》第834期，1932年9月22日。
② 《北洋画报》第835期，1932年9月24日。
③ 《北洋画报》第839期，1932年10月4日。

用途和适宜场合。此时的欧美流行服装界，适宜出席宴会、舞场等社交场合的晚装一直是时髦女性的宠儿。1934年5月至7月，"慰予"的"欧西最新女子服装"系列又出刊于《北洋画报》（图2.67—图2.75）。

图2.67 "欧西最新女子服装之一"① 　　图2.68 "欧西最新女子服装之二"②

图2.69 "欧西最新女子服装之三"③ 　　图2.70 "欧西最新女子服装之四"④

---

① 《北洋画报》第1085期，1934年5月8日。
② 《北洋画报》第1086期，1934年5月10日。
③ 《北洋画报》第1087期，1934年5月12日。
④ 《北洋画报》第1093期，1934年5月26日。

图2.71 "欧西最新女子服装之五"① 　　图2.72 "欧西最新女子服装之六"②

图2.73 "欧西女子时装之七"③ 　　图2.74 "欧西妇女时装之八"④

---

① 《北洋画报》第1106期，1934年6月26日。
② 《北洋画报》第1109期，1934年7月3日。
③ 《北洋画报》第1110期，1934年7月5日。
④ 《北洋画报》第1112期，1934年7月10日。

图2.75 "欧西妇女时装之九"①

所列9款时装，除去一款男性风格的西服装扮，其他均为高贵、典雅的晚装造型。而1933年3月的"欧西时装"系列则配以"新装介绍"（图2.76—图2.78）。

图2.76 "欧西时装之一"②　　图2.77 "欧西时装介绍之二"③

以今天的眼光来看，三图可以算作职业女装的造型，均为上衫下裙的

---

① 《北洋画报》第1113期，1934年7月12日。
② 《北洋画报》第904期，1933年3月9日。
③ 《北洋画报》第905期，1933年3月11日。

搭配，不过其设计的细节与考量各有不同。如：图2.76中，"长袍料系以细花绒为之，裁剪视身体之长短，以原料制一短小围巾，两端从外衣孔穿出。既增胸部之美丽，又免颈部之臃肿。外衣以浅素料为之，袖口狭小，以原料制带束腰间。口袋为海扇形，手提包以外衣料为之"②。

图2.77的服装则"以浅花细绒之料，制衫一裙一。衫为向左掩之直襟，全衫有绿边，以原料制有道之带一。衫外口袋之形为上斜下方，底端另缝一小三角形。围巾一端由襟上一孔穿出，往下直垂，压腰带下，远望如绿宽花边然。其他一端斜出腋下，如放手绢于襟间之状。另制喇叭形白手套一双，以围巾之料为边缘，远望之俨如翻卷袖口也。裙下摆有四暗摺，取其行走便利"①。

图2.78 "欧西时装介绍之三"①

图2.78中，"图之上外衣，系用薄花呢为之，宜身材瘦削者。两袖瘦长，紧束两臂。腰围亦特瘦，以形成胸部与腰部凹凸不平之曲线美。此外衣本与男子普通之外衣甚相似，惟其襟上只用二纽扣，且系横排，是其特点，亦即其美点也。长衫以素呢为之，下身有数摺（褶），行走时亦无裹腿之弊"②。

可见，此时欧美国家在对流行服饰的打造上，无论衣料的选用、颜色的搭配、袖口与裙摆的设计等，均以突出女性身体的曲线美、形体美为原则，甚至对服饰某一细微之处的调整，都可达到耳目一新、锦上添花的效果。与中国名画家笔下的时装画类似，《北洋画报》刊出的上述欧美时装图片也采取了"衣主人副"的表现形式。图中的外国女性形象是高大、健壮、自信而充满活力的。服装的样式不拘一格，体现出对女性个性的突出和张扬。这与中国名画家时装画中的人物或多或少带有羞涩之感是不同的。

此外，欧美的流行服装中，帽子是不能被忽视的。因为"女人帽子，只要式样时髦，不论何样，全能增加美丽"③。《北洋画报》1933年6月刊

---

① 《新装介绍》，《北洋画报》第905期，1933年3月11日。
② 《新装介绍》，《北洋画报》第909期，1933年3月21日。
③ 《北洋画报》第701期，1931年11月10日。

出一组巴黎流行的女士小帽（图2.79）。

**图2.79 今年巴黎妇女流行之小帽**①

造型别致的小帽提升女性总体美感的妙用，给中国的都市女性提供了参考的样本。

《北洋画报》还经常刊登欧美国家尤其好莱坞一些女电影明星的照片或剧照。她们的形象借助画报媒体被中国民众所知的同时，也往往传达着某些欧美流行服饰的讯息。如1934年4月的"美国最新春季时装"系列（图2.80、图2.81），图片中的女性形象均为美国福克斯公司的影星。

**图2.80 "美国最新春季时装之一（福克斯公司影星饰）"**② 　　**图2.81 "美国最新春季时装之二（福克斯公司影星饰）"**③

时装的风格和式样伴随时代的潮流不断推陈出新。《北洋画报》对欧

---

① 《北洋画报》第949期，1933年6月22日。
② 《北洋画报》第1072期，1934年4月7日。
③ 《北洋画报》第1074期，1934年4月12日。

美等国家流行服饰讯息的直接传递，对于传播和扩大流行服饰起着重要作用，更在某种程度上缩短了世界流行服饰与中国都市女性的距离。

## 三 都市女性着装的多元化

"衣服有一种可以表达身体观念和性观念的独特性，但同时它又的确装饰了身体"[1]。而装饰身体、美化身体的作用在现实社会生活往往被突出和强调，"女子的各种装饰，无非是基于爱美的心理。什么都俭朴，卫生，都是饰词"[2]。在欧美国家的新潮时装的影响下，都市女性服装也开始发生变革。过去将女性身体几乎全部包裹起来的旧式服装风格被颠覆，缠胸、平胸的样式被革除。无论款式、色彩、质地还是设计上，都市女性的服装都开始强调标新立异，并出现"短、紧、露"的趋势。诸如《北洋画报》等报刊媒体将印刷文化与服饰文化有机地结合起来，带给受众视觉享受的同时，使女子服装的潮流波及更广的范围。

首先，在《北洋画报》里，有名有姓的时髦女子如电影明星、名媛、贵妇、交际明星、坤伶等充当起展示服装的模特儿。她们身着新潮时装的形象出现在画报里，给读者尤其女性提供了模板和效仿的对象。"世间惟妇女装饰，惟最富于摹仿性。所谓'时髦'、'流行'（所谓Latest Fashion），皆不过竞争相摹拟"[3]。1929年7月23日，署名"绾香阁主"的作者发表《释耐梅装》一文，提及沪上著名的女电影明星杨耐梅服装被效仿的事例，"报载自女影星杨耐梅于去岁赴湘奏技之后，长沙妇女即喜作所谓'耐梅装'"[4]。

家境殷实的名媛纷纷走出闺阁，参与到社会活动之中。流行的时装是她们出现在公共场合之时所必备的。而作为这一时期引领时尚潮流的符号，她们也更愿意将自我的身体形象展露在社会民众面前。以1936年12月"天津妇女界慈善游艺会"为例（图2.82）。

---

[1] 罗钢、王中忱主编：《消费文化读本》，中国社会科学出版社2003年版，第298页。
[2] 左右：《软语》，《北洋画报》第1482期，1936年11月24日。
[3] 穆公：《妇女装饰之摹仿性》，《北洋画报》第157期，1928年1月11日。
[4] 绾香阁主：《释耐梅装》，《北洋画报》第348期，1929年7月23日。

图2.82 "时装表演之闺秀"①

图2.82为1936年12月天津妇女节慈善游艺会上参加时装表演的天津名闺。图片下方依次列出了她们的姓名：朱尚柔、王文贞、蔡兰馨、陈秀曼、项亚男、岳筱梅、朱浣筠。良好的家境为她们选购时髦服装提供了经济保证。她们所穿时装各有不同，有拖地旗袍、短衣长裤、西式长裙等。这在某种程度上反映出此时都市女性在追求新潮、流行的服饰时，竭力避免与他人雷同。至少在同一场合出现雷同是很多爱美女性们会深感尴尬和不愿意见到的。可见，追求个性已然成为都市女性选择服饰的一个重要原则。这点与现今都市女性着装颇有相似之处，换言之，这恰恰是女子服饰现代转型的典型特征。

其次，时装表演成为展示时装、推动时装流行的重要途径。"时装展示对推动服饰的变革起了重要的作用，成为引领服装时尚与潮流的新手段"②。二三十年代的京津地区，以联欢、赈灾、慈善等名义而举办的时装表演会一时多了起来。如《北洋画报》给予追踪报道的1928年2月"北京古今服装表演会"、11月天津扶轮社"时装赛艳大会"。甚至时装表演还时常成为开展赈灾、慈善募捐活动的一部分，如1936年11月的"北平妇女慈善会"、12月的"天津妇女界慈善游艺会"等便将时装表演列为重要活动项目之一。一些舞场也临时开辟为时装表演的场所，1935年12月15日《北洋画报》报道了天津圣安娜舞场同月举行"新装大会"的盛况。

1935年12月天津回力球场举办"茶舞时装会"。《北洋画报》详细

---

① 《北洋画报》第1491期，1936年12月15日。
② 郑永福、吕美颐：《论民国时期影响女性服饰演变的诸因素》，《中州学刊》2007年第5期。

披露了时装会上所展示的风格、式样各异的时装。"计分三幕：首幕系晨装，由西女五人轮流更衣，衣帽袜履，亦皆艳丽精致。绕场一周，光彩夺目。计共六式。二幕为大衣展览，狐裘貂毛，皮冠革靴，颇富容雍华贵之气。三幕舞装，淡素浓艳，五光十色。一切表演，可谓尽服装之大观"[1]。举办时装表演固然是向民众展示新式潮流服装的有利时机，然而能够进入时装表演会场的毕竟是少数人群。报刊媒体对时装表演的报道，使得更多没有亲临现场的女性也可以管窥一二。这无疑有助于新式服装在京津及华北地区的流行。

最后，《北洋画报》中数量众多的女子服装店广告，也透露出天津都市女性着装的多元化趋向。设于天津法租界的上海祥记时装公司长期在《北洋画报》刊登广告，推销时装。1932年10月至1933年2月的广告中列出如下品种，"时装大衣，时式服装，时样旗袍，时男女服，时髦礼服，时时皮新，时色皮毛，时花斗篷"[2]。而寿德记绸缎时服庄的"最新式短披肩"，以"样美适体"[3]吸引都市女性；同陞和的女帽则"样多时髦"[4]。新新时装公司则打出设计服装的招牌，"欲出风头必备最美观的大衣或旗袍，料子不在好坏，只要样子做得好，裁剪的适体，穿在身上有无限的美丽"[5]。

《北洋画报》尽管不遗余力地推介欧美时装，引导都市女性追逐时尚潮流，却并没有陷入一味崇洋、全盘西化的陷阱，而是向读者表露：推介欧美时装意在促使国人研究服饰、进而提倡国货时装。1927年1月22日《北洋画报》刊出图片"西国妇女之服装——驼毛大衣"时，便强调"驼毛大衣，轻巧暖适，为今冬新发明之式样，刊之以见西人研究服饰之用心，非所以提倡奢侈也"[6]。署名"T.T.F"的作者则指出，"余以为提倡新装者，切宜研究利用国产品，以增进妇女之美观之方法，诚如是，则提倡奢侈之谈，不消自灭矣。"[7]一些在《北洋画报》刊登广告的服装店，推销时装或面料时便打起了国货牌。元隆绸缎庄是二三十年代天津一家

---

[1]《记回力球场之"茶舞时装会"》，《北洋画报》第1337期，1935年12月19日。
[2]《北洋画报》第846期，1932年10月20日。
[3]《北洋画报》第1242期，1935年5月11日。
[4]《北洋画报》第701期，1931年11月10日。
[5]《北洋画报》第1525期，1937年3月6日。
[6]《妇女装束——'驼毛大衣'》，《北洋画报》第57期，1927年1月22日。
[7] T.T.F:《妇女装束谈》，《北洋画报》第56期，1927年1月19日。

知名国货服装店，以推销各种国产服装面料为主，如"国产夏布，洁白细润，柔软经洗，高次齐全，定价公道"①，各种女式服装和适合女性的不同颜色与质地的面料吸引着都市女性前往。该店还将购买国货与尽国民义务联系起来，"穿用一尺国产绸缎罗纺呢绒布匹，亦可尽一分国民天职"。②消费国货就是爱国的话语在女性时装潮流里得到延伸。

而都市女性着装的日趋时尚与多元，除去打造女性身体之美与众多女性在潮流涌动下的跟风，与都市社会日益浓厚的消费特质有密切关联。"个性解放的呼声与商品经济的发展，刺激了人们的生活欲望，在穿着打扮上追新求异，合理的、不合理的浪急潮涌。……真正开始了服装自由穿着的时代。在剧烈的社会变迁中，服装的变化得风气之先，敏感地表现了文化气候的走向。"③

任何潮流的背后总是伴随着社会的激烈争论。服饰的变革是生活方式变革的一部分，在衣食住行等方面，它最易得风气之先，往往成为社会风尚变迁中人们关注的焦点之一。而对时尚服饰的态度，又或多或少反映出新旧观念的冲突。④由《北洋画报》所知，女子时装因"短、紧、露"的趋向，不时遭到主张"维持风化"人士的反对，而政府也有一些约束女子服装的政令出现。自1934年起，南京国民政府发起"新生活运动"。"新生活运动"在女子服饰方面的政策，则是取缔"奇装异服"。而"短、紧、露"的时装均被划入了"奇装异服"之列。"女子之袖长不及肘，及裤长不膝者，皆于禁例。"⑤然而上有政策，下有对策，为避免在公共场所因身着短袖服装而受窘，北平的女生想出折中的变法："北平女生现作旗袍时，袖口皆作长过肘二三寸。但平日则将其高卷二三折，仍将肘露出。"⑥此可谓"卷袖时装"，便利之处在于"至受干涉时始放下，令干涉者无话可说。现裁缝已懂此妙诀，而专作此种袖口之衣服矣"⑦。1934

---

① 《北洋画报》第1585期，1937年7月24日。
② 《北洋画报》第1567期，1937年6月12日。
③ 刘志琴主编：《近代中国社会文化变迁录》（第1卷），浙江人民出版社1998年版，序第9页。
④ 郑永福、吕美颐：《论民国时期影响女性服饰演变的诸因素》，《中州学刊》，2007年第5期。
⑤ 大白：《济南取缔奇装异服近闻》，《北洋画报》第1437期，1936年7月23日。
⑥ 无聊：《卷袖时装》，《北洋画报》第1260期，1935年6月22日。
⑦ 同上。

年3月,《大公报》的一篇文章描述了北平服装市场的盛况:"综合北平有万余成衣工人,每天在一针一线的为北平的摩登妇女们缝衣服,而仰赖着她们来生活,同时我们在北平还可以看见,街市上充满了大小绸缎洋货庄,不断地从外国运来大批的花样新奇的舶来品,以供给这些爱美的妇女,无穷无尽地来消费。"①看似苛严的新运举措并未能逆转都市女性时尚与多元化的服装潮流。

## 四 "足上装"——高跟鞋的风行

近代以来,缠足的逐渐废除客观上催促着女鞋的变革。越来越多接受解放思潮的都市女性已不再缠足。而为了追求身体之美,她们自然不能放过对足的包装,而不再仅仅满足于穿着舒适的平底鞋。高跟鞋的流行在某种程度上迎合了她们的需求。

《北洋画报》发挥媒体作用,首先将各种西式的高跟皮鞋式样展现在都市民众面前(如图2.83)。1928年5月、6月中原公司刊登在《北洋画报》的广告则推介国产高跟鞋(图2.84)。

图2.83 最新西式女鞋图②　　图2.84 中原公司推出国产高跟鞋式样③

此外,久大公司与华美衣箱皮鞋公司等经销高跟鞋的商家在刊登广告之时,也在画报所提供的有限空间里附上高跟鞋图样(图2.85、图2.86)。

---

① 菁如:《北平妇女服装的演变及其现状(续)》,《大公报》1934年1月13日。
② 《北洋画报》第46期,1926年12月16日。
③ 《北洋画报》第190期,1928年5月23日。

图2.85 久大公司靴鞋广告① 　　图2.86 华美衣箱皮鞋公司广告②

观察图2.83—图2.86所示的各种高跟鞋式样，一定程度上代表了二三十年代女鞋的潮流走向，而且与如今的女鞋已没有什么差异。

其次，在《北洋画报》所建构的话语里，高跟鞋是能增进女性身体美观的。1930年8月9日，《北洋画报》刊发了标题为"时髦之脚"的图片（图2.87）。图2.87展示了女性穿着高跟鞋后脚的姿态。正所谓一双"时髦之脚"离不开高跟鞋的烘托。

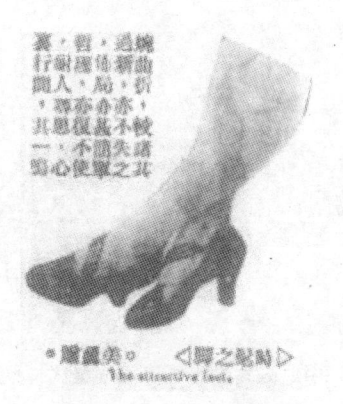

图2.87 "时髦之脚"③ 　　图2.88 "店员说：'小姐，你的脚太美了！'"④

1936年5月19日，《北洋画报》的一幅漫画表现的则是都市时髦女性在鞋店试穿、选购高跟鞋的情景（图2.88）。图2.88的标题，从表面看是

---

① 《北洋画报》第4期，1926年7月17日。
② 《北洋画报》第727期，1932年1月12日。
③ 《北洋画报》第509期，1930年8月9日。
④ 《北洋画报》第1401期，1936年5月19日。

店员对时髦女郎脚的赞美，实则强调高跟鞋对增进女性身体美观的作用。因为店员所指的时髦女郎的脚部之美，为穿着高跟鞋后所展现的美感。"现在所见的天足，有的比男子的还要大一点，可是穿了一双丝绒，一双绣花鞋，或是一对像半双袜子式的皮鞋，在看惯了的人，也就不觉得难看。她们在夏天，又凉快，又舒服，真是人生的幸福……跳起舞来，也很轻便，远看近观，都很可人的。"①1932年9、10月的太平洋靴鞋店广告则讲道："你要感到足部美观和舒适，非到太平洋靴鞋店购置不可。"②

而在都市社会生活中，女性则多选择高跟鞋与旗袍、西式大衣、礼服等进行搭配。这种搭配使得女性身材显得更加高挑，有利于表现身体的曲线之美。在20世纪30年代，高跟鞋和烫发、描眉、画眼、抹口红、时尚服装、丝袜一道成了摩登女性的经典形象。媒体对高跟鞋的舆论引领，很容易得到追逐时尚的都市女性所认同和接受。她们在青睐流行时装之余，不忘选购亦能促进身体之美的高跟鞋。如1935年10月，"参加（天津）'联青夜'之名夫人小姐，所定做与衣服同料之高跟鞋及银色高跟鞋，英界某一鞋铺即有四十余双之多。其他鞋铺尚无从考核，其总数颇为可观。"③北平的情况也是如此。自1929年在北平开始流行后，北平的女性对高跟鞋可谓趋之若鹜。北平东安市场的佳美丽，是北平知名的鞋店，达官要人的家眷以及高校的女学生，如北京师范大学、清华大学、北京女子师范大学、燕京大学等，经常光顾该店。④

尽管在都市女性中日渐流行起来的高跟鞋受到某些批评，如被斥为"变相的缠足"⑤，然而高跟鞋的出现带给都市女性的变化，不仅仅是身体外观的美感，也是对传统谦卑、孱弱的女性形象的颠覆，进而赋予了女性的形体和气质的双重自信。可以说，高跟鞋的流行对于女性身体而言，无异于某种时代的转变。

---

① 冻疮药水：《时髦小姐们的脚》，《北洋画报》第63期，1927年2月19日。
② 《北洋画报》第832期，1932年9月18日。
③ 《曲线新闻》，《北洋画报》第1307期，1935年10月10日。
④ 《现代妇女趋重健康美何必定要穿高跟鞋》，《大公报》1933年5月11日。
⑤ 参见李又宁、张玉法主编《中国妇女史论文集》，台湾商务印书馆1981年版，第296—197页。

## 小 结

近代都市女性对于时尚的追求,是从身体开始的。"因美丽而动"是《北洋画报》所呈现的规训女性身体的核心主题之一。追求美好体貌这一本来看似女性个体的行为,某种程度上反映着社会的需求。"女性身体是社会变迁的晴雨表,它的权力话语演变以及在社会空间的形象变化,均为观察社会进步提供了极佳窗口。"[1]画报媒体的图说与言说之下,无论是修饰妆容、打理头发,还是热衷穿着时装和高跟鞋,《北洋画报》向都市民众传达的是人工修饰的、现代的女性身体美,是消费文化气息浓厚的都市社会中时尚风情的一个重要侧面。

罗苏文在考察清末上海都市社会与生活时,认为女性在追求时尚衣装的过程中,晚清时期就已经出现了女性消费群体,"随着晚清公共娱乐区的延伸和女性活动空间的扩展,女性消费作为城市商业的一个不容忽视的门类在1880年后逐渐形成,推进这一趋势的三个主要因素是租界华人标新趋洋的消费时尚、妓女消费的示范、舆论的许可与限定"[2]。显然,清末时期女性为进入公共空间而打扮自我身体,并由此带动的女性消费已经形成,但是却只限于少数追求时髦的女性群体,如妓女等。然而,到了民国时期,尤其二三十年代,越来越多的女性进入社会公共空间,因而更加注重对身体的打扮,自然也成了时髦的追逐者,促使着女性消费的群体日渐壮大。许慧琦认为,女学生是城市中追逐流行时尚的佼佼者,因为"女学生既身负社会对妇女解放后的女性个性觉醒与经济独立的深切期望,却也深陷资本主义商业化的消费旋涡中。她们自觉或不自觉地跟随时尚起舞……领衔追逐摩登潮流"[3]。而在《北洋画报》的视域里,都市社会中的名媛、贵妇以及明星(包括坤伶、交际明星、电影明星、舞星、体育明星等)群体更是亦步亦趋。

---

[1] 吴果中:《〈良友〉画报与上海都市文化》,湖南师范大学出版社2007年版,第221页。

[2] 罗苏文:《近代上海都市社会与生活》,中华书局2006年版,第157页。

[3] 许慧琦:《故都新貌——迁都后到抗战前的北平城市消费(1928—1937)》,台北学生书局2008年版,第232—233页。

因而，女性从头到脚对自我身体的塑造，实际上也是公共消费的问题。在流行的背后，都市女性身体的时尚塑造建构的不只是美丽，而是带来了女性主动的消费行为。这种女性的自觉消费，表现为女性根据自身的喜好和需要，在繁杂的商品和服务中精心选择，装扮自己，打造自我的身体美。这是在国族话语下暗涌的休闲文化，同时也是女性的一种自我行为。女性的身体美建构使女性个性和主体意识逐渐凸显。"人民思想为之解放，对于昔日之新格式，乃不复顾及，益以交通日便，风气为开，争奇斗艳之新妆，乃集中于津门沪上二地。"①

不可否认，此时的都市社会中，男性或出于对女性解放的推动，或源自对女性身体的欣赏，也希望女性呈现出现代意味的身体美。老宣曾在《北洋画报》上犀利地指出这一现象："女子最好是嫁瞎子，因为可以省去许多修饰的苦心。世上若无男子，女子决不搽脂抹粉。女子之所以爱美是因为'男子爱美'。"②男权中心的意味凸显之至。

《北洋画报》作为一份以休闲、消遣的都市文化生活为主要内容的画报，在某种程度上主导女性身体时尚之时，是持不吝奢侈态度的。然而，国族话语下对简单、朴素的提倡，"新生活运动"在规训女性身体时的俭朴原则等，使得都市女性身体的时尚包装难免招致争议和批评，甚至传统道德礼教还常常以"有伤风化"之名给予各种责难。这使得许多对各种时尚跃跃欲试的都市女性内心产生了无所适从、颇为矛盾的一面。"虽然那时候有新女性这名词，但是没有明确的解释，所以她们意识之中，仍然留着不少的传统旧思想，因此表现于外的言行有许多矛盾……一方面觉得'女为悦己者容'是可耻的行为，是一种屈辱，一方面又好打扮，爱追时髦。"③进而导致她们在选择时尚包装、追求身体美面前犹豫徘徊。这在某种程度上对女性身体的时尚塑造起了限制作用。

---

①李寓一：《近25年来中国南北各大都会之妆饰》，见李寓一等编《清末民初中国各大都会男女装饰论集（1899—1923）》，台北中山图书公司1972年版，第8页。
②老宣：《妄谈》，《北洋画报》第678期，1931年9月17日。
③郭立诚：《中国妇女生活史话》，百花文艺出版社2005年版，第227页。

# 第三章 近代中国女性身体的健康建构

在近代中国，造就健康的女性身体是一项崇高的责任和使命。因为时代需要女性与男性同样，承担"国民"之责。久而久之，随着国家民族话语体系的潜移默化、女性解放与女性主义发展潮流的浸染、民众日常生活的变迁等，"健康美"在近代中国社会逐渐被视作衡量女性身体美的重要标准和价值取向之一。正是在这一历史背景下，以《北洋画报》为代表的报刊媒体，以追求健康美为诉求，对于女性身体展开了多方面的"运动"。具体而言，表现为两个层面：一是提倡天足运动和天乳运动，改变缠足、束胸等束缚女性身体的行为，崇尚自然、天然的女性身体；二是提倡女性参加体育运动，崇尚强壮、有活力的女性身体。而《北洋画报》竭力引介的健美运动则是近代女性身体健康建构的一个典型案例。

## 第一节 崇尚自然：提倡天足与天乳

在传统社会，亦不乏对于女性身体美的追求，然而不平等的性别制度之下，存在不少病态的身体审美观，如长久以来的缠足和束胸，便以摧残女性身体某些部位为代价。自晚清以来，面对国家民族解放、强国保种的重大使命，男性知识精英们将长期以来被遮蔽和忽略的女性也视作可资利用的有生力量，并为此发起了旨在启蒙她们的解放运动。近代中国女性身体的解放便伴随妇女解放运动而兴起，并且深深嵌入国家民族主义的话语体系之中，其中以晚清持续至民国的天足运动和新文化运动时期发起的天乳运动最具典型。透过报刊媒体的视野，我们发现，当健康美的话语融入妇女运动之后，天足与天乳运动不仅仅有着解除或打破束缚女性身体藩篱的解放意蕴，更有重建女性身体审美观念、追求女性身体美的努力。"'束胸'、'缠足'，我们既认为是妨害身体的发育，是健康的大障碍，当然第一步我们就应当先打破这种观念。同时我们应当宣传'健康美'的标准，'健康美'的价值，先使女同胞们完成第一步工作——'身体解放'。"[①]为了使中国的女性获得健康而美丽的身体，解除她们身体上的各种束缚是首要的要求。

## 一 提倡天足

缠足始于何时，目前学界众说纷纭，莫衷一是。而达成共识的是，在漫长的社会历史进程中，缠足与控制女性身体紧密相关。传统社会里，礼教出于男女有别、"严男女之大防"，极力限制女性与外界的接触。班昭所作《女诫》便刻画了对女性的这种规训："耳无涂听，目无邪视，出无冶容，入无废饰，无聚会群辈，无看视门户。"[②]缠足出现之后，尽管是对女性身体人为的残害，仍被视为实现女性身体规训的有效途径，纳入到传统的社会性别制度之中。

近代以前，质疑缠足的声音十分微弱。近代争取妇女解放，首要的是解除女性的身体束缚，于是戕害女性身体的缠足开始遭到大规模声讨。而废缠足运动轰轰烈烈地开展，并主要来自于三重力量的推动——来华的外国传教士、男性知识精英、政府。传教士主要依靠在华创办的报刊如《万国公报》等，从生理学、骨科学知识力陈缠足对女性身体的危害。这也是传教士反对中国女性缠足的重要原因。1898年7月，康有为上书请求禁止缠足："妇女缠足，流传孙子，奕世体弱，羸弱流传，何以为兵乎？今当举国征兵之际，留此弱种，尤可忧危。"[③]康有为的这一举动开启了戊戌时期男性知识精英领衔的废缠足运动。他们意在通过废缠足来改善女性身体，实现强种保国。1901年，清政府下诏禁止缠足。自此以后废缠足便成为近代中国历届政府摒弃传统社会陋习的政令之一。民国建立以后，无论北京政府时期还是南京国民政府时期，各地政府对于废缠足工作还是比较

---

[①]沈瑞珍：《女子体育之我见》，《新体育》第1卷第2期，1930年10月，第53页。

[②]班昭：《女诫》，见张福清编《女诫——妇女的枷锁》，中央民族大学出版社1996年版，第3页。

[③]康有为：《请禁妇女裹足折》，中华全国妇女联合会妇女运动研究室编《中国妇女运动历史资料（1840—1918）》，中国妇女出版社1991年版，第66页。

看重的。①

《北洋画报》便注意搜罗、报道各地的禁缠足讯息。1927年10月26日《北洋画报》报道了汉口的放足运动，"汉口妇女协会，鉴于乡村女子仍多步步生莲，知理不可逾，乃使女党员侦骑四出，逐户查察。见有弓鞋三寸者，立命脱去，不从，迫之，亲自动手，将长条之布，层层剥净。"②1927年到1929年，冯玉祥第二次主政河南，期间力行禁缠足举措。1928年4月7日，《北洋画报》便曾披露其"缠足捐"的措施，"马二先生为彻底禁止妇女缠足，在豫省征收一种缠足捐，凡妇女缠足者，举科以重捐，捐率多寡，以莲之长短大小，及人之老少妍陋为定。"③1929年初，绥远省民政厅鉴于历年来官方"劝禁"缠足不力，联合绥远部分民间团体，成立天足总会，督办当地的废缠足工作。《北洋画报》将这一情况作了披露，"绥远远处边陲，文化落后，妇女缠足之风，仍未消减，而官府腐化，又素鲜注意；自革命势力，远达此地而后，乃有天足会之设，竭力提倡。"④为了实际有效开展废缠足工作，天足总会依据1928年5月南京国民政府内政部颁布的《禁止妇女缠足条例》和绥远实地情况，专门制定了放足章程，并在具体实施过程中，采取了灵活多样的形式。如天足会在绥远某县的分会，将号召妇女放足的宣言制作成朗朗上口、通俗易懂的七言诗，也因此被《北洋画报》的记者称为"提倡天足之绝妙文章"："劝告各界女同胞，大家及早醒悟焉！本县成立天足会，不准妇女把足缠。现在文明潮流变，不重三寸小金莲。天足操作多便利，男女共同享平权。缠足妇女真可怜，终身痛苦受不完。筋骨裹折肉里烂，步履艰难走不前。此等习惯真野蛮，常惹外人成笑谈。弱元身体属小事，国家强弱大有关。诸姑姊妹听我劝，一月之后要验看。倘仍沉迷小脚观，罚洋必须一十元。遵守规章切莫犯，撤去裹条鞋放宽。一免各人伤体面，二免父母受牵连。父老兄弟听我劝，尤应竭力多宣传。果然尽成大脚片，吾县民众幸甚焉！"⑤缠足之害、天足之利的种种，均可见诸报端。1933年，《北洋画报》还报道了时任山东省教育厅厅长的何思源的废缠足之举，"鲁何思源

---

①这一点在杨兴梅关于废缠足的系列研究中多有论述。
②《北洋画报》第132期，1927年10月26日。
③马二先生即冯玉祥。删尘：《刚柔齐下》，《北洋画报》第177期，1928年4月7日。
④寄萍：《提倡天足之绝妙文章》，《北洋画报》，1929年5月14日。
⑤同上。

等赴各县视察，见乡间缠足之妇人仍然很多，即日起通令各小学生佩戴'不娶缠足女子之袖章'。仿佛袖章是法宝，小学生一佩上立刻缠足的妇女都把小脚放开了。"①

而在宏大的历史和政治叙事之外，《北洋画报》作为都市文化生活的重要媒介，在批评缠足、提倡天足之时，尤其着力强调天足是女性身体自然、天然之美的重要表现。在此，扭转民众的审美观念被放到了突出位置。1927年2月9日，《北洋画报》刊出了一幅名为"新头旧脚"的漫画（图3.1）。

图3.1 "新头旧脚"②　　图3.2 "足之美"③

漫画中的女性，身着学生装，头发剪成了流行的齐耳短发，显然是追随了这一时期社会上短发之风的潮流，然而双脚却仍是一副缠足的孱弱模样。如此的形象包装，在日趋现代转型的都市社会里，实有不伦不类之感。标题中的"旧脚"一词不仅是对缠足的讽刺，也道出了中国社会审美观念发生转变之后，孱弱小脚已不再是美的，而是"旧"的。这也正是《北洋画报》所传达给读者的观念：就足而言，自然的、天然的才是健康的、美丽的。

缠足是中国社会所独有的历史现象。《北洋画报》扎根于天津这样

---

① 寄萍：《论缠足》，《北洋画报》，1933年12月14日。
② 《北洋画报》第16期，1927年2月9日。
③ 《北洋画报》第602期，1931年3月24日。

一个西方文明进入较多、风气相对开化的都市中。其国际化的眼界使得它在提倡天足之时，更有机会选择健康、自信的西方女性形象进行对照和比较。1931年3月24日，《北洋画报》刊登的"慰予"寄赠的西洋女子摄影照片，即力图展现足部的美丽——"足之美"（图3.2）。或许更多的读者尤其男性在品味这张图片时，其主要动机在于欣赏、窥视女性身体。标题"足之美"的提示，则引导读者的视线跟随图片中女子的目光一起落在她的足部。这无疑也会强化读者对天足之美的关注与认可。图片中最引人瞩目的是女性双膝以下裸露的腿部和足部，而大胆的裸露展现的是女性身体天然的健康与美丽。

1934年3月27日，《北洋画报》在同一期同一版面上刊出两幅表现女性足部的图片（图3.3、图3.4）。

图3.3 "六寸圆肤光致致（现代女子的脚）"①　　图3.4 "采菲录中'金莲'（缠足时代女子脚）"②

图片的提供者"左右"在这一期的文章《绣鞋的认识》中，本意在于比较充满现代色彩的女子高跟鞋和缠足时代女子的绣鞋，并因高跟鞋对足亦有损害而认为高跟鞋与绣鞋有"异曲同工之妙"③。作者"左右"固有其向读者传达的意蕴，但对于阅读画报的读者而言，往往图片的直接效果和视觉冲击更容易促使读者形成认知。单看两幅图片的搭配和版面安排，不能不说对比的效果是极为明显的：缠足——"金莲"，天足——"六寸

---

① 《北洋画报》第1067期，1934年3月27日。
② 同上。
③ 左右：《绣鞋的认识》，《北洋画报》第1067期，1934年3月27日。

圆润"。缠足裹出的是细小、孱弱的三寸金莲；而六寸天足则体现着一种自然的美、健康的美。

实际上，进入20世纪20年代以后，天足运动在都市社会已有显著成效，"迄今城区女子，缠足者已不多见"①。基于此，游鉴明在其研究中进一步指出，健康美所针对的是都市社会里中上阶层的女性。在宣传和引导健康美时，她们已经不再缠足，因此女性的束胸问题就成为身体解放讨论的主要命题。②于是，提倡天乳作为解放女性身体束缚的又一层面，被社会各界人士所关注和讨论。

## 二 倡导天乳

民国时期，有关天乳的讨论及其运动的展开，不仅在女性身体解放层面，而且对整个社会的思想文化观念而言，都被赋予某种革命的色彩。"现在我很诚恳的向革命的妇女贡献一句：'今后妇女解放运动，须先从本身乳头解放起。'先由己及人，使全国的妇女都能够恢复她的天乳的自然美，这并不是开玩笑的说话，确是一件救己救人救种族必要的工作，我相信各位革命的妇女同胞，一定能够去身体力行。"③1927年7月21日，国民党广东革命政府颁布禁止女子束胸的命令，一时间反对束胸、提倡天乳的问题被都市社会的各大报刊媒体争相热议。《北洋画报》作为社会时空下的话语场域之一，及时捕捉和传达着时人对天乳运动的看法，并将提倡天乳作为打造女性身体自然之美、健康之美的又一重要途径。

《北洋画报》反对女性束胸、提倡天乳的主张是明确的，"广东省政府下令，禁止妇女束胸，实行天乳运动。在这提高女子生活的时代，自是应时之举。"④而该画报提倡天乳的种种努力，则与一位有"新头脑"的女士"绾香阁主"密不可分。

首先，认为束胸给女性身体带来危害。1927年5月4日，"绾香阁主"

---

①毛云翘：《缠足穿耳之讨论问题》，天津《妇女月刊》1卷2号，1927年9月。
②参见游鉴明著《近代中国女子健美的论述（1920—1940年代）》，游鉴明主编《无声之声（Ⅱ）：近代中国的妇女与社会（1600—1950）》，台北"中央研究院"近代史研究所2003年出版，第141—172页。
③刘禹轮：《为提倡天乳运动告革命妇女》，蒲良柱等著《风俗改革丛刊》，台北文海出版社1980年版，第208页。
④墨珠：《天乳运动》，《北洋画报》第108期，1927年7月30日。

女士发表《妇女装束的一个大问题——小衫制应否保存》，看标题是针对女子装束立论，但内容多为反对束胸的主张。"绾香阁主"女士首先讲道，"女子束胸，直接地影响于女子的健康"①。传统观念下，女性多以平胸为美，为了掩饰胸部，往往穿着剪裁窄小的小衫，清末而兴的"小马甲"便是其中一种，"盖此类束乳之小马甲，发明不过廿余年矣。其始用之者，仅属一般上流妇女，今则上行下效，几已普及全国妇女各阶级矣。此物制法与普通背心同，只胸前纽扣甚密，俾能紧束胸部"②。而紧束女性胸部的小衫剪裁窄小，妨碍到女性的正常发育和呼吸等，"今之少妇，有紧身马甲，严扣其胸，逼乳不耸，妨发育，碍呼吸，其甚弊于西妇之束胸"③，因此与人的身体是不相适宜的。在"绾香阁主"女士看来，束胸这一行为牵涉卫生与不卫生的问题，"用小衫束胸部，是大大的不卫生"④，进而对家庭、子女乃至社会都会产生负面的影响，"间接地就影响到家庭的快乐，子女的健全，以及社会的发达种种"⑤。"绾香阁主"女士还借《北洋画报》介绍了著名性学博士张竞生的《裸体研究》中反对女子束胸的言论，"奶的发展，可以得到肺部发展的卫生与婴儿得到奶汁的养料，而我国风俗反将奶部压抑，遂使许多女子得肺病而死，自己爱儿也因奶弱不能得到乳浆，至于美观的损失，还是在外不算呢"⑥。张竞生还提出束胸是礼教对于女人的戕害，"把美的奶部用内窄衣压束到平胸才为美丽！这样使女子变为男人，而使男人不会见奶部而冲动，虽说是礼教的成功，但其结果的恶劣则不堪言说"⑦。

其次，向读者灌输"天乳之美"的观念。鲁迅曾在《而已集·忧"天乳"》一文中认为，主张天乳，"只攻击束胸是无效的"，首要的是改良社会和"改良社会思想"。⑧自20世纪初始，束胸之所以被女性认可和接

---

① 绾香阁主：《妇女装束的一个大问题——小衫制应否保存》，《北洋画报》第84期，1927年5月4日。

② 绾香阁主：《中国小衫沿革图说》（下），《北洋画报》第99期，1927年6月29日。

③ 绾香阁主：《关于小衫的考据》，《北洋画报》第90期，1927年5月25日。

④ 绾香阁主：《妇女装束的一个大问题——小衫制应否保存》，《北洋画报》第84期，1927年5月4日。

⑤ 同上。

⑥ 同上。

⑦《论小衫之必要》（张竞生在汕头教会演讲），《北洋画报》，1927年5月4日。

⑧ 鲁迅：《而已集·忧天乳》，冯雪峰主编：《鲁迅全集》第3卷，人民文学出版社1956年版，第354页。

受，在于民众的审美观念里认为紧束而成的平胸才是美的，"我们的风俗何如者，把美的奶部用内窄衣压束到平胸才为美丽！"①这种掩盖身体曲线的做法某种程度上还有着传统礼教严男女之大防的影子，"（平胸）使女子变为男人，而使男人不会见奶部而冲动……是礼教的成功"②。因而，推动天乳运动，变革民众的审美观念和革除礼教影响是必要的。为此，1927年7月30日，《北洋画报》刊出一幅西洋裸女的图片（图3.5）。

图3.5 "天乳之美"③　　　图3.6 "天乳美"④

从艺术的角度大胆地展示天乳的自然之美。在同一天的副刊里，画家蒋汉澄表现"天乳美"的画作也呈现在读者面前（图3.6）。这幅画作采用的是中国都市时髦女性的形象——齐耳短发。尽管流行的服装包裹住身体，而胸部不再平平，天乳使得优美的曲线和轮廓清晰可见，画中的女性也显出一副怡然自信之态。如果说西洋女性以裸体来表现天乳之举，与中国社会文化还相隔较远，都市女性一时还难以接受，那么蒋汉澄画作中的女性形象则是贴近都市女性生活的。再如1928年7月21日的一幅漫画（图3.7）。

---

① 绾香阁主：《妇女装束的一个大问题——小衫制应否保存》，《北洋画报》第84期，1927年5月4日。
② 同上。
③ 《北洋画报》第108期，1927年7月30日。
④ 《北洋画报》副刊第8期，1927年7月30日。

**图3.7 "禁止束胸之后"**①

漫画中的四位时髦女子分别摆出不同的身姿。细观不难发现，她们竭力所展现的是禁止束胸之后，天然的乳房对突出身材曲线的作用，"本来在美的方面，可以增加多少的快感"②。

最后，主张胸衣改良，引入西式内衣。女子的束胸是借助又紧又窄的胸衣——小衫来完成的。在反对束胸、主张天乳的呼声中，"绾香阁主"女士通过《北洋画报》将"小衫制应否保存"这一问题抛出。所谓生理学家们要求废除小衫、以解放女性身体，"衣服（小衫）窄小，有碍发育和呼吸，于人体大不相宜，这是一个常识，许多关于生理学的书籍常常说起，由此看来，用小衫缚束胸部，是大大的不卫生"③。对此观点，"绾香阁主"女士提出了不同的意见，主张保留小衫。在她看来，反对束胸意在反对"压乳"的行为，小衫不过是一件衣服罢了，相反小衫对塑造女性的身体美是有促进作用的，"全身体在衣服之内独立自由，毫无缚束，固然是一种乐趣，但是放任胸上两乳使之低垂，不有物为之保护（及兜托之意），亦属不美。须知装束上的美观，不在人身之硬直，而在直中之有柔和。双乳是妇人身体上最脆弱之部分，她的曲线美全由双乳组成，若果不使之直立胸前（从前用硬围腰托起，但是过于强硬），必至全体的美观都塌台了"④。于是改良胸衣成为折中之举。

那么如何改良胸衣呢？"绾香阁主"女士强调理想的胸衣，应"以能

---

①《北洋画报》第205期，1928年7月21日。
②墨珠：《天乳运动》，《北洋画报》第108期，1927年7月30日。
③绾香阁主：《妇女装束上的一个大问题——小衫应如何改良》，《北洋画报》第114期，1927年8月20日。
④同上。

够兜住双乳为限，不可用以压平，因为压乳太不合于卫生"。①随后她又介绍了西方女性胸衣的观念，"现代西妇所用抹胸的理由，不是压乳，去损坏她们的曲线美，正是要把美烘托出来"②。这与《北洋画报》主张天乳之美是相一致的。为此"我们进一步主张中国女子仿用西洋抹胸（可名为乳衣，抹胸稍欠妥）"③。于是在"绾香阁主"女士的努力搜罗之下，1927年8月至10月，《北洋画报》刊出了西欧国家妇女胸衣的流行式样（图3.8—图3.14）。

图3.8 西洋妇人束乳图（其一）④　　图3.9 西妇束乳图（其二）⑤

图3.10 "装束——西妇束乳图其三"⑥

---

①绾香阁主：《妇女装束上的一个大问题——小衫应如何改良》，《北洋画报》第114期，1927年8月20日。

②同上。

③同上。

④《北洋画报》第114期，1927年8月20日。

⑤《北洋画报》第115期，1927年8月24日。

⑥《北洋画报》第117期，1927年8月31日。

图3.11 "装束——西妇内衣之一斑"① 　　图3.12 "妇女装束——西妇之胸衣及腰衣"②

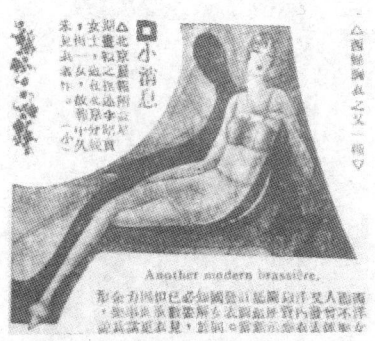

图3.13 "西妇胸衣之又一种"③ 　　图3.14 "装束——西妇内衣之一斑"④

各图所展示的胸衣式样，与中国女性传统的肚兜明显不同，对于凸显女性身材和身体曲线，有着很好的修饰效果。10月19日，"绾香阁主"女士又借助图示的方式，对西式胸衣的构造进行了细致的解释，"此为新式胸衣之反面图，图中双指所示之两窝，为藏乳之处，故乳受托住束住而不被压迫。衣之中间，并有带可以收缩放宽。衣上有两带，藉悬肩上。衣之后面，有扣可以扣紧。此其构造之大概也。此物有托持双乳之利，而无压迫胸部之弊"⑤。

在这里，"绾香阁主"女士提倡天乳的种种言论和主张，体现出她作为一名现代女性，在自我身体的解放和改造中试图展现主体性的努力。

---

① 《北洋画报》第120期，1927年9月10日。
② 《北洋画报》第121期，1927年9月17日。
③ 《北洋画报》第129期，1927年10月15日。
④ 《北洋画报》第132期，1927年10月26日。
⑤ 绾香阁主：《胸衣构造说明》，《北洋画报》第130期，1927年10月19日。

而《北洋画报》的男性编者则在为女性作者提供言说空间的同时，也展现了他们才是舆论主导者、引导者的主体身份。在"绾香阁主"女士第一篇反对束胸、提倡天乳的文章刊出时，画报的编者讲道，"这是一位新头脑的女士的作品，我们觉得她所谈的很有研究的需要，所以决意介绍出来公开讨论，深盼女界对于这个问题，多多注意，尤望随时发表她们的意见"①。这也从另一个角度说明了《北洋画报》对于天乳运动的关注和推动。"自从作者（绾香阁主）在本报提出'小衫制应否保存'这一问题以后，曾经接到不少的稿件和书信，几乎全数是反对女子束胸的。"②从中可见《北洋画报》的媒介影响力。

在推动近代女性身体现代转型的过程中，《北洋画报》对天足、天乳的提倡，不仅是在国家、民族、解放等话语之下争取女性身体的解放，更立足于消费文化、现代性的立场塑造女性身体，并朝向天然、自然的健康之美。

## 第二节　崇尚运动：提倡体育

打造女性身体的健康，仅仅是破除危害女性身体的束缚远远是不够的。随着康梁维新以来强国保种、体育救国等观念逐步深入人心，提倡和鼓励女性参加体育运动，从而造就女性强壮、有活力的身体，是女性身体健康建构必不可少的层面，更是女性被视作国家民族解放有效力量的前提。而民国时期由西方国家引入的体育运动日益兴盛，各种体育竞技或娱乐项目成为都市社会民众所热衷的活动，这一趋势也促使社会各界大力鼓励和提倡女性参与体育活动、锻炼身体。于是，"健康美"逐渐在近代中国社会流行，成为展示女性身体的重要价值取向之一。对此，报刊媒体起着"推波助澜"的作用，不仅众说纷纭"健康美"之种种，更以实践行动参与到针对女性身体的、提倡体育运动的"健康美"建构中，如推介西方

---

① 绾香阁主：《妇女装束的一个大问题——小衫制应否保存》，《北洋画报》第84期，1927年5月4日。

② 绾香阁主：《妇女装束上的一个大问题——小衫应如何改良》，《北洋画报》第114期，1927年8月20日。

女性体育活动、关注运动女性、制造女性运动典范、报道女性对大众体育活动的参与等。

## 一 众说纷纭"健康美"

"健康美"可以说是近代中国"强国保种""体育救国"等政治符号之外,女子体育观的另一重要指向。报刊媒体围绕为什么要塑造女性身体的健康美、如何塑造等问题,开展了一系列的讨论与宣传。

首先,什么是"健康美"?其实这是一个审美标准的问题。"健康美"是近代中国迈向现代化进程中来自西方的词汇,包含浓郁的现代性意味,并与传统相对立。在中国传统社会,缠足一度被视为审美取向之一,而缠足是以损害女性身体健康为代价的。不仅女性的脚饱受摧残,因脚的束缚和畸形发展又极大限制了女性的活动,尤其是运动,导致女性普遍的体质偏弱。因此被文人雅士所称之为美的——迎风摆柳、颤颤巍巍的女性美,实际上是一种病态的审美观。这种观点在众多学者的论述中均可见到。而与之相对应,国人在近代报刊媒体的论述中,则不厌其烦地"想象"与病态美截然不同的健康美。如1928年《良友》画报的编辑将体魄与精神之美视为"健康美"的要旨,"近代的女子不再以粉红之美为美,她们以体魄与精神之美为美,她们不再愁眉深锁地躲在阳光照不到的闺中,她们要站在光天白日之下,以奋斗竞争的场所为背景,对着世界作永久的微笑。"①《北洋画报》的主编之一吴秋尘,则以"壮美"言明画报在推动国人对"健康美"的诉求,"因为本报始终是以美字为立场,运动确是美的技能,美的技艺。美有壮美优美之别,只优美不壮美,便会失之于柔靡。要求壮美,只有在运动场上,我们虽然没有一个人能实地参与运动,但我们愿国人都向壮美方面走去。"②1933年发行于上海的一份小报《星期三》曾刊出署名"扛日"的文章,认为"健全美"才是"现代女子的美","所谓健全的美,是指躯干昂直,筋肉丰润,血脉活现,行动活泼,精神焕发,一举一动,都表现青年的朝气,她们不知道什么是呆板,什么是忧愁,她们只是时刻欢跃突进的向上"。③1934年,《女子月刊》

---

① 《编者按》,《良友》第27期,1928年2月。
② 秋尘:《壮美人听者》,《北洋画报》第630期,1931年5月28日。
③ 扛日:《现代女子的美(上)》,《星期三》,1933年第1期。

讨论女性身体美的文章，体现出力求将"健康美"作为女性身体审美标准的一种努力，"女性要具有美的姿态，美的性质和美的身体，才配称健美的标准女性"①。于是健康美的观念逐渐渗透进近代中国社会中，成为衡量女性身体美的重要标准之一，"'美丽'的标准是不固定的，它随着时空的转变而改变。当西方体能运动传入中国之后，不少人将健康美视为衡量女性美的一种标准"②。

其次，为什么要打造女性身体的健康美？最为表象和直接的原因，便是长久以来女性身体的"不健康"——体质的羸弱。据台湾学者游鉴明考证，在中国的传统社会，女子从事的运动较为简单，如荡秋千、放风筝、踢毽子等都是一些不费力的活动。而在较为费力的运动场上，女性身影较少出现。她指出，"无论哪一类型的女子运动，基本上是在自我娱乐或者娱乐观众，不专为竞赛或者某种目的而进行运动"③。久而久之，女性身体素质减弱，"弱不禁风"长时间成为女性身体的标签。1927年4月，《北洋画报》的一位记者经朋友介绍，以"摄影员"的身份进入南开大学、中学及女校联合举办的运动会会场。他以记者的敏锐眼光，直接指出了女子的体质羸弱现象，"南开运动中之最饶兴味者，当为女生舞蹈游戏，颇有精采（彩），然女生体质多脆弱，于其运动中可见之"④。

而看似女性个体的事情，实则与国家、社会紧密相连。改变女性羸弱的身体形象，塑造健康美的女性身体，一度被提升到关乎国家民族的高度。在近代国族话语体系里，女性柔弱、纤巧的体格与积贫积弱、饱受外人欺凌的中国存在着某种意义上的相似性，"中国的弱小，早就在女性身上表现出来"⑤，因此人们往往批评传统女性身体的羸弱，期望女性

---

①郎鲁逊：《女性身体美的研究》，《女子月刊》，1934年第4期。

②游鉴明：《近代中国女子健美的论述（1920—1940年代）》，游鉴明主编《无声之声（Ⅱ）：近代中国的妇女与社会（1600—1950）》，台北"中央研究院"近代史研究所，2003年版，第144页。

③游鉴明：《媒体与近代中国的女子体育》，游鉴明、罗梅君、史明主编《共和时代的中国妇女》，洪静宜、宋少鹏等译，台北：左岸文化，2007年，第342页。

④记者：《南新两运动会琐记》，《北洋画报》第85期，1927年5月7日。

⑤李明稣：《弱小民族的新女性》，《女子月刊》，1933年第5期。

拥有健康、美丽的体魄，以实现"强种保国"①的目的。早在20世纪初，《女子世界》便有文章指出，"健尔芳躯，伟为国母，诞育佳儿，再振吾宇"②。1935年，正当各类运动会流行于都市社会，报纸杂志频频见诸女运动员、女运动家之时，《妇女与儿童》杂志署名"钱一苇"的作者也强调，"只有康健美才能打破中国底积弱，使种类优生化，只有姿态美才能扫荡苟且堕落的丑态，收到民族杰出的效果。如此才能达到国家强盛的途径。"③

然而"游说"女性追求"健康美"，并不仅限于国族的范畴。推崇女子参加体育，以获得健康、美丽的身体，可以说既涵盖在国家民族话语对妇女解放的论述中，又有所超越，表征出近代女性生活体验的一个侧面。正如游鉴明的研究中指出的，"健美的提倡固然不乏以强国保种为出发点，却也不完全偏重国族论述，有不少论者强调健美对个人的影响，并重视女性关注的美丽问题，使健美的论述超越政治，走入女性的生活世界。"④比如打造女性身体的"健康美"，有助于男女的平权，"女性的本能比不上男性雄厚，所以若要和男性一样的工作，就必须有健康的身体。"⑤再如，女性是否"健美"，已是关系婚姻的大事，成为新派男士的择偶新标准。1934年1月22日《申报》上一篇题为《理想的妻子》的文章中讲到，有人认为"理想的妻子"应该是："伊的身体，极美妙，极健康，不肥不瘦，修短适中。伊能运动，能跳舞，能游泳"⑥。健康美一跃而成为现代思想观念下男性心中理想妻子的标准。"女子要有'健而美'的体能，在现代的社会呼声最高，由男子找爱人的要求，进而至于男女共同的要求了。"⑦而男权中心意识仍然浓厚的近代中国社会，普及女性身

---

①可参见游鉴明《媒体与近代中国的女子体育》，游鉴明、罗梅君、史明主编《共和时代的中国妇女》，洪静宜，宋少鹏等译，台北左岸文化2007年版，第341—364页。游鉴明在该研究中着力分析了媒体在很大程度上是配合政府呼吁女子以健康的身体来救国，即要求女性"体育救国"的问题；当然，游鉴明也指出，媒体的旨趣不止于此。

②《女子世界》第5期，1904年4月，第50页。

③钱一苇：《妇女美的问题》，《妇女与儿童》1935年第20期。

④游鉴明：《近代中国女子健美的论述（1920—1940年代）》，游鉴明主编《无声之声（Ⅱ）：近代中国的妇女与社会（1600—1950）》，台北"中央研究院"近代史研究所，2003年，第143页。

⑤顾学裘：《妇女的健康美》，《妇女共鸣》，第2卷第6期，1933年4月。

⑥瑞卿：《理想的妻子》，《申报》，1934年1月22日。

⑦李于影：《理想的爱人》，《女子月刊》第1卷第6期，1933年8月，第147页。

体"健康美"的认知和观念的过程,不经意间也加入了某些男性对于女性身体隐秘的窥视欲望,以及由此导致的女性身体物化倾向。以女运动员在公共空间的展示为例,她们在运动过程中通过各种不同的运动方式将身体的曲线展露无遗,而为了便于运动,着装的局部裸露更是把女性身体曝光于公众面前,"当女子运动盛行之后,为配合运动而设计的服装,使女性的身体更加的暴露"。[①]与传统社会层层包裹的女性身体相比,现代社会中运动的女性身体无疑在满足男性对于女性身体的想象方面更胜一筹,于是男性对于女性身体"健康美"的宣传与推动似乎更加积极,大量有关女性身体"健康美"的文章以男性作者居多便是例证。

最后,如何塑造女性身体的健康美?要改变女性脆弱的体质,造就身体的健康美,体育运动是最基本且必不可少的途径,这点在报刊媒体中被反复强调。如1931年刘美英在《玲珑》杂志简便而直接地指出,"如何健美,体育运动是不二法门"[②]。1934年,郎鲁逊于《女子月刊》劝告广大的女性,"女性美要保持长久的时期,除去生活精神愉快和感情不受刺激外,则唯运动为最有效的方法"[③]。而以《北洋画报》为代表的报刊媒体,在推动女性参加体育运动、打造女性身体的健康美方面,则进一步开展了行之有效的实践行动:西方国家女性参加体育运动和娱乐活动的情景被视为推动中国女性参加体育的重要参照,女学生此时成为鼓舞其他女性参加体育运动的最具说服力和感召力的群体,而在此基础产生的女运动家、女体育家被当作健康美的楷模在公众面前曝光,对溜冰等大众体育娱乐活动的报道则意在增加都市女性对体育的兴趣(这些内容将在后文具体阐释)。无论是运动场上的女性身影,还是画报所竭力打造的运动或健美典范,均是由于运动而使身体获得健康与美丽。

## 二 以西方女性体育为参照

第一次世界大战后,体育运动逐渐被欧美国家女性视为增进健康、增强体质乃至扩大交际的重要方式。在近代欧风美雨的浸染下,西方女子

---

[①]游鉴明:《近代中国女子健美的论述(1920—1940年代)》,游鉴明主编《无声之声(Ⅱ):近代中国的妇女与社会(1600—1950)》,台北"中央研究院"近代史研究所2003年出版,第170页。

[②]刘美英:《简便的健身术》,《玲珑》第29期,1931年。

[③]郎鲁逊:《女性身体美的研究》,《女子月刊》,1934年第4期。

体育也在兴起之际传入到中国。来华的西方传教士们在中国创办的教会女子学校中，极为重视体育教育。传教士们把现代体育作为一项重要的教学内容，向学生教授体操、田径、游泳、排球、篮球、乒乓球等课程。自从1910年上海成立第一所女子体操学校后，女子学校和专门的体育院校迅速发展起来。在校的女学生有机会参加更多的体育活动。然而很长时间里，体育运动在社会上的普及却遭遇了巨大的障碍。国力的衰落、战争的频繁、传统礼教对女性根深蒂固的规范等，都是限制女性获取教育机会、接受体育锻炼的因素。

二三十年代，女子体育运动逐渐向整个社会范围扩展。《北洋画报》作为报刊媒体，在推动都市女性投身体育运动时，将欧美日国家女性的体育运动或户外活动视为参照。因为"在一般人的刻板印象中，中国的女性是病弱的、不健康的，加以健美观是来自西方，要寻找健美典范便多从西方女性着手，强调西方的女性美"①。1926年10月16日，《北洋画报》讲道：

> 西洋妇人自幼即受体育训练，视运动游戏，为其第二生命，是以体魄健全，堪以持家耐劳，嫁后所生子女，亦均强壮；不若吾国夫人之荏弱多病，只知看戏，打牌，闲逛，以消遣其宝贵之光阴，造成卑恶之风气，养成无教育之子女，流为社会之罪人。……表而出之，以见西妇之注重运动，亦即所以勉励女同胞使其振奋也。②

可见《北洋画报》借西洋女性对体育运动的热爱，鼓励中国的都市女性们也来参加，以改变女性孱弱多病的身体素质，进而健全下一代子女。

于是传播西方国家女子的运动之美，成为《北洋画报》创刊之初几年里唤起近代女性从事体育运动的主要方法。运动之美是人在体育运动过程中所展示出来的一种身体美，也是运动中所得到的良好身体状态的健康之美。在运动中，人的身体得到自然的展现。同时人也利用身体语言表现出一种积极向上、生机勃勃的精神风貌，以及自然、协调、流畅的身体之

---

① 游鉴明：《超越性别身体：近代华东地区的女子体育（1895—1937）》，北京大学出版社2012年版，第35页。
② 《轮船上西妇地球游戏》，《北洋画报》第29期，1926年10月16日。

美。还是在1926年10月16日,《北洋画报》刊登出"轮船上西妇地球游戏"的一幅照片(图3.15)。

图3.15中的一群西方女性为身着浴装的形象,"此图为夏日西妇结队出游时,在船中浴罢(船上亦有特备大浴池,男女同浴其中),共作球戏之影"①。这群共同游戏的西洋女性,其手臂和大腿皆裸露出来,健康、自信的身姿清晰可见。由此也可体味到《北洋画报》借其积极鼓动女性参加更多户外活动、以获取健美身躯的良好意愿。

德国女子体育的风行颇受《北洋画报》的关注。1926年11月13日,《北洋画报》一幅"德国女子之体育热"的图片(图3.16),将德国女学生在操场上列队训练的身姿呈现出来。1929年2月至3月,《北洋画报》刊出一组德国妇女郊外运动的照片(图3.17—图3.21)。

图3.15 "轮船上西妇地球游戏"②

图3.16 "德国女子之体育热"③

---

① 《北洋画报》第29期,1926年10月16日。
② 同上。
③ 《北洋画报》第37期,1926年11月13日。

图3.17 荡舟① 　　　　　图3.18 习射② 　　　　　图3.19 试马③

图3.20 习枪④ 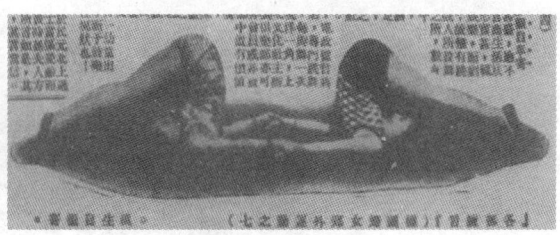　　　　　　　　图3.21 各部练习⑤

图3.18、图3.19、图3.20所示，射箭、骑马、投掷标枪等作为竞技运动，对身体的力量提出了较高的要求。增强身体的力量至关重要，"身体力量的发达，是一切工作发达的预备"⑥。所以健康的身体美同样建立在身体具备发达力量的基础上。图3.21的"各部练习"，则是指导女性通过锻炼身体的不同部位以达到健美的效果，与后面将要论述的"健美运动"颇为相似。而图3.17中的女性则手执小伞坐在船中，以划船作为体育活动，其娱乐、休闲的意味更为突出一些。也许女性并不在意体育运动的效果，而更愿意在运动中享受乐趣，不过至少是在以运动求得健康美的话语支配下来进行的。此外还有"德国女子之体操热"⑦"德国妇女夏日室外

---

① 《北洋画报》第283期，1929年2月21日。
② 《北洋画报》第284期，1929年2月23日。
③ 《北洋画报》第285期，1929年2月26日。
④ 《北洋画报》第286期，1929年2月28日。
⑤ 《北洋画报》第292期，1937年3月14日。
⑥ 卫中：《希腊式舞蹈的原理——登肯学校舞蹈会的导言》，《北洋画报》第49期，1926年12月25日。
⑦ 《北洋画报》第519期，1930年9月2日。

运动之姿势"①等照片借助《北洋画报》展示在中国民众面前。1934年，《女青年月刊》则专文评价德国女子体育训练，"德国女子，则为健康而运动，求天然补益——即阳光、空气——而去田径场。皮肤之黧黑，肌肉之丰硕，行动之敏捷，不曰粗蛮，而曰健康美也"②。

1926年12月1日，《北洋画报》亦图亦文报道了美国体育界的一位明星人物——美国第一位泅渡英法海峡（即英吉利海峡）的女性爱得利女士。

图3.22 "泅渡英法海峡之美妇"③

"本年八月六日，美国妇人爱得利女士，泅渡英法海峡成功，在水中，泳十四小时三十分钟之久，实为女子游泳开一新纪录；是以当爱女士返美后，大受民众之狂热欢迎：抵纽约之日，人民空巷往观，女士居屋门壁，遍悬旗彩，邻近街道，途为之塞，音乐也，旗区也，摄影机也，电影机也，无线电播音器也，无一不备，以欢迎此'游戏界之英雌'。上图所示，为爱女士于万头攒动中，现身于所居屋之阳台上，以答谢民众热烈之欢迎。爱女士实为泅渡英法海峡之第一妇人，且战胜去年泅渡同一海峡之一义人，此义人费时十六时二十三分；但爱女士之后，又有一美国妇人柯尔生夫人，亦以十五小时二十八分泅渡此海峡云。"④

《北洋画报》有关美国女子体育运动的涉及并不算多，却通过对爱得

---

① 《北洋画报》第631期，1931年5月30日。
② 吴澂：《德国女子体育之训练》，《女青年月刊》第13卷第6期，1934年6月。
③ 《北洋画报》第42期，1926年12月1日。
④ 愚：《泅渡英法海峡之美妇》，《北洋画报》第42期，1926年12月1日。

利女士的介绍,向中国民众呈现出美国民众追捧体育运动界之"英雌"的狂热,某种程度也说明美国民众在女性参加体育运动这一问题上的认可与共识。典型人物的示范效应和美国民众狂热追捧的态度,不能不给中国的民众尤其女性以有力的刺激和鼓舞。

如上西方女性运动的图景,所共同展现的是"健康、活泼、充满青春活力的运动女性的形象"[1]。这种现代性的女性身体健康美的形象,无疑带给中国的女性以强有力的诱惑,吸引着她们改变静的生活方式,走到户外,参加运动,强身健体。不仅如此,《北洋画报》还试图通过西方女性运动,表达男女平权的意味,如1927年12月29日登载的"西妇骑自行车打球图"特附文字说明,"西妇注重体育与游戏,吾报已屡言之矣。西妇在社会上,盖无处不与男子竞争,凡男子所能为之事,女子无不为之,虽冒险亦非所畏,故如图中所示球戏,本属危险之事,而女子竟敢为之,不亦大可钦佩也哉?"[2]而随着国内女子参加体育活动的增多,报刊媒体便转而更多地关注中国的女性运动健儿了。

## 三 关注运动场景中的女性

二三十年代,中国的体育运动获得较大的发展,不同级别如国家层次、区域层次、省级及大中小学都举办了内容丰富的体育运动会。各大都市的报刊媒体争先报道体育运动的讯息,展示体育健儿的风采。游鉴明的研究中曾强调了媒体对于促进体育运动发展的作用,"体育之所以能掀起热潮,除了政府的大力提倡之外,在晚清崛起的近代媒体也是塑造这股热潮的功臣,它所提供的体育资讯对大众有很大的渗透力"[3]。正是基于对健康之美的追求,《北洋画报》有关体育的报道非常之多,涉及各地体育活动及运动会等。其中,对女性参与体育活动的关注又极为突出。《北洋画报》在呈现这一时期体育运动尤其女子体育的情态之时,派出摄影记者们出入各类运动会场,用镜头捕捉女运动员的身影,以直观的视觉形象图说了女性身体的运动之美。

---

[1] 王儒年:《欲望的想像——1920—1930年代〈申报〉广告的文化史研究》,上海人民出版社2007年版,第242页。

[2] 《北洋画报》第50期,1927年12月29日。

[3] 游鉴明:《媒体与近代中国的女子体育》,游鉴明、罗梅君、史明主编《共和时代的中国妇女》,洪静宜、宋少鹏等译,台北左岸文化2007年版,第343页。

报道省内外赛事、捕捉并记载运动赛场上女性的英姿,这是《北洋画报》新闻性的体现。五四新文化运动后,中国大规模的运动赛场上开始出现女性的身影。1921年,广东女性参加了全省第八届运动会的排球比赛,随后1922年女性出现在全国运动会上。之后,从翻阅《北洋画报》十余年来的相关报道中,人们发现女性广泛参加了包括篮球、排球、网球、溜冰、田径、体操、哑铃操、游泳、垒球、乒乓球、棒球、舞蹈等在内的各种体育运动。而对女运动员或运动家的报道又最大限度地借助了《北洋画报》能够清晰刊登摄影照片的优势。如1927年5月28日,《北洋画报》以"南北女界之运动热"为主题刊发的系列照片中,北方的女界运动则为体育运动,也就是北京联合运动会女运动员入场游行及比赛的场景(图3.23—图3.26),四幅图片占据了整个版面的近四分之一。

图3.23 北京联合运动会开幕日女运动家之游行

图3.24 与师大附中之女子队球比赛

图3.25 女大与师大附中之女子篮球比赛

图3.26 女子棒球掷远[①]

照片中的女运动员们穿着整齐划一的着装,给人以舒适大方的视觉印象;竞技项目中各个运动成员的默契配合更加彰显了体育运动中团结、向上的集体主义品质,激烈、动感的赛场似乎时刻在向读者昭示着生命的律动。虽然这类运动属于竞赛项目,但是对于女性身体健康美的打造是有

---

①图3.23—图3.26均见《北洋画报》第91期,1927年5月28日。

益的,"这种运动,不但能使你身体强健,而且还可以增加乐趣,减少烦恼。苦闷烦恼一切都是损害美的要素"①。类似上述反映运动场上女性群像的摄影照片几乎贯穿了《北洋画报》的始终,如"远东运动大会(1927年召开于上海的第八届远东运动大会)中国女子排球预选赛——杭州与广州比赛"②、"上海两江体育专门学校女生兵式体操之整齐"③、"参加运动之女运动员之集合"④、"清华南开两大学女生篮球队合影"⑤等等。

如果竞技体育彰显了"力"之美,那么体育舞蹈则表征了柔与刚的艺术之美。舞蹈通过动作和肢体,在举手、投足、弯腰、舒臂之中,充分展示美的形态、身段、轮廓、线条等,是柔和刚的和谐统一。女性参加体育舞蹈活动,不但能充分展示一种内在美、形象美和肢体美,还能在轻松欢快的舞曲和节奏中获取身心的释放,培养美好的精神状态。民国时期的女子体育舞蹈多在学校中,大学、中学、小学等不同层次的学校都有。参加舞蹈者有女生舞蹈,也有师生舞蹈,舞蹈的分类可谓五花八门,有凤魔舞(图3.27)、手巾舞、团体舞、烂漫舞、水手舞(图3.28)、足踏舞、形意舞、士风舞、木履舞等。

图3.27 "两江女体师之风魔舞"⑥    图3.28 "本市圣功女校秋季运动会学生表演'水手舞'"⑦

《北洋画报》对这些体育舞蹈健美方式的报道也主要采用摄影照片的形式。这里的体育舞蹈尽管更重在表演而非竞技,但和竞技运动在视觉及观念上是一致的。因为二者都强调运动,都以健康活跃的身体形象出现。

①柏华:《家政:健康美与运动》,《女铎》第22卷第11期,1934年4月,第12—13页。
②《北洋画报》118期,1927年9月3日。
③《北洋画报》第195期,1928年6月9日。
④《北洋画报》第319期,1929年5月16日。
⑤《北洋画报》第569期,1930年11月27日。
⑥《北洋画报》第94期,1927年6月11日。
⑦《北洋画报》第1008期,1933年11月7日。

图片上女学生们所展示的健康、活跃的形象和愉悦的微笑，不是放在私人相册里珍藏与记忆，而是置于都市社会的媒体中，似乎在向民众发出"健身总动员"，吸引更多的年轻都市女性参加体育运动，争取健康之美。

1935年3月，燕京大学在校内推行健康周计划，特别组织了女生健康周系列活动，具体活动项目包含"步行、自行车、田径赛、射箭、排球、垒球以及室内的冬季体操课表演"[1]，以造就强健女性（当然主要是女学生）身体为目的。校方为了使该项活动取得实效，为女生聘请了体育指导教师，以精心指导女生，推广锻炼方法，提高竞技水平。《北洋画报》亦跟踪了这一活动（图3.29—图3.32）。

图3.29 燕京大学女生健康周的体育指导教师陈越梅女士指挥之姿势

图3.30 "燕京大学健康周之射箭比赛者"

图3.31 "燕京大学女生健康周进行时观众之一部"[2]

图3.32 "最后选出燕京大学健康皇后吴佩珉"[3]

上述3幅图片大致描绘了女生健康周的轮廓：从教师对女学生的精心指导，到女学生投入比赛，再到观众饶有兴趣地驻足旁观。女生健康周

---

[1] 章映芬：《燕京大学女生体育部概览》，《体育研究与通讯》第2期第4号，1935年6月，第152—153页。

[2] 图3.29、图3.30、图3.31均见《北洋画报》第1221期，1935年3月23日。

[3] 《北洋画报》第1073期，1934年4月10日。

活动调动了燕大女生的极大兴趣。而社会名媛如"王正廷之女公子安福女士"等也成为观众。为了更好地突出活动的主题,推崇健美活动,女生健康周活动还进行健康皇后选举比赛,由学生推出健康皇后。1934年4月,经过初选和最终选举,一致评选出吴佩珉为燕京大学健康皇后(图3.32)。《北洋画报》也不失时机地给予报道,并使得更多的读者了解吴佩珉[①]。从《北洋画报》来看,健康皇后选举活动的举行成了全校的一大公共事件。如选举结果出来之前,竟然有校内报刊组织学生进行选情的预测,"吴未当选前,燕大新闻系所办之平西报,曾作'健后'预测,亦以吴得票最多,足证女士系人望所归"[②]。在此,被选出的健康皇后既是健康与美的符号,更是一种荣誉。吴佩珉也因此提升了知名度,吸引了学校乃至社会男女关注的目光,"吴当选后,曾有男生某跪伊面前请签字,打赌赢得另一同学之大洋五元。女士之令人颠倒,由此可见一斑"[③]。

### 四 制造运动之美的典范——以"美人鱼"杨秀琼为例

由运动所获得的健康身体成为一种美的象征,被民国时期追求时尚的都市女性所向往。与电影明星一样,获取了优异成绩的女运动员随着知名度的逐渐提高,也成为公众人物。《北洋画报》不厌其烦地报道这些获取优异成绩的女运动员——不仅用摄影照片记录下女运动员的赛场英姿和生活写真,也以文字形式披露她们在赛场内外的各种逸事。而女运动家形象还频频作为《北洋画报》的封面人物出现,并被视作"健康美"的新女性形象[④]。这种制造运动之美典范的做法,一方面满足了读者窥视、好奇的需要;另一方面则有助于推动更多的都市女性加入到体育运动中。

以游泳为例,游泳是一项全身力与美的结合运动,也是日常锻炼身

---

[①] "燕大'健后'现已选出吴佩珉女士。吴之身世,知者甚少,兹特为介绍一二。吴女士现年只十九岁,为安徽婺源人。自幼生长天津,小学时在天津之浙江公学,毕业后入南开女中文科。于民国二十一年(1932年)秋,考入燕京大学之看护预科。本年(1934年)暑假可以毕业。毕业后将转入协和医学院,故此燕大'健后',半年后仍须重选也。吴现体重一百十三磅,高五尺四寸。"(疯:《记燕大健康皇后》,《北洋画报》第1073期,1934年4月10日。)

[②] 疯:《记燕大健康皇后》,《北洋画报》第1073期,1934年4月10日。

[③] 同上。

[④] 陈艳:《"新女性"的代表:从爱国女学生到女运动员——20世纪30年代〈北洋画报〉封面研究》,《广西社会科学》2009年第12期。

体的一种运动。①二三十年代京津等地的公共游泳场所相继出现。对于女性而言,游泳可以说是塑造身体曲线的最佳途径。然而《北洋画报》的记者数度亲临这些游泳场所,却发现女性的身影屈指可数。1931年8月,《北洋画报》记者调查天津南开马场附近举行的游泳比赛,参加者中女性仅有2人,"本预定于本月一日在南开马场旁举行之游泳比赛会,因天雨未果,女性加入者有二人,一为南开女生白永珍女士,一为狄莉莉女士,开未有之纪录"②。如果这次比赛中女性选手的稀缺是天气原因所致,那么1932年8月在天津青龙潭举行的游泳比赛中,女性参赛者也少得可怜。"女子报名者,只有一位绝无仅有的李鹭鼎,因为无敌,她便'不劳而获'的拿了第一"③。此次女选手的缺席,记者蜀云猜测或许由于水太深了,女士不敢下水。④1934年8月的一幅漫画则将这一情形表现得淋漓尽致(图3.31)。

**图3.33 "津市游泳公开赛女子报名者等于零"**⑤

漫画以母鸡下蛋的方式,说明在天津市的游泳公开赛中女游泳选手

---

①作为竞技体育中的游泳,则直到1933年的第5届全国运动会,才正式将女子游泳项目列入比赛。华北运动会从1933年第10届大会起,增加了游泳竞赛项目,女子组的项目有50米、100米自由泳、100米仰泳、200米俯泳和200米接力。
②《曲线新闻》(二),《北洋画报》第659期,1931年8月4日。
③蜀云:《观泳》,《北洋画报》第821期,1932年8月23日。
④同上。
⑤《北洋画报》第1119期,1934年7月26日。

缺席的尴尬，"津市游泳公开赛女子报名者等于零！"①其间的讽刺意味明显。天津的情形如此，而《北洋画报》的记者也披露了其他地方与此颇相类似的情形。如1934年夏在青岛的浴场，记者发现"每日入水者，以外人占多数，中国人来者，仅少数之摩登男女。外人游泳者，以锻炼身体者为多，而中国人则以出风头者为多。余曾在该场见有摩登女子，身着浴装极力在骄阳下将皮肤晒得黑紫，然其游泳术则甚平平，且有怕水不敢下者"②。

为了改变这种局面，《北洋画报》试图借用树立优秀女运动员的典范作用，以其健康之"壮美"来影响更多的都市女性。正如吴秋尘所言，画报报道体育运动，目的在于"给各位躺在休息棚下时看，倒也许还可以活泼泼脑筋，因为我们觉得养成一两个特殊的运动家，并不如人人都有一种相当的锻炼"③。

"美人鱼"杨秀琼就是一个典型的范例。在香港游泳大赛和全国第五次运动会上屡屡夺冠、脱颖而出的游泳健儿杨秀琼女士，被人封以"美人鱼"的雅号。各地的报刊媒体争先刊载了她的摄影照片、游泳佳绩甚至生活逸事，杨秀琼一度成为运动界乃至社会中风云人物，受到公众的爱戴和追捧。《北洋画报》对"美人鱼"杨秀琼也多有溢美之词，用"空前绝后"来肯定其骄人成绩，"惟近来美人鱼杨秀琼，以游泳绝技，突起华南，纵横国内，已号无双；飞耀远东，亦称第一，且数年来保持游泳王座，更无后来居上之人，其兴也暴，其运也长，风头之盛，虽非绝后，敢曰空前"④。美人鱼杨秀琼通过游泳运动不但获得了健康的身体，赛场内外，更是威风十足，"中外人之找其签字者，不离左右。中国国旗亦因彼获第一而得升。当其比赛时，菲人不独为其本国选手助威，反为杨大声喝采，可见小妮子之魔力"⑤。杨秀琼骄人的游泳成绩也为其赢得了极高的社会荣誉和地位，"委员长专电特邀，秘书长屈尊为御，国府主席且同照像焉，'时论荣之'，'举国仰慕'"⑥。《北洋画报》中，杨秀琼的大量照片，包括生活照、运动照、泳装照、社会活动剪影，甚至与家人的合

---

① 《北洋画报》第1119期，1934年7月26日。
② 归客：《青岛浴场概况》，《北洋画报》第1125期，1934年8月9日。
③ 秋尘：《壮美人听者》，《北洋画报》第630期，1931年5月28日。
④ 云若：《说美人鱼兼及六不将军》，《北洋画报》第1311期，1935年10月19日。
⑤ 四方：《远运会琐记》（中），《北洋画报》第1097期，1934年6月5日。
⑥ 云若：《说美人鱼兼及六不将军》，《北洋画报》第1311期，1935年10月19日。

第三章 近代中国女性身体的健康建构 | 151

影等都被呈现在读者面前。其中，最能展示其健康与活力的自然是泳装照（图3.34—图3.36）。

图3.34 白浪翻腾中之美人鱼杨秀琼女士①

图3.35 "美人鱼"杨秀琼女士之游泳装②

图3.36 全运会之标准美人鱼杨秀琼女士③

图3.35和图3.36杨秀琼的泳装照里，裸露的双臂和大腿直接暴露在公共场合，其紧身的泳装又把身体的优美线条充分显露出来。这与足不出

---

① 《北洋画报》第1313期，1935年10月24日。
② 《北洋画报》第1322期，1935年11月14日。
③ 《北洋画报》第1001期，1933年10月21日。

户、深受传统道德规范禁锢的保守女性形成鲜明的对照。因而，女子泳装照"呈现出一种新形态的女子美的典范"①。照片中杨秀琼昂首挺胸的神态与微笑的表情，向民众传递的是新女性积极向上的自信，抑或是自我主体性的一种表达。

杨秀琼在运动场内外的声名大噪，使其成为炙手可热的体育明星和都市年轻女性争相效仿的偶像，"影响所及，使女则摩仿，游泳成为最盛行之运动；男则羡慕，凡女子之貌似美人鱼者，皆得拥护，在校则成皇后；在歌场则成名姬"②。典范往往能起到较强的示范作用，各地相继出现参加游泳比赛的女运动员，继"美人鱼"之后，"一时风起，继而兴者，有女如云。而名最著者，则为'美人虾''美人蛙''美人蟹''美人蛟''美人龙'"③。而以游泳为休闲活动的女性逐渐增多了起来，如青岛浴场时常聚集前来游泳的女性。④不少电影明星也热衷游泳这一活动，如殷明珠、黄柳霜等⑤。

## 五 报道大众体育娱乐活动——以溜冰与化装溜冰会为例

二三十年代，竞技体育和学校体育取得了较为明显的进展。而反映国家民族体育与健康水平的大众体育则显得尤为滞后。有机会参与竞技体育的女性主要来自学校，为数较少。而在公众场合加入到体育娱乐活动中的女性，也主要是一些追逐时髦的摩登女性和社会名媛。因而，不少有识之士急切呼吁全民健身活动的开展。"中国今日太偏重于学校体育，而置国民体育于不顾，孰非国家社会之利。是宜亟普及民众体育，俾养成全体国民之健全体魄，使人人皆有健全之精神，然后乃能造成健全的社会与国家。"⑥而西方社会中一些体育娱乐活动也自近代以来陆续传入中国，如

---

①李孝悌：《恋恋红尘：中国的城市、欲望和生活》，上海人民出版社2007年版，第322页。

②云若：《说美人鱼兼及六不将军》，《北洋画报》第1311期，1935年10月19日。

③《南国女游泳家之绰号》，《北洋画报》第1583期，1937年7月20日。

④绍文摄："青岛海滨浴罢小憩之一群少女"，《北洋画报》第1125期，1934年8月9日；赵鑫兮摄寄："青岛海滨上之一群游泳女士"，《北洋画报》第1437期，1936年8月11日。

⑤"殷明珠小姐入浴时留影"，《北洋画报》第1447期，1936年9月3日；"在北戴河避暑时之黄柳霜浴后小憩船头之影"，《北洋画报》第1448期，1936年9月5日。

⑥武越：《国民体育应普遍化》，《北洋画报》第629期，1931年5月26日。

溜冰、台球、网球、高尔夫球等。报道各类体育娱乐活动，展示民众积极参与、健康向上的精神风貌，既是《北洋画报》的媒体任务，也是《北洋画报》借此来运动女性以获取健康身体美的重要途径之一。在《北洋画报》中，不乏有关女性参与体育娱乐活动的照片和文字记录。溜冰和化装溜冰会便是其中之一。

　　《北洋画报》创刊之初就对溜冰活动进行了大量报道。最早出现在该画报中的溜冰新闻是在1926年12月18日，为北京万国体育东单滑冰场开始溜冰的照片。而到了20年代末30年代初，据《北洋画报》所载，溜冰活动在北方已经广受都市民众的欢迎，"晚近溜冰之术，随西人而流入我北方，北平北海，每至冬季，盛极一时，国人习之者日众"①。在天津的英国球场、特三区公园水池、南开大学等地均设有溜冰场。在《北洋画报》的报道中，时常可见女性参与溜冰的情形。知名摄影记者李尧生、魏守忠等多次将其在北平溜冰场拍摄的女子溜冰照片贡献给《北洋画报》（图3.37—图3.39）。

图3.37 "北平杨淑范与石纫珠两女士溜冰之姿式"②

图3.38 "北平南海冰场上之名媛：韩庆、胡祖澂、萧淑芳（右至左）"③

---

① 曲：《平津溜冰场一瞥》，《北洋画报》第425期，1930年1月18日。
② 《北洋画报》第1491期，1936年12月15日。
③ 《北洋画报》第1196期，1935年1月22日。

图3.39 "溜冰表演：胡祖澂表演双人外刃前进（右），
孙苓孙岑姊妹表演右脚外刃前进（左）"①

从上述照片可以看出，溜冰场上的女性均为自信、健康的年轻女子，穿着简便、轻盈，毫无臃肿之态。她们相互扶持，驰骋于冰场之上。值得注意的是，《北洋画报》附在溜冰照片下方的文字说明，还披露了溜冰者的姓名。借此也可以得知，照片上的溜冰者几乎均为社会名媛。这说明，女性溜冰者的数量仍是较少的。在此，社会名媛作为引领时尚潮流的符号之一，其溜冰情形的图片展示某种程度上将有助于更多的都市女性了解溜冰的乐趣和运动之美，进而吸引她们参加。

溜冰场上以名媛为代表的都市女士，其在溜冰场的驰骋展现出来的是"矫健"的身体之美。为了鼓励更多的民众尤其都市女性前往溜冰场娱乐，各溜冰场还特意增强溜冰的娱乐性，如不时举办化装溜冰大会。主持化装溜冰大会的主要是冰场、学校和一些社会机构②。《北洋画报》便曾分别报道了燕京大学化装溜冰会、北海化装溜冰会、北平三海化装溜冰大会、南海化装溜冰会、英水场化装溜冰大会、南开大学溜冰场化装溜冰大会等的部分场景。在化装溜冰大会上，前来参加者既可溜冰，又可参加化装比赛。他们/她们可根据自身的想象和喜好进行各式各样、体现自我的"时装设计"。因而，化妆溜冰会是集健身性、趣味性、娱乐性于一体的大众体育娱乐活动。如1928年，北海冰场举行"万国化装溜冰大会"，"场中五光十色，人如御风，万国旗帜四面交叉，迎风殊壮丽"③。溜冰会参加者颇多，场面热烈。而参赛的女士则装扮出另类之美，"某女士之

---

①《北洋画报》第1196期，1935年1月22日。

②1928年1月，北海万国化装溜冰大会由冰场漪澜堂主人主办并备发奖品（王朗：《北海万国化装溜冰会纪盛》，《北洋画报》第156期，1928年1月18日）；1931年2月，在南开大学溜冰场举行的全市化装溜冰会由大公报主办（秋尘：《秀山堂冰刀切雪录》，《北洋画报》第588期，1931年2月12日）。

③王朗：《北海万国化装溜冰会纪盛》，《北洋画报》第156期，1928年1月18日。

虾蟆装，色翠绿，背较浓而腹淡，头套虾蟆，首琉璃一片，回光反映极悦目……余则作西班牙及英伦时世装亦至众，某女士着舞衣，头顶喇叭士尖帽，衣黑地红边，轻盈绰约，行时如燕子穿檐，为态颇美。"①1931年2月举办的南海化装溜冰大会上，几位女士的化装也是别出心裁，"赵丽莲女士化装一女仙，携西饰小鸟为之儿童……此外又有某女士饰莲花，全身为一莲花形。顶上为纸糊之莲蓬及花瓣，颈以下为茎叶。故面目亦埋在绿纸中，只眼间留一线而已"。②此次溜冰大会女士可谓出尽风头，不仅身体形象各有千秋，且溜冰比赛的前三名均为女士。③

举办溜冰大会的主要目的是锻炼身体。溜冰者尽情驰骋冰场，强身健体的目的已然达到。正所谓"一场之上，来往穿梭，疾若飞车，矫若游龙，风吹衣袂，习习然而不知其为寒也"④。而作为娱乐性较强的溜冰运动，都市民众尤其女性在其间感受和制造的乐趣亦是无穷的。溜冰场中，女性结伴滑行时时常见，然而因技术欠佳或搭配不当，以致前后向扑地摔倒的事例常有发生，并引来其他人的欢笑。"美人夫妇二，双双作跳舞行。效之者颇有人。然女性不敢分配，则强其同性者而跳之。一人不愿，则追奔逐鹿，跌覆相循，视为乐事，莫不笑彼美人夫妇之多事也。"⑤

在竞技体育与学校体育中，女性的参与往往是在相关团体的组织和动员之下。而包括溜冰在内的大众体育娱乐活动中，大多数情况下女性的参与则体现为个体的行为。在这种由运动所营造的公共生活空间领域里，女性和男性一样拥有了同等娱乐与锻炼的权利。她们参与其中，不仅以"运动"的形式规训、塑造自我的身体，也同时享受着运动所带来的精神愉悦。

《北洋画报》对国外女性体育运动及户外活动、运动场景中的女性、女运动家典范、大众体育娱乐活动的报道与呈现，在推动女性参加体育运动方面，起到了一定的宣传与引导作用。从另一个意义上来说，体育的趣味化也通过画报媒体的报道让更多的读者和大众体会一二。这种趣味和娱

---

①王朗：《北海万国化装溜冰会纪盛》，《北洋画报》第156期，1928年1月18日。
②聊：《记南海化装溜冰会》，《北洋画报》第581期，1931年1月27日。
③同上。
④王朗：《北海万国化装溜冰会纪盛》，《北洋画报》第156期，1928年1月18日。
⑤同上。

乐，"正反映近代中国虽然经常处在内忧外患下，社会仍充满活力"①。女性身体通过运动达成健康之美也正在如《北洋画报》等报刊媒体的舆论引导之下，日渐成为社会的共识。

## 第三节　引入健美运动

健康与美丽的完美结合乃是身体健康美的最理想状态。随着各种体育运动及体育娱乐活动在中国社会的迅速发展，女性身体健康美的形象在报刊媒体中不断呈现。健康美越来越受到都市民众尤其青年男女的重视。从20世纪20年代末开始，"健康美"成了时髦的话语。②1930年6月5日，《北洋画报》刊出西洋摄影名作——"御风"（图3.40），展现给读者的便是西方妇女为获取健美身体而从事"美身"运动的一种形态。

图3.40 "御风"——西妇必需之美身运动③

---

①游鉴明：《媒体与近代中国的女子体育》，游鉴明、罗梅君、史明主编《共和时代的中国妇女》，洪静宜、宋少鹏等译，台北左岸文化2007年版，第358页。
②游鉴明曾指出，"随着运动竞赛日渐受到重视，以及传媒的不断宣传，'健康美'在1920年代后期成为时髦名词，有人认为健美与恋爱、离婚、自由婚姻一样能改变女性的地位"。见游鉴明《近代中国女子健美的论述（1920—1940年代）》，游鉴明主编《无声之声（Ⅱ）：近代中国的妇女与社会（1600—1950）》，台北"中央研究院"近代史研究所，第142页。
③《北洋画报》第481期，1930年6月5日。

不仅摄影记者捕捉健康美的图景，不少画家的笔墨也以崇尚健康美为贵。1934年12月，《北洋画报》在评价新派画作品时，以"健康美"来作比喻，"新派画则处处表现现实，笔笔结实，既无病态，亦不轻佻，比之今日所最崇尚之'健康美'，最为适宜。有此两特长——活泼与健康——然后乃成其所谓新派，然后乃能独霸南国画坛，然后一鸣惊人，震动秣陵，使萎靡画风为之一振。津门文化低下，无可讳言，一切唯北平之马首是瞻；吾知赵黄画展一开，当有振臂而起者，未必让南人专美于前也，余将拭目以俟之。"①

作者认为，新派画的显著特征就是活泼与健康之美。而用社会上所崇尚的"健康美"来比照绘画艺术的做法，某种程度上说明健康美已是都市民众审美的价值取向之一。

运动训练和体育娱乐活动都需要耗费较多时间，也需要女性走出家庭进入公众场所，不少都市女性便因此却步。为了鼓励和促使更多女性获得健美的身体，不少报刊媒体开始关注国外时兴的健美运动。"对健康美的提倡，使得女性从事健身运动成为符合美的理想的时尚"②。健美运动可以深入日常生活，方便女性在家庭中练习。20世纪20年代末，健美运动由欧美国家传入中国。1934年，上海兴起了健美之风。《申报》《时报》等报刊媒体对此大为宣传。同年11月，上海有声影片公司还上映了名为"健美运动"的影片，旨在"告诉女性健美底（的）重要，指示女士怎能够健美"③。很快，这股健美风气传到北方的京津等地。《北洋画报》自1935年起开始提倡女性健美运动。1月13日，影片《健美运动》在天津的河北影院上映。而《北洋画报》则在开演的前一天登出《健美运动》的剧照（图3.41）。

---

①笔公：《N字尾与健康美》，《北洋画报》第1176期，1934年12月6日。
②王儒年：《欲望的想像——1920—1930年代〈申报〉广告的文化史研究》，上海人民出版社，2007年，第241页。
③《时报》1934年11月16日。

图3.41 "明日在河北影院开演'健美运动'之一幕"①

剧照中的两个女子均着简洁的运动装束，身体的曲线暴露无遗。从两人对视交谈的神态来看，也许她们正在讨论健美的心得或方法等。而两人背对观众的情态，又似乎说明了她们尽管敢于在公开场合表现暴露、健美的身体，却仍有些含蓄的娇羞心理，因此她们不愿意直面观众。当然，这也可能是影片导演剧情安排的需要，抑或是《北洋画报》编辑的刻意选择。至少不管是影院的观众还是画报的读者，借此对健美运动尤其女子健美有了一定的了解。

署名"方"的作者翻译了德国勃兰诺博士所著的《健美运动》一书。自1935年7月至10月，《北洋画报》对其进行了三个多月的连载介绍。其中涉及推广健美运动的目的、推广对象及适合练习的妇女群体、妇女练习健美运动的必要性、练习健美运动的方法等。关于推广健美运动的目的和原因，1935年7月30日《北洋画报》刊出的《介绍〈健美运动〉序言》一文，首先指出尽管中国体育事业进步，但国人在体力、身体素质等方面仍远不及外国人：

> 去年远东运动会我国篮球代表队之人选，确为国内无敌之能手，但与他国较，则仍感体力不如人，其余田径等项，更无论矣。运动员犹如此，普通人更有鸡与肥鸭之差。以气息奄奄之身体与外人活力充溢之身体，处同一时代，欲求各种事业不失败，其可得乎？②

---

① 《北洋画报》第1192期，1935年1月12日。
② 方：《介绍"健美运动"序言》，《北洋画报》第1276期，1935年7月30日。

正因为如此，体育应多加倡导，而普及国民体育显得尤为重要。实际上据《北洋画报》记载，30年代初便有不少有识之士急切呼吁全民健身活动，《北洋画报》的创办人冯武越提出了推行国民体育的必要性和迫切性，"中国今日太偏重于学校体育，而置国民体育于不顾，孰非国家社会之利。是宜亟亟普及民众体育，俾养成全体国民之健全体魄，使人人皆有健全之精神，然后乃能造成健全的社会与国家。"①此文一经刊发，立即引起了社会各界的强烈反响。其中培才学校校长郝铭先生给《北洋画报》寄来《读了"国民体育应普及化"后的奋发》②和《太极拳问答》③两篇文章，号召大家组织起来，成立一个民众体育团体，弘扬一切有益身心的运动。对于中国的民众而言，这样一种运动无疑是必要的，"须有一开明与进步之传授，在时间与空间皆感缺乏之环境下，能有一种方法使各个人之身体之弱点改正，进而合乎健康标准健美"④。而健美运动便是能够满足上述需求的。1935年8月1日，《北洋画报》刊出的《〈健美运动〉原序》中讲到，健美运动属于家庭内的室内体育，它可以使体力与脑力得到均衡的练习和发展，"治疗神经与发展肌肉并重，成为舒畅筋派之艺术，其安卧之时间与活动相等，因此遂能练成一匀整之身躯"⑤。因而健美运动不但可以使一般柔弱之人健康，同时亦可增加其美丽。而反观户外游戏与跳舞，虽然都是运动，但不能令人满意，因为在作者看来，这些运动，"仅能使肌肉发达，别无益处"。⑥

然而普及体育并非易事，在"方"看来，"若言普及体育，则谈何容易？故仅择有可能性者，提倡之"⑦。而这个"可能性"就落到了女性身上：一方面，妇女之强弱，关系子孙后代的健康；另一方面与男子相比，妇女拥有很多闲暇时间。"妇女之强弱，关系未来国民之健康至钜，且妇女较男子为有余暇，故先倡导妇女体育"⑧。"方"进而提出健美运动的

---

① 武越：《国民体育应普遍化》，《北洋画报》第629期，1931年5月26日。
② 郝铭：《读了"国民体育应普遍化"后的发奋》，《北洋画报》第629期，1931年6月18日。
③ 郝铭：《太极拳问答》，《北洋画报》第644期，1931年6月30日；郝铭：《太极拳问答》（续），《北洋画报》第645期，1931年7月2日。
④ 勃兰诺：《"健美运动"原序》，方译，《北洋画报》第1277期，1935年8月1日。
⑤ 同上。
⑥ 同上。
⑦ 方：《介绍"健美运动"序言》，《北洋画报》第1276期，1935年7月30日。
⑧ 同上。

重点推广对象，不仅是女性，还应是"饱食终日，既不直接负经济之责任，而家庭劳作又有仆役足供驱使之妇女"。①因为她们一般都具有良好的知识水平和生活习惯，身体却又颇为娇弱，其"藉衣饰之摩登，亦殊难掩其骨头衣架也"。②这种智识与身体素质的反差不仅不利于个人，也会影响到国家和民族的前途，"以彼等为对象者，因彼等在民众中不失为优秀之份子，其知识道德、生活习惯，皆在水准以上，而身体适成反比例，其影响民族前途，非常重大"③。她们若能通过健美运动达成健美身体，不但使个人获益，而且健美之风的形成对整个民族国家"皆收莫大之裨益"④。而"方"将终日劳作之女性和在校就读的女学生排除在了推广对象之外，因为"前者限于环境所不许，后者有充分锻炼身体之机会"⑤。

为了使都市女性了解和投入到健美运动中去，《北洋画报》详细介绍了健美运动的练习步骤，刊登了表现女性健美姿势的图例50余幅。每幅图均配有动作要领、姿势要求等文字讲解，教授女性如何操作。这些健美姿势共分为8类，分别为：

（一）怎样使身体柔软——此为练习各部前之基础功夫，（二）腹部之运动，（三）胸部之运动，（四）背部之运动，（五）肩部之运动，（六）臀部之运动，（七）腿部与足部之运动，（八）项部之运动。⑥

在《北洋画报》所极力推荐的《健美运动》这本书里，对身体各部分的健美练习无不以达到健康之美为目的。以第一类"使身体柔软"的练习为例，"健美运动除获益甚多外，更能使习者之筋肉柔软与舒适。一切健美之增进，皆赖筋肉柔软"⑦，因为，"凡人习于终日不好活动之生活，则一切动作均将呆板，若长时间如此，则一举一动皆表现各种不美之姿态，终至关节呆笨，筋肉失去弹力。此种器官之呆板，且能形成心理上之

---

① 方：《介绍"健美运动"序言》，《北洋画报》第1276期，1935年7月30日。
② 同上。
③ 同上。
④ 同上。
⑤ 同上。
⑥ 方：《"健美运动"练习须知》，《北洋画报》第1278期，1935年8月3日。
⑦ 方：《"健美运动"之基础》，《北洋画报》第1279期，1935年8月6日。

病态衰弱症。"①再如腰部，作为身体的枢轴，苗条而柔软是美的标准，

"腰部柔软之获得，乃在作弯曲向前或向侧之运动，此种运动应与习者以身体伸长之感觉。如运动连续不断，动作即渐灵活。在运动时必呼吸匀停。此种运动之结果，常使人身体疲倦，因其伸展人之身体至一不平常之程度也。实则因此可增人体之抵抗力，改良呼吸。如能在日常生活中注意于改正腰部不良之姿式，更可增加腰部运动之利益。"②

各种姿势图例，画面清晰，说明详细，在解释应如何练习外，还提醒女性注意身体缺憾及用力的大小等。不仅如此，这一整套健美运动的办法对于女性来说，通俗易懂，简单易学，"随时随地皆可练习，……只须按照图片所示之姿式，择一平正之地，铺席于上，即可行之"③。

《"健美运动"练习须知》一文还建议女性练习前要细读图片，先行试验数次，最好对着镜子练习。初学者如无充分时间，可择8类中每类的前一二种姿势先行练习，然后由浅入深地逐步强化。每一姿式之练习时间，最长不要超过20分钟，快慢亦须适中。练习者也可以根据自己的时间安排练习，但最好选择清晨起床时，否则在日间清闲时或在晚间练习时亦可。不可否认，这种便捷、简单的健美运动，对于提高女性身体素质起到了很大作用。

为了更好宣传健美运动的效果，《北洋画报》还选登了世界各地表现健美的女性身体摄影照片。照片直观地展示出女性身体健康与美丽的结合。此时，明星往往能起到显著的宣传示范作用。1937年6月17日，《北洋画报》刊登"典臣"赠刊的世界摄影名作——"健身运动"（图3.42）；26日，又呈现出30年代著名影星陆露明女士正在进行健身运动的摄影照片（图3.43）。

---

① 方：《"健美运动"之基础》，《北洋画报》第1279期，1935年8月6日。
② 《健美运动第三类概说——腰部运动》，《北洋画报》第1288期，1935年8月27日。
③ 方：《"健美运动"练习须知》，《北洋画报》第1278期，1935年8月3日。

图3.42 "健身运动"① 　　图3.43 "影星陆露明女士之健身运动"②

　　图3.42表现的西洋女性聚精会神投入到健美运动中的姿态。图3.43中陆露明女士练习健美之时面带微笑，眼睛直视摄影镜头，似乎在向画报的读者传达健美运动所带来的健康和快乐。她们美丽身材的获得与她们长期坚持健美、健身运动密不可分。

## 小　结

　　在近代中国，通过体育运动实现女性身体健康与美丽的结合，有助于改变长久以来民众对于女性身体美的标准及其实现形式的认识。这自然有其特定的历史背景。女性更多地投入到社会生产中，也频频出现在各种社交场所。"原本只是男性消遣物的、被收藏的女性现在应时代要求必须走向社会"③。因此，女性拥有健康的体魄尤为重要，充满青春气息并自信的女性成了民众心目中的理想女性。"健康美"成为"运动"女性身体的目的，运动型的女性被推崇，广大女性被鼓励参加更多的运动。游泳、跳舞、溜冰、网球、高尔夫球等运动中的女性形象被媒介广为宣扬，她们既是美的追逐者，又是美的代表。

　　女性身体健康之美的获得，最大受益者自然是女性。然而，这一过程

---

①《北洋画报》第1569期，1937年6月17日。
②《北洋画报》第1573期，1937年6月26日。
③王儒年：《欲望的想像：1920—1930年代〈申报〉广告的文化史研究》，上海人民出版社2007年版，第222页。

却在相当程度上是由男性来主导的。男性公开关注女性的健康与美丽，并将其置于国家与民族的话语系统中。"从女人的运气中往往可以看出一个国家或是一个民族的文化阶段……女性的曙光，才成为文化的曙光。"①更有论者（润珊）直接指出，"与女子运动发动的国家相比，中国女性可称为是'东亚病妇'。女性的健康不但会影响国家的强弱，还会影响到未来的国民和民族的生存。因而女性必须在运动中体现健康之美。"②有学者甚至断言，"当时'强种保国'的观念使女子的运动不再单纯，它甚至是中国与其他国家在近代舞台竞赛的一项筹码。"③

女性身体健康美的诉求是一个被唤醒的过程。不少女性也感到迷茫，无所适从，甚至要付出一定的代价。正如有学者所述，在"小脚为丑、天足为美"观念下提倡天足，女性是实实在在的受惠者。然而放足也是异常痛苦的，放足过程中血液流通所带来的肿胀之痛远甚于缠足；有些女性则难以承受因缠足从"身份"与"时尚"变为"落后"与"腐朽"而产生的心理落差；而天足成为"时尚"时，缠足女子又面临着难以婚嫁的问题。这一切都要由女性来承担。④

然而，从女性在运动中追求健康美的过程来看，在很大程度上，与其说健康是运动的目的，还不如说是一种时尚。游泳、网球、高尔夫球、溜冰等运动兴起后，女明星和女运动员的运动与健康形象被不断宣传和塑造，成为美丽的代言人。出入这些运动场所既可得娱乐，又能拥有美丽。其实，运动过程与结果本身并不重要，重要的是它已是一种新的时尚。因而女性从事各种运动就是"对美的一种追求，一种对时尚的屈服，同时又是对美的一次展示，一次寻求承认的过程"⑤。这种时尚追求是对传统礼教束缚女性、压迫女性的一种否定，是女性努力体现自身价值的行为。

---

①无闷：《裸腿之类》，《大公报》1934年10月1日。
②润珊：《妇女的体育》，《妇女杂志》（北平）第1卷第1期，1940年9月，第31页。
③游鉴明：《媒体与近代中国的女子体育》，游鉴明、罗梅君、史明主编《共和时代的中国妇女》，洪静宜、宋少鹏等译，台北左岸文化2007年版，第342页。
④以上参见刘慧英编著《遭遇解放：1890—1930年代的中国女性》，中央编译出版社2005年版，第9页。
⑤王儒年：《欲望的想像：1920—1930年代〈申报〉广告的文化史研究》，上海人民出版社2007年版，第244页。

# 第四章　跳舞与近代中国女性身体的消费问题

消费文化作为资本主义商品经济发展的必然产物，是文化在消费领域的渗透与发展，是伴随消费活动而来的，表达了某种意义或传承某种价值系统的符号系统。①民国时期以来，中国沿海各大都市商品经济发展迅速，伴随而来的商业文明和消费文化浸润到都市社会生活之中。在消费文化兴盛的都市里，性别欲望的驱使促使着都市民众的消费转向——由对商品的消费转向对欲望本身的满足。女性身体被视为美丽、欲望的载体，女性的美特别是女性的身体美成为消费的筹码。消费女性似乎是男权与消费文化下顺理成章的事情，"男性中心意识与消费文化结盟，使得女性成为欲望最直接的客体"②。因而女性的身体遭遇到进入社会公共空间以来的莫大尴尬，其商品化的倾向愈来愈明显，往往置于被消费的境地③，成为被猎奇的消费品。正如波德里亚所说："身体被出售着，美丽被出售着，色情被出售着。"④

跳舞曾在近代尤其民国时期的都市盛极一时。一方面，现代西洋舞蹈进入中国，本土化的现代舞蹈也孕育成长；另一方面，作为重要娱乐与社交方式的交际舞，日渐流行起来，舞场、舞厅、舞女出现在各大都市。在此期间，女性身体一直是高度参与，而所透射出的消费与被消费乃至其他深层次问题，亦成为《北洋画报》等报刊媒体竭力关注的焦点。《北洋画

---

①郑力：《媒介传播中的消费文化》，《青年记者》2006年第14期。

②吴菁：《消费文化时代的性别想象——当代中国影视流行剧中的女性呈现模式》，上海人民出版社2008年版，第208页。

③参见许慧琦著《训政时期的北平女招待（1928—1937）——关于都市消费与女性职业的探讨》，（台北）《"中央研究院"近代史研究所集刊》第48期，2005年6月。作者在文中探讨女招待这一女性职业时提出"吃女招待"现象，即消费女招待的观点。

④[法]让·波德里亚：《消费社会》，刘成富、全志钢译，南京大学出版社2001年版，第147页。

报》以颇重的笔墨和大量的摄影照片及画作，呈现跳舞与女性身体，某种程度上充当起了读者乃至社会民众消费女性身体的桥梁和媒介。

## 第一节 舞蹈艺术下的女性身体

20世纪二三十年代，在中国的各大都会，以舞蹈艺术为主要内容的商业表演充斥剧场、舞场、影院等公共场合。从形式上看，不仅有西方国家派出的舞蹈团体，还有中国本土发展起来的商业性歌舞团体。同时电影银幕也成为中国民众了解、触摸舞蹈艺术的途径之一。这些舞蹈艺术的表演吸引了众多都市民众的目光，丰富了都市的文化生活。然而，无论西方歌舞团，还是中国的歌舞团，舞者均以女性为主。女性舞者的身体是舞蹈的载体，而舞蹈的核心便是女性身体的舞动所展示的美丽和独特魅力。在此，作为艺术的舞蹈把女性的身体推向观众。这既是女性走向公共空间的机会，又是男权社会和商业化行为包裹下女性的无奈。而《北洋画报》在将这一面貌以图文互观的形式呈现给读者之时，无疑又帮助读者实现了对舞蹈艺术之女性身体的间接欣赏，抑或可以说是间接消费。

### 一 西洋舞蹈下的女性身体

在近代，中国民众对于西洋舞蹈的接触，主要有如下途径，一是亲临现场，近距离欣赏西方舞蹈团及舞蹈家的来华表演；二是借助电影银幕展现西洋舞蹈元素。而图文互观的报刊媒体尤其画报，则帮助民众间接领略西洋舞者的风采。民众的观看与品头论足体现着中西文明碰撞下的文化形态。

（一）来华表演的西方舞蹈团体及著名舞蹈家

19世纪末期，欧美国家的舞蹈开始传入中国。进入20世纪以后，欧美国家的舞蹈团体到中国演出的次数和规模一直保持着上升的趋势，20年代时达到高峰，舞蹈类型涉及芭蕾舞、现代舞和外国民间舞等。[1]

就在欧美国家舞蹈团体和著名舞蹈家纷纷来华献技之际，《北洋画

---

[1]参见王宁宁、江东、杜小青等著《中国舞蹈史》，文化艺术出版社1998年版，第72页。

报》以提倡艺术为旨趣,捕捉和刊载其在华演出的情形。1926年10月13日,《北洋画报》发表了王朗自北京寄来的《观范德维尔歌舞团记》①。从王朗这篇观后记中可知,范德维尔歌舞团为菲律宾的一家歌舞团体。观看演出的,则主要为外侨和新派的中国男女,"中西人士,各居其半"②,与王朗相识的交际明星CC女士亦在座。王朗还对舞台上女性舞者的身姿、舞态进行了细致的描述:

> 有一美人,方临台翩翩而立,着舞衣,珠络四垂,映电光灼灼似流星,玉臂雪腿,上至腋而下至袴,一览无遗,莺簧初罢,舞态婆娑,舒臂若藕,织腰似柳,上下伸缩,蜻蜓之颈时复左右旋,玉跌应节不稍紊,上翘至首,横伸如三角,冶态烟视,娇躯媚行,一身白似三冬雪,尔腿肥如八月鹅,可以移赠之。……嗣乐之悠然而起,则女亦应韵重临,而舞衣各异,夺目生辉,电光中时复成五色,出入者再,衣层层如剥笋,直至鲛绡一袭,薄若蝉翼,则舞态更醉人。③

王朗不仅身临其境欣赏了女性舞者身体的舞动之美,诉之报端的文字还表露出其作为男性观者在观看、欣赏女性身体时隐秘的情欲想象。他不仅自己观看,同时也观察了其他观看的人们。在场的女性观众对于舞台上舞者身体的大胆表现并不排斥,却流露出羞涩的神态,"时场中中西妇女,宁多口吃吃露笑领,而双颊个个如苹果之酡矣"④。全场观众聚精会神观舞的场面也引起王朗的注意,"时全场鸦雀无声,目睒睒随舞态而上下左右,助以靡曼之声音,盖观者心亦不自持焉。殆翩然复入,众若不觉,方齐翘其首"⑤。

著名舞蹈家梵天阁女士和丝丽娜姐妹是20世纪20年代西洋舞蹈界的佼佼者。1927、1928年间,她们相继率领跳舞团体在天津、北京等地表演舞蹈,在大都市舞台上的精彩表演,带给都市民众一场场女性身体的视觉盛宴。

---

① 《观范德维尔歌舞团记》,《北洋画报》第28期,1926年10月13日。
② 同上。
③ 同上。
④ 同上。
⑤ 同上。

梵天阁女士长期居住在天津，故又被认为是天津舞蹈家。她舞艺精湛，不仅收徒教舞，还成立了跳舞团体。天津的平安电影院、天升电影院、大华饭店、皇宫电影院、光明电影院等公共娱乐场所都是梵天阁女士及其舞蹈团登台表演、献技的场所。1927年，梵天阁女士及舞蹈团在天津的舞蹈表演达到高潮。同年7月21日，《大公报》刊出梵天阁及舞蹈团表演跳舞广告，"梵天阁女士，绮年玉貌，舞学精深，在津授徒以百计，历在平安、天升等院及大华饭店献计，取费一元至三元，而观者无不争先恐后，本院以本期之电影特佳，为使观者格外满意起见，特重资敦聘，请其于电影之外，登场表演其跳舞绝技。此外并有其西洋女徒多人助演，并特别加增音乐，以助其兴，以尽其美，千载良机，幸勿错过。"①

而《北洋画报》则于七八月间追踪报道梵天阁女士及跳舞团在大华饭店演出的情形。7月2日，《北洋画报》以消息的形式发布梵天阁跳舞团在大华饭店屋顶花园的演出信息，"大华饭店今夕特约著名舞蹈家梵天阁女士及其女弟子，在屋顶花园献技，有霓裳舞、玉骨水肌舞、蝴蝶舞、璧采舞、埃及舞、西班牙舞等等，门票一元，以先定座为宜，迟恐无佳位也。"②其中不仅列举了所演舞蹈种类，也标明了门票价格，并敦促观众及早预订座位。7月16日的演出更是"一时座客云集，后至者均不得前席"③。可见这种现代舞蹈在都市社会的受欢迎程度。署名"斑马"的作者在《记大华观舞》的文章中，列举了梵天阁跳舞团的演出节目单，如"梵天阁舞团开幕，其节目为（一）云裳舞，（二）玉骨冰肌舞，（三）甲，埃及舞，乙，莎林舞，（四）蚨蝶舞，（五）璧采舞，（六）西班牙舞"④；同时披露梵天阁跳舞团再演的信息，"闻该饭店拟过一二星期后再约梵天阁舞团，演奏其最新编排之各种优舞美蹈，届时当另有番盛况也"⑤。《北洋画报》还将梵天阁女士及跳舞团的舞姿放大到都市民众面前(图4.1—图4.4)。

---

①《本院今晚电影演完后加演奇艳跳舞》，《大公报》1927年7月21日。
②《本埠小消息》，《北洋画报》第100期，1927年7月2日。
③斑马：《记大华观舞》，《北洋画报》第105期，1927年7月20日。
④同上。
⑤同上。

图4.1 "梵天阁跳舞团之埃及舞"①　　　　图4.2 "埃及舞"②

图4.3 "梵天阁女士之莎林舞"③　　图4.4 "今夕星期三又在大华饭店跳舞之梵天阁女士（西班牙舞化装）"④

  曼妙的舞姿带给置身现场的观众以视觉上的享受。在"斑马"的笔下，"梵天阁率领起舞，色彩缤纷、姿态婀娜"⑤；"（梵天阁）女士身轻如燕，手足又极矫捷，颇具飞腾之姿"⑥等。而通过画报，亦能使更多没有机会亲临现场的读者一睹为快。观舞者的目光不光停驻在舞蹈上，还借以欣赏女性身体之美。身为记者的"斑马"便是例证之一。"记者坐处，在大镜之后，而诸舞女亦以该处为临时后台，故得饱餐秀色，甚至赏

---

① 《北洋画报》第99期，1927年6月29日。
② 《北洋画报》第100期，1927年7月2日。
③ 同上。
④ 《北洋画报》第107期，1927年7月27日。
⑤ 斑马：《记大华观舞》，《北洋画报》第105期，1927年7月20日。
⑥ 斑马：《再观梵天阁演舞记》，《北洋画报》第109期，1927年8月3日。

鉴其曲线美，至其舞态之翩跹，在动人心目。"①

丝丽娜姐妹为波兰著名舞蹈家，专擅跣足舞，故又称"赤脚舞蹈家""跣足舞蹈家"等。1927、1928年间丝丽娜姐妹先后在天津的梦不来兮花园、大华饭店、皇宫电影院、光明电影院、春和戏院等演出西洋舞蹈，引起轰动（图4.5）。

**图4.5 本星期在大华饭店奏演跣足香艳舞蹈之丝丽娜姐妹**②

"斑马"在其9月10日的《观跣足舞记》中，大赞跣足舞易于表现女性身体美，"跳舞本为美丽的一种艺术。而跣足舞赤露四肢，更于舞蹈之际，表现人体美与肌肉美，故为跳舞中之最美丽者。"③而他对丝丽娜女士的评价则更显褒扬之意，"余往观数夕，深叹赏其舞术之精美……（女士）花容雪貌，玉骨冰肌，其姿容之佳，近来在津埠奏技之舞女，均莫能及。加以腰脚熟练。身手灵活，故其舞蹈精湛，亦远在近顷所见一班舞女之上"④。

1928年12月，在美国罗斯配其（Ruth Page）歌舞团和西班牙歌舞团来华表演之前，《北洋画报》对其进行了相关的介绍。作者"颖川"从介绍中国民众对现代歌舞的兴趣谈起，"吾国人士对于歌舞发生欣赏之情趣，实自葡萄仙子下凡始，至毛毛雨而热情益狂。一时歌舞之社，先后

---

①斑马：《记大华观舞》，《北洋画报》第105期，1927年7月20日。
②《北洋画报》第117期，1927年8月31日。
③斑马：《观跣足舞记》，《北洋画报》第120期，1927年9月10日。
④同上。

竞起"①。他进而认为西洋歌舞团纷纷来华演出便源于此,"西人之业斯者,以华人对于歌舞之倾向,景然风从,乃亦远涉重洋,投吾所好"②。为了赢得观众,记者亦对两大歌舞团的舞者给予一番阐释:

> 美国罗斯配其(Ruth Page)歌舞团……向献艺于纽约之演艺馆,主其事者为歌舞界资格最老之罗斯配其女士。此来偕行者,有绝代丽妹二人,及男子一人,均为在美国享有盛名之艺员。继罗斯配其之后拟来华者,有西班牙歌舞之后阿琴丽娜女士,女士姿容秀美,体态婀娜,为世所称,曩曾一度游美,博得不少好评,与罗斯配其大有颉颃之势。但欧西以春秋二季为歌舞季,故此两组,来春方能首途也。③

此外英国的华德歌舞团、美国的夏威夷十人歌舞团、俄国跳舞团等也相继在天津演出——1928年3月28日,华德歌舞团在天升戏院开演,"末幕花园中各舞女,均穿游泳衣,在电光下,可见其曲线之美"④;1929年5月夏威夷十人歌舞团先后出演于蛱蝶大戏院、新新电影院⑤;1930年3月底俄国跳舞团献技于光明电影院⑥,等等。

《北洋画报》对西方歌舞团及舞蹈家来华演出消息的报道中,对女性舞者的介绍主要集中于两点,一是其曼妙的舞姿,二是其动人的姿容。而《北洋画报》记者对女性舞蹈家演出的文字报道运用了大量诸如"姿容秀美""体态婀娜""花容雪貌""玉骨冰肌""曲线之美"等词汇,这种叙述无疑刻意引导着读者对女性舞者身体的想象,而不是舞蹈本身。

(二)电影银幕中的西洋舞蹈

而这一时期,都市社会中的电影银幕为西洋舞蹈艺术在中国的传播起到重要的作用,也成为展现女性身体舞动之美的途径之一。电影问世于

---

① 颍川:《行将来华之两歌舞团》,《北洋画报》第251期,1928年12月1日。
② 同上。
③ 同上。
④ 咏咏:《华德歌舞团初演记》,《北洋画报》第177期(第2张第1页),1928年4月7日。
⑤ 参见胡说《胡蝶胡珊之后又胡拉胡拉》,《北洋画报》第322期,1929年5月23日。
⑥ 参见《北洋画报》第450期,1930年3月25日;《北洋画报》第451期,1930年3月27日。

19世纪末，受技术方面的限制，早期电影是无声的，因而身体语言的表达就显得格外重要。于是舞蹈以其独特的肢体语言成为早期默片（即无声电影）的主要内容①。如1920年北京前门打磨厂福寿堂内第一次放映的外国电影中，就有"美人旋转微笑或着衣作蝴蝶舞"等舞蹈场面②。20年代有声电影出现以后，电影日益受到都市民众的喜爱。电影也成为中国民众了解和学习西洋舞蹈的途径之一。据记载，1926年上海百星大戏院放映的有声歌舞短片中，表现外国舞蹈的有音乐舞、芭蕾舞、西班牙斗牛舞、探戈舞、匈牙利舞、埃及舞等。③《北洋画报》也对电影屏幕所展现的西洋舞蹈进行了追踪报道。

1927年10月，为了迎合观众对跳舞的浓厚兴趣，新新电影院在播放完正片之后，加演著名跳舞家毛雷氏教授的"雀儿斯动舞"影片。正如记者所言，该影片对舞蹈有详细说明，容易学习，经过几次影片观摩，极易掌握。以至于"今日时髦男女，争相练习，两足扭转不已，以摹仿醉汉颠狂之态"④。10月29日，"斑马"的《记天升之"巴黎舞女"》一文在《北洋画报》刊出，报道了在天升电影院上映的名为"巴黎舞女"的影片。影片由美国第一国家影片公司推出，主角为美国女明星玛凯尔。影片开演之时，"斑马"亲临天升电影院。据他所言，影片情节没有什么特别之处，"片中情节，不甚曲折"，而对西洋舞蹈的展现则是极为吸引人的，"惟描写巴黎舞女（即玛凯尔所饰）之裸舞姿态，略为动人心目"。⑤新新电影院1928年上映的"神仙艳舞"一片，着力表现一位女黑人舞星白哥儿的舞态。同年11月6日，"斑马"在《记黑色舞星白哥儿》一文中介绍道，"白哥儿的舞态，我在新新电影院所演的'神仙艳舞'一片里看过，她的腿脚，非常柔软活动，……而她的腰部和臀部的圆活，更是动人心目。当她舞动得利害的时候，隔座一位太太说道：'喔唷，阿要恶淫！'又一老爷说道'这叫做屁股舞'，可见她的舞态"。⑥

天津的平安、皇宫、光明等各大戏院及电影院所上映的影片也多有表现西洋舞蹈者，相关的信息时常出现在《北洋画报》上。在这些展现西洋

---

① 王宁宁、江东、杜小青等：《中国舞蹈史》，文化艺术出版社1998年版，第72页。
② 同上。
③ 王克芬、隆荫培、张世龄：《20世纪中国舞蹈》，青岛出版社1992年版，第23页。
④ 斑马：《电影教授之雀儿斯动》，《北洋画报》第127期，1927年10月8日。
⑤ 斑马：《记天升之"巴黎舞女"》，《北洋画报》第133期，1927年10月29日。
⑥ 斑马：《记黑色舞星白哥儿》，《北洋画报》第240期，1928年11月6日。

舞蹈的影片中，女性舞者的身体和舞技，不仅为都市民众所津津乐道，也被不少都市女性模仿与学习。

### （三）"裸舞"

西洋舞蹈中的女性舞者多穿着大胆、暴露，本来私密的身体借舞动之机曝光于公开场合。这对于民国时期的都市民众而言，不啻"裸舞"。事实上，第一次世界大战后，西方国家的社会已呈日益开放之势，娱乐和消费渐次繁荣。而表现在舞蹈中，不仅大量展示女性身体，甚至开始加入了色情表演的元素。裸舞亦伴随着西洋舞蹈的涌入出现在中国都市的影院、戏院、饭店等公共娱乐场所。某种程度上，裸舞便是西洋歌舞团体在商业利益驱动下将女性身体视为卖点的舞蹈之一，满足着都市社会民众中暗涌的对于女性身体隐秘的窥视欲。

《北洋画报》展现西洋舞蹈的摄影照片中，不乏"裸舞"的题材（如图4.6—图4.7）。

图4.6 "巴黎流行裸舞剧中之一演者"[①]　　图4.7 "巴黎剧场后台所见其六"[②]

张英进的研究认为《北洋画报》对于女性身体的呈现，体现出"把女性身体作为艺术品呈现模式"[③]的旨趣。而《北洋画报》这种对女性舞者身体裸露的呈现，固然不能否认其追求艺术和美的宗旨，而对于读者来说，艺术至少不可能仍是唯一的目的。

---

① 《北洋画报》第191期，1928年5月26日。
② 《北洋画报》第267期，1929年1月10日。
③ 张英进：《中国早期画报对女性身体的表现与消费》，引自姜进主编《都市文化中的现代中国》，华东师范大学出版社2007年版，第59页。

第四章　跳舞与近代中国女性身体的消费问题

《北洋画报》的记者深入戏院、影院、饭店、舞场等，裸舞成为其观看、评判的内容之一。在他们的文字报道中，以1928年"斑马"的《正大光明殿中之裸舞》《明星裸舞记》等最为典型。《正大光明殿中之裸舞》出刊于1928年2月8日，此时正值春节，"斑马"前往春和戏院①观影。影片休息时间，"有美女跣足舞三幕"，舞者是前文提到的波兰舞蹈家丝丽娜女士，"丝丽娜仅于两乳及私处，蔽以绿色之轻绸。舞时更以五色电光映射，殊觉荡人心目"。②在"斑马"看来，这就是使人大饱艳福之裸舞了，"吾人不图正大光明殿中，乃获睹此春色撩人之裸舞。可谓大揽艳福矣"③。

《明星裸舞记》发表于1928年5月16日，为"斑马"两次赴明星电影院观俄国舞团表演之后所写。"第一次所观，最后一幕，舞女除妙风方寸之地略为遮掩外，两孔亦赤露垂荡，乳头且以胭脂作一红点。舞蹈时，乳亦摇动不已。观者亦为之心旌摇摇矣。但其貌殊不佳，舞亦平凡，或此为最新式之一种乳舞欤。……第二次所观，最后一幕为金身裸舞。其实亦可称全身裸舞，盖全身敷金，甚至下处（非北京人所称之下处），亦成黄金窟。而除金窟有黄带子封锁外，其余直是一丝不挂，故称为全身裸舞，未始不可。"④在这里，跳舞不再看重舞技，而是欣赏女性身体。姿色和裸露成了评价舞蹈的重要标准之一。因为"该舞团……技术远不及梵天阁与丝丽娜，姿容亦无一人能及丝丽娜者（梵天阁本系半老徐娘）"⑤，却也能"游遍欧美"。

"斑马"作为《北洋画报》的一名记者，"素喜观舞"，一直关注着津门的舞业。他1928年8月11日的《夏夜观舞记》、10月20日的《平安观舞记》等观舞文章中也发布了裸舞讯息。如"平安电影院，前聘到美国百老汇路著名两舞女……其裸舞之际，仪态纷陈，倏而两腿半分成一直线，使人咋舌不止，而又不免颇涉遐想，是真最能动人心目者矣。两女舞时，

---

①春和戏院建于1927年，位于天津法租界马家口福煦将军路（今滨江道）福厚里，由华中营业股份有限公司经理高春和投资建造，故取名"春和"。该戏院舞台设备精良，自1928年起，以演出京剧、电影、曲艺、杂技为主。
②斑马：《正大光明殿中之裸舞》，《北洋画报》第160期，1928年2月8日。
③同上。
④斑马：《明星裸舞记》，《北洋画报》第188期，1928年5月16日。
⑤同上。

其腰部之柔软，亦复使人心醉"。①他对裸舞的刻画，无疑使得《北洋画报》的读者在借舞蹈艺术欣赏女性身体时，更强化了情欲色彩。

除此之外，《北洋画报》还将更多的表现西洋舞蹈的摄影照片登出。这些摄影照片无一例外均为身材优美、舞姿极佳的女性舞者（图4.8—图4.12）。

图4.8 "婀娜（舞技名贵照片）"②　　图4.9 "美的曲线（德国舞星爱波）"③

图4.10 "柏林舞星瓦汉特之舞姿"④

---

① 斑马：《平安观舞记》，《北洋画报》第233期，1928年10月20日。
② 《北洋画报》第88期，1927年5月18日。
③ 《北洋画报》第309期，1929年4月23日。
④ 《北洋画报》第317期，1929年5月11日。

图4.11 妙舞翩跹（西洋女子之舞姿①）　　图4.12 西洋舞女"翩若惊鸿"之舞姿②

## 二　中国歌舞剧社及歌舞明星

中国的现代舞蹈，是在20世纪上半期对西方国家舞蹈吸收和借鉴基础上发展起来的。在西洋舞蹈团体和舞蹈家们纷纷来华之时，中国以现代舞蹈为核心的舞蹈团体或歌舞剧社也相继成立，并纷纷登台表演。歌舞剧社中的部分演员也成长为歌舞明星，活跃在都市社会的娱乐界。

曾经进入《北洋画报》视野的中国歌舞团体，先后有上海文学歌舞社、北平丁香社、明月歌舞剧社、梅花歌舞团、霞影歌舞团、集美歌舞剧社、冷燕社等等。这些歌舞团体并不为专一的舞蹈团体，而是音乐、舞蹈、话剧等均有涉猎。尽管如此，其发展和壮大仍代表了中国现代舞蹈艺术的成长，在社会上产生了一定的影响。

《北洋画报》积极追踪各地歌舞团体，还专门为来津演出的歌舞团体如明月社、集美歌舞剧社、冷燕社等开辟专页。明月歌舞社（简称"明月社"），1928年成立于北平，创办人和经理为近代中国的流行音乐先驱黎锦晖③。明月歌舞社在黎锦晖所办的中华歌舞专门学校的基础上成立，先

---

① 《北洋画报》第1012期，1933年11月16日。
② 《北洋画报》第1351期，1936年1月21日。
③ 黎锦晖（1891—1967），湖南湘潭人，现代音乐家。他以创作儿童歌舞剧和儿童表演歌曲而闻名，曾创办明月歌舞团，1949年以后，在上海美术电影制片厂担任作曲。代表作有歌舞剧《麻雀和小孩》、《月明之夜》、《小小画家》等。

后有"中华歌舞团""明月歌舞团""明月歌舞剧社"等不同称谓。黎锦晖擅长儿童歌舞剧和儿童歌曲的创作，故明月社"擅长新兴的城市娱乐节目，结合了小曲和舞蹈，以浪漫的歌曲和青春少女的娇艳形象出名"①。1930年4月，明月社在北京首次公演，随后奔赴各地进行商业演出。而就在这一年，明月社三度在津门演出。吴秋尘曾肯定明月社及黎锦晖对于中国现代歌舞的贡献，"就事论事，中国歌舞之萌芽，不能不承认生自明月歌舞团。中国新兴与歌舞之创造者，不能不属诸黎锦晖。……可贵者又初不在其歌之艳，舞之美，而在此种艺术教育之团体，为不多得也"②。正如黎锦晖本人在率明月社赴津演出时所讲的，"来津表演之意义，在使天津人知道中国人已有了歌舞剧，希望大家都爱护着这初萌的芽"③。吴秋尘还借用宗维庚之语对观看明月社表演的观众提出要求，强调歌舞之艺术性，"老友宗维庚君对记者言，参观明月歌舞团，应以看游艺会之眼光看，应以艺术之眼光看，却不应以普通看歌舞之看法看，诚为破的之论"④。

歌舞剧社通常以招揽并培养出色的女性社员为发展重点。如明月社重要的女性成员为黎莉莉、王人美、薛玲仙三女士，歌舞俱佳，后较为出色者又有徐来、赵晓镜、胡笳、王润琴、苏菲亚等。评判各歌舞剧社女社员的舞姿也就成了《北洋画报》持续不断的内容。如对明月社女社员的评论：

> 演员中之舞姿，当推薛玲仙女士，轻柔绰约，出之于不经意间，一举一动悉入化境，表情深刻，宜嗔宜喜，而黎莉莉以活泼取胜，苏菲亚以静婉见长，信所谓"四美俱"矣。⑤

再如1931年7月"珮瑛"对公演于天津的集美歌舞剧社女舞蹈演员的评说如下：

---

① 张英进：《中国早期画报对女性身体的表现与消费》，引自姜进主编《都市文化中的现代中国》，华东师范大学出版社2007年版，第65页。
② 秋尘：《介明月歌舞团》，《北洋画报》第474期，1930年5月20日。
③ 秋尘：《黎锦晖语录》，《北洋画报》第474期，1930年5月20日。
④ 秋尘：《介明月歌舞团》，《北洋画报》第474期，1930年5月20日。
⑤ 凌影：《记重见明月》，《北洋画报》第520期，1930年9月4日。

舞蹈技巧之最优美者，有陈丽英，陈丽玉，何丽珍，潘丽娥，潘丽娟诸女士，尤以陈丽英女士为杰出人才。一富天下而有刻苦修养之舞蹈家也。女士风姿美秀，体格健康，"壮美"二字，当之无愧，静止时凝端如石像，舞蹈时活泼如飞蝶，其擅长之舞蹈有漫舞，佩佩舞，梅舞等，均本人之创作。关于流行之却尔斯登，西班牙舞，及水手舞，亦均能之，其他潘丽娟及陈佩玉女士之却尔斯登，则以姿势多，变化繁，动作速见长。潘丽娟女士之红玫瑰舞，腰腿尤见工（功）夫，何丽珍女士及潘丽娥女士之爵士舞，则以狂放、热烈、高速、尖锐诸点胜。①

不仅如此，她们舞台上优美的舞姿也以摄影照片的形式公诸画报。仍以明月社为例（如图4.13—图4.15）。

图4.13 "明月歌舞团之'小小画眉鸟'"②

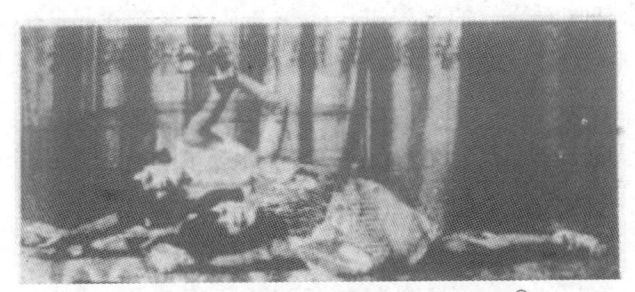

图4.14 王人美女士与苏菲亚女士之舞姿③

---

① 珮瑛：《集美之舞》，《北洋画报》第656期，1931年7月28日。
② 《北洋画报》第513期，1930年8月19日。
③ 《北洋画报》第520期，1930年9月4日。

图4.15 "明月歌剧社歌舞表演最精采（彩）之几幕"①

图片之中的这些朝气蓬勃的少女演员，身着无袖上衣和短裙或短裤，做着挥臂、踢腿、弯腰等肢体动作，呈现出令人赏心悦目的身体画面，给观众和读者以美的享受。都市社会娱乐中，舞蹈之美大致有二，一是舞之美，二是舞者之美。然而消费文化日益浓厚的都市里，观舞之人往往更着意于舞者之美。

这一时期众多的歌舞剧社是制造明星的梦工厂。明月社之黎莉莉、王人美、薛玲仙、徐来等，30年代成长为蜚声全国的明星，得以出演电影、受邀参加各种慈善游艺会与茶舞会等。1930年12月黎莉莉女士参加了沈阳西湖别墅举行的辽西水灾急赈会之时装跳舞会。在记者眼中，她的舞装突出了其美丽的身体，"所御之茜衫，缀以彩色片子，高领长裙，薄如蝉翼，亦为陈自出匠心制以赠黎者，愈足以衬出黎之绝姿也"②。而其赏心悦目的舞姿更深受赞誉，"黎翩翩起舞，舞姿极好，大概颇似天鹅舞，有数身段（即弯腰），更属难能，全场掌声雷动，邀请重舞之声不绝于耳，黎乃于盛誉中出场矣"③。

从积极的意义上说，在舞台中女性舞者的身体之美是通过衣着和舞姿来展现的。舞台之上，她们衣袂飘飘，尽情绽放身体的轻柔之美。而女性舞者的舞姿自然是舞台的焦点。她们之所以成为受人瞩目的明星，最主要的便在于其高超的舞技。舞蹈中如折腰与劈叉等动作，尽显女性身体的柔

---

① 《北洋画报》第520期，1930年9月4日。
② 杂：《莉莉舞》，《北洋画报》第561期，1930年12月9日。
③ 同上。

若无骨。其动感之美，更给人以视觉的冲击和享受。因此，观众也发出由衷的赞叹："黎莉莉由平来，服极时式之晚服，由主办人请其当众表演西班牙单人舞，黎履高跟鞋，地板极滑，于演折腰及劈叉两种姿势时，能不滑倒，可见其技之稳练。"[①]女性舞者通过舞蹈艺术不但在观众那里获得成功，建立"功名"，还为其他女性树立了榜样，成为时尚的引领者。

总之，《北洋画报》以亦图亦文的形式，不遗余力地追踪、报道中西舞蹈团体和著名舞蹈家，介绍、评判电影银幕中的西洋舞蹈，以及刊出大量舞蹈摄影照片等，体现了画报推崇艺术之宗旨——向中国的都市民众传播西方的舞蹈艺术与文化，并为建构中国本土的现代舞蹈发挥媒体宣传作用。而在此之外，又折射出中国视觉艺术文化的一个重要层面——女性舞者的身体成为画报刻画、评判的对象。不管哪种形式，女性的身体是舞蹈的载体，舞蹈的核心是女性身体舞动所展示的美丽和独特魅力。女性的身体不自觉地在民国都市文化中起着重要作用。观众所期待与关注的，不仅是对舞蹈的艺术鉴赏，舞者身体在舞台上构建的这种特定氛围也成为一种美妙的视觉享受。而都市民众对于女性舞者身体的欣赏，则掺入了大量的情欲想象。这不能不说是社会变迁中女性身体遭遇的尴尬。

## 第二节　交际舞的繁荣

交际舞也是西方文化的产物，最初由西方国家的民间舞蹈转化而来，久而久之成为西人习以为常的社交和娱乐形式。近代以来，随着西方殖民者强迫在中国开辟通商口岸和划定租界，越来越多的外国人开始居住在中国。他们在将本国生活习俗带入中国的同时，也将交际舞引入了进来。1850年11月，侨居上海的外国人第一次在华举行交际舞会。而之后的半个多世纪，在"严男女之大防"的传统观念下，交际舞并不被中国的民众所接受，仅在在华的外国人和少量与外国人有较多接触的中国官员、买办中流行，交际舞会也只在使馆区或租界举行，主要形式是私人宴请宾客的娱乐活动。这种局面发生转折是在五四新文化运动以后，传统道德礼教

---

[①]《辽灾时装舞会拾零》（上），《北洋画报》第561期，1930年12月9日。

遭到空前批评，西方文化、生活及娱乐方式得到提倡。因而，到了20世纪二三十年代，在西洋舞蹈艺术传入和中国现代舞蹈发展之时，交际舞亦风行于上海、天津、广州、北京等大都会。与以表演为主的舞蹈艺术不同，交际舞是社交娱乐的一种重要方式。中国商人成立专供跳舞的场所、学习跳舞的学校，不但使跳舞普及化和商业化，而且使跳舞成为颇具商机的娱乐消费行为。一时间，舞会与舞场成为都市社会民众的趋之若鹜之地。李欧梵在其都市文化的研究中，强调了中国人欢迎和热衷交际舞的态度，"尽管社交舞，就像赛马一样，绝对是一种西方习俗，在19世纪中叶由上海的外国人介绍进来，但它并没有阻止中国人热烈地拥抱它，把它视为时尚"[1]。

而在交际舞被都市民众所知、产生向往、进而热衷的过程中，报刊媒体的舆论导向作用不可小觑。《北洋画报》作为一份繁衍于都市社会的画报媒体，对于交际舞的推介可谓不遗余力。它不仅直观而具象地披露了大量的交际舞业讯息，更在某种程度上见证了天津、北京等都市交际舞业的繁荣。这无疑也构成了民国时期都市社会的一大消费景观。

## 一 交际舞的推广

要使女性的身体能够在舞场中妙舞翩跹，首先就必须具备娴熟的交际舞舞技。对于大多数的都市民众来说，交际舞毕竟是新鲜事物，"跳舞不光是一种社交，也是需要认真研究的一门学问"[2]。因而在交际舞被都市民众所知、产生向往、进而热衷的过程中，媒体所发挥的作用是极为重要的。《北洋画报》在推介交际舞方面可谓不遗余力。

观摩歌舞表演中的交际舞步是学习并掌握交际舞的重要方式。事实上，西洋的女舞者们在演出过程中，也融入了很多交际舞尤其舞步、舞法的讯息。1926年7月24日，《北洋画报》报道起士林屋顶花园的西洋女子跳舞团"跳琴"（时天津有称跳舞为"跳琴"之说），"上星期六（即1926年7月17日，作者注）之夕，暑气凌人，热不可耐，因于晚食之后，约同侪数辈，赴起士林屋顶花园纳凉焉。是夕适到有西洋女子跳舞

---

[1] 李欧梵：《上海摩登：一种新都市文化在中国（1930—1945）》，毛尖译，北京大学出版社2001年版，第29页。

[2] 同上。

团者"①。而跳舞团中身为"领袖"的女舞者，为观众表演了"华尔思"舞，"华尔思者，盘旋舞也，非体能轻盈者，不克以尽头其美，是又较'狐步'为难，所以人恒不喜之。但领袖以地位关系，不得示弱于人，因起而舞焉。石头以千钧之重，焉能旋转如意，领袖固无可奈何，则亦惟有作简单步舞，或趋前，或退后，或横行三步，间或集以'登高'之舞步，是则诚领袖聪明之处。"②其中，"华尔思""狐步""登高"等均为欧美国家流行的交际舞。

为了让读者更加直观了解交际舞，《北洋画报》还刊登了美国男女舞者跳交际舞的图片（如图4.16）。

图4.16 "美国新式交际跳舞'花冷夕'之一斑"④　　图4.17 "美国新式之颠狂舞"③

图4.16在表现"花冷夕"跳舞法时，为男女搭配起舞的姿态，并附文字说明："花冷夕跳舞，系美国最近所发明，其舞法与'狐步舞'（Fox Trot）及'两步舞'（Two Step）颇相类。"⑤固然舞姿的优美带来视觉的欣赏与享受，而形象化的示范也有助于中国民众的模仿、学习。而由这些舞法的介绍与评判中，也不难发现，表演性、美观性、技术性是交际舞的主要特征。女性身体在交际舞中所展现出来的美丽也源于此。

显然，舞步是否美观也是记者评判的一个重要标准。因为身体的舞动之美，才是吸引民众的噱头。观众在对歌舞团演出现场的观摩，以及读者

---

①龙父：《起士林屋顶花园观"石头"跳琴纪》，《北洋画报》第6期，1926年7月24日。
②同上。
③《北洋画报》第65期，1927年2月26日。
④《北洋画报》第66期，1927年3月2日。
⑤同上。

在对画报媒体详细报道与点评的阅读中自然增加了对交际舞舞步的熟悉。《北洋画报》在介绍新式交际舞舞步时，也不时借记者之笔予以品评。1926年8月7日，记者"龙父"以《舞话》为题，分别对"华尔思""狐步""登高"等舞步加以品评："近日盛行之跳舞，有狐步舞(Fox-Trot)，是为两步舞之一种……。惟妇人效牛马飞后脚，且有时双足在地上东摇西摆，若摸索失误者然，则殊不雅观耳。三步之华尔思舞（Valse）甚美，本不难，然舞者易疲乏。故乐简者恒不喜之。至四步之登高舞（Tango）本阿根廷国国舞，屡经变易，近复盛行，能之者甚妙，抑又较华尔思尤难，宜乎为粗暴者所弗取也。"[1]在这里，"龙父"对几种舞步的点评中，显然批评文字更多。再如图4.17，"颠狂舞"实际为美国所发明的一种交际舞"却理司敦"（Charleston）。"却理司敦（Charleston）乃美国发明的一种交际舞，现在也盛行到中国来了；其实是抄袭黑人的跳舞，丑陋异常，殊不雅观。妇女舞之，更觉轻佻可耻。如今美国又发明什么胡拉却理司敦式的跳舞，这就是一个榜样，能说不是世风堕落的明证么？"[2]

由上述两例品评可知，在两位记者看来，女性舞动的身姿是丑陋和有失雅观的，甚至是女性轻浮的表现。女性身体的大胆表现和个性张扬饱受批评，既代表了部分民众的观点，更主要是反映了记者在报道中的主观评判。但是无论如何，记者的描述与品评对于都市民众多方面地认识交际舞是有帮助的。

学习交际舞的最好场所，应该是专门教学交际舞的学校或社团等。随着交际舞的广泛流行，许多商人看到了推广交际舞的商业价值和利润，纷纷成立学校和相关机构，传授并帮助民众掌握交际舞的技巧和要领。1931年1月至3月间天津意租界福乐丽舞场在《北洋画报》刊登的广告中，披露了该舞场附设跳舞学校、教授交际舞的信息，"欲留青春，请学跳舞。福乐丽舞场附设跳舞学校，教授新式交际舞"[3]。1932年，天津的名舞星王冰莹亦联合外籍女士教授交际舞，并于12月在《北洋画报》大作宣传，"学交际跳舞者注意——兹有名舞星水艳仙子王冰莹女士及西女士，专教授家庭团体狐步、旋转、汤沽（探戈）等等舞，请驾临至法中街十七号房

---

[1] 龙父：《舞话》，《北洋画报》第10期，1926年8月7日。
[2]《北洋画报》第65期，1927年2月26日。
[3]《北洋画报》第575期，1931年1月13日。

接洽为荷。"①位于法租界老西开教堂的摩迭尔跳舞学院由中国人创办、中国人担任教师。其1935年11月在《北洋画报》刊登广告，"华人教授交际跳舞，男女兼收——欲学标准之跳舞姿势及新奇步伐士女们，速请到敝学院一试。本校是中国人设立的跳舞学校，言语畅达，讲解明白，使学者容易心领意会，并有简章备索。学费普通班每月五元，速成班每种课程六元，时间日夜均可。"②此外，1936年7月前后，"国泰影院后，尚有一国人开办之跳舞学校，生意尚佳。闻天升之庄君，亦有设立一处之意"③。为了给舞场输送新鲜血液，不少舞女在进入舞场之前，也时常被舞场经营者送到舞蹈学校集中培训。1934年《北洋画报》报道，"上海舞女新进跳舞学校造就者，近来达百分之五十。预计明年必增加一半新人物"④。

20世纪30年代初，北平出现了专门教授交际舞的狐狸社，创办人为司空华。1930年10月2日，《北洋画报》刊出狐狸社教授交际舞的照片（图4.18）。

**图4.18 北平狐狸社之"汤娥（探戈）舞"**⑤

照片附有文字说明，"上右为狐狸社指导者谢德心君与黎宪初女士。下左为狐狸社主干司空华与黎锦文女士"⑥。黎锦文、黎宪初两位女士，均为热衷学舞的在校大学生，也是司空华的高足。狐狸社的创办，可以说

---

① 《北洋画报》第869期，1932年12月13日。
② 《北洋画报》第1323期，1935年11月16日。
③ 均夷：《十年来之天津舞场》，《北洋画报》第1422期，1936年7月7日。
④ 《曲线新闻》，《北洋画报》第1162期，1934年11月3日。
⑤ 《北洋画报》第532期，1930年10月2日。
⑥ 无聊："北平狐狸社之'汤娥舞'"，《北洋画报》第532期，1930年10月2日。

是应都市交际舞之风而兴的，"北平舞风盛行后，因社会间不能舞者居多，于是以教跳舞为事之狐狸社遂应运以生"①。

《北洋画报》的"曲线新闻"版块里，还经常登载一些家境殷实之人延聘跳舞教师、学习交际舞的"软新闻"，如"【本市】某要人夫人，近延跳舞教师数人，每晚练习于各舞场"②；"【本市】某工程师近由某律师介绍一俄籍跳舞女教师，学习跳舞，进步颇速"③。

学习者有男有女，他们/她们学习交际舞的愿望，主要也为了追求时尚或者能在社交场合中派上用场。而"点对点"的教授，有助于取得良好的效果，尽快掌握交际舞。

由于交际舞是一种西式的舞蹈种类，因此在天津的教习跳舞者中，外籍人士占据了一定数量。1936年7月7日，《北洋画报》在对10年来天津舞场的回顾中讲道："尚有津市教舞者，首为英人狄来斯父女，长住裕中饭店中，早年舞客多出彼父女之传授。此外另有俄人布洛托夫，齐那可夫，及常出入'金船'之一日籍青年等，三人之门墙桃李，亦不在少数。现'平安'对过，即有一俄妇以此为业。"④可见，此时教习交际舞者已经走向职业化。

## 二 舞会与舞场

交际舞在中国的传播离不开侨居租界的外国人。他们在租界开办各种形式的舞会，设立舞场，如20世纪20年代初天津的起士林在其屋顶花园附设跳舞场⑤。与外国人交往日益频繁的现实和中国人对现代文明向往的倾向，使得交际舞逐渐打破华洋界限。较早接触交际舞的留学生对国外的娱乐生活具有切身体验，欧美民众所喜爱的交际舞也被其在"西方文化皆先进与文明"的话语下接受并热衷。他们回国后，也仿照外国人组织跳舞会。1927年1月，天津留美同学会举行化装跳舞大会，《北洋画报》记者亲历之后，大发感慨："华人跳舞，除留学界外，能者甚鲜，是以华人组

---

① 无聊：《记狐狸之舞》，《北洋画报》第532期，1930年10月2日。
② 《曲线新闻》，《北洋画报》第1301期，1935年9月26日。
③ 《曲线新闻》，《北洋画报》第1556期，1937年5月18日。
④ 均夷：《十年来之天津舞场》，《北洋画报》第1422期，1936年7月7日。
⑤ 龙父：《起士林屋顶花园观"石头"跳琴纪》，《北洋画报》第6期，1926年7月24日。

织之化装跳舞会，更属罕见……今者留美同学此举，洵称盛事……"①顾维钧夫人、周子廙夫人等亦曾发起跳舞大会②。她们因丈夫的关系，有国外生活的经历，成为较早接受交际舞的女性。此后以赈灾、游艺、慈善、社交等各种名目举办的化装跳舞会、茶舞会、时装舞会贯穿《北洋画报》的始终，如"津市中外士女最感兴趣"、一年一度举办的"联青夜化装跳舞大会"、1930年辽西水灾急赈委员会发起的"辽灾时装舞会"等。

然而最早出现的各种舞会，主要用于外交或政界人士的社交活动，参加者多为社会名流和各国宾要。当然，舞姿优雅的社会名媛也频频现身舞会。舞会的主办方也主要是学校、园游会、私人或政府机构，这类舞会的性质是非营利性的。即使到了20世纪30年代，各种非营利性的交际舞会仍然广受欢迎。这类舞会的组办是临时性的，主办方仅仅聘请乐队，由来宾自带舞伴，参与者包括外侨、富商、政客、文人学者以及青年学子等。前来舞会的客人一般着装正式，"男性彬彬有礼，女性则端庄典雅"③。跳舞之外，来者亦可观舞、闲谈。如1936年12月10日，《北洋画报》报道了于同月8日晚万国新闻业会在天津回力球场舞厅举办的联欢会。主办方万国新闻业会宴请在津的中外各界人士，与会的有170多人，"有各国正副领事，驻军司令，各租界工部局长，警务处长等；国人除张市长派潘玉书秘书代表，李公安局长，北宁铁路陈局长等因事未到外，他如刘家鹭司令，北宁路总务处长关衍麟，特二区主任曹权，河北省府乐秘书，市府陆秘书，英工部局李汉元处长等均到"④。

中国人自办舞场的出现，为都市的社会交往与娱乐增添了新的重要公共场所，尤其受到追逐新潮的女性的欢迎。随着商品经济的发展和营利心的驱使，一些商人在其所经营的饭店、公司等附设舞场，或单独设立舞厅。1936年7月，《北洋画报》记者均夷总结了1926年至1936年十年来天津的舞场概况，也回顾了天津营业性舞场的历史：

　　津市之有舞场，远在十三四年前，而始于平安饭店，按

---

① 《留学同学化装跳舞大会纪》，《北洋画报》第55期，1927年1月15日。
② 同上。
③ 许慧琦：《故都新貌——迁都后到抗战前的北平城市消费（1928—1937）》，台北学生书局2008年版，第326页。
④ 四方：《记万国新闻业会之联欢会》，《北洋画报》第1489期，1936年12月10日。

即今国民饭店旧址。后平安饭店被焚,继有天津饭店(中街实德饭店旧址早已不复存在),起士林楼下(夏日迁楼上屋顶),利顺德。惟各舞场皆为附设性质,旋设旋止。后起者为大华饭店屋顶,国民饭店,西湖饭店等。同时小规模之舞场,则有福禄林(永安饭店之旧址)、梦不来兮及特一区之露天舞场Jasi-Garden("加斯戛登",并无中名)。光陆亦一度设舞场。此时为一大阶段,即舞客多为贵公子,名闺,及缙绅阶级,纯为交际舞。此后中原巴黎舞场开幕,首置舞女,遂为"交易舞"之滥觞矣。此五年前事也。继巴黎而后者,为新明楼头之月宫,规模较小,旋改组为卡尔登,营业仍无起色,遂停止。同时日人在寿街设金船舞场,则以日舞女为号召。再后特三区之天升,义租界之福乐丽相继开幕,为十年中之鼎盛时期,前岁冬天升奉令停业。未几,福乐丽又以赔累倒闭闻。今春天升复业,但不久又奉令停业。卡尔登旧址又改为樱花。特一区又有加利奥加、北平舞场等数家,新近天升又复业,光陆电影院楼头新设一圣安娜舞场,再加以回力球场原有之宴舞厅(无舞女,须自带舞伴)。日租界除金船、樱花外,尚有日人开设之较小舞场二处。现在舞场家数如此。①

　　从上述报道中可知,天津的营业性舞场始于1922—1923年间的国民饭店(即平安饭店)。其后,天津饭店、起士林西餐厅、利顺德饭店、大华饭店、西湖饭店、福禄林大饭店等均附设舞场。最初的舞场随跳随设,带有临时性质。饭店设立舞场自然是为了招揽更多的顾客,舞场则给客人提供了声光与娱乐相结合的消遣乐趣。舞场的目的仍是以交际、联谊为主,跳舞则是都市民众茶余饭后的休闲娱乐活动。到了1931年,随着巴黎舞场的开张,专门的营业性舞场大量出现在都市社会,消费性的舞女群体也出现并逐步壮大。

　　舞场的出现,无论是附设在饭店中的舞场还是专营性的舞场,都吸引了大量的都市民众趋之若鹜,而其中女性尤为踊跃。《北洋画报》对此也进行了全面的报道。1927年2月12日,天津福禄林大饭店附设的跳舞场

---

① 均夷:《十年来之天津舞场》,《北洋画报》第1422期,1936年7月7日。

便是一个典型例证："自跳舞场开幕消息传播后，津门仕女，每夕联袂而主者极众，尤以上星期六（十九日）为最，后至者几不得座。来宾以华人居大多数，洵空前未见之华人跳舞场也。"①福禄林大饭店之跳舞场，不仅每晚均有跳舞，随后又开始不定期举办化装跳舞大会。如4月5日的化装跳舞大会，据《北洋画报》记者所称，"千头攒动，五色纷缤。观者目眩神迷，男女踵接肩摩，洵盛会也"②。而参加者有"著名之苏佩秋，小凌波，倪将军姨太太，段(xia)将军之女公子等"③。继之而起的大华饭店、国民饭店等开设的跳舞场亦吸引了众多都市民众前往。

距离天津较近的故都北平，亦在《北洋画报》的辐射范围。北平的舞业风行略晚于同处北方的天津，"北平自今春（1930年）以来，跳舞风气大开。中央中国华北各饭店，先后添设舞场，招人承办"④。北平各饭店也在饭店中增添了舞场，吸引了市民的踊跃参与。《北洋画报》还介绍了这一时期北平的交通舞场⑤、地处城南的舞场⑥等情状。1930年4月21日，北平《新晨报》报道了交通大饭店开设舞场的消息：

> 北平市内，近来舞风甚炽，举市若狂，各饭店之舞场，相继而起。近闻王府井交通大饭店内，亦将开设跳舞场，以为竞争。该场系学界中人承办，设备方面，颇为新颖，并不售门票，添设消夜，以为号召。⑦

为了保证经营，促使更多的客人，尤其是男子前来舞场娱乐与消费，各大舞厅除了增添设备、改善舞场环境、提高服务外，还竭力想尽各种措施和办法。1934年底，上海跳舞场因市面不景气，营业一度受到影响。于是该舞场便时常以新奇花样来吸引舞客，"有选后者，有举行时装表演者，有送茶点者，有赠台钟台灯者"⑧。其中，舞女是各舞场招揽生意的

---

① 愚：《福禄林跳舞场记》，《北洋画报》第65期，1927年2月26日。
② 阿木林：《观福禄林化妆跳舞会记》，《北洋画报》第78期，1927年4月13日。
③ 同上。
④ 华：《故都舞潮》，《北洋画报》第441期，1930年3月4日。
⑤ 无聊：《北平交通舞场重张观光记》，《北洋画报》第516期，1930年8月26日。
⑥ 无聊：《舞场记秘》，《北洋画报》第526期，1930年9月18日。
⑦ 《交通舞场增聘妙女》，北平《新晨报》1930年4月21日。
⑧ 《曲线新闻》，《北洋画报》第1178期，1934年12月11日。

核心要素。而为扩大营业、提升知名度，各舞场更是做足舞女文章，其中之一便是经常举办各种评选舞女、舞后的活动，奖励获奖的舞女。1936年6月和10月，巴黎舞场两次选举跳舞皇后。参与竞选的女士，均艳装而来，给现场观众带来了美的视觉享受，以致舞场上"坐无隙地"。①同年12月15日，天津圣安娜舞场举行1937年新装大会，邀请中外名人做评委，吸引了大量都市民众前往。选举结果为："朱尚柔女士，得第一奖（朱乃参加西湖饭店时装表演后，到该场跳舞者）奖品为大银鼎一个。第二奖为该场舞女沈美丽所得，奖品为银杯一具。"②新装大会借用舞场来举办，无形中有助于扩大舞场的社会影响。

而在舞场上，舞女的美貌和舞姿是吸引舞客的亮点；舞女也频繁地参加都市社会所举办的各种联谊、娱乐活动；舞场之外的其他公共场合，舞女的特殊身份与美丽姿容亦能引起民众关注的目光。与电影明星、名媛、贵妇一样，日渐壮大的舞女群体，尤其红极一时的舞星也成为这一时期时尚潮流的引领者。舞场通过各种评选活动，促使舞女脱颖而出，更加吸引了都市民众尤其男性前来驻足观看与消遣。

## 三 禁与不禁

作为西方文明和娱乐形式之一种的交际舞，尽管受到新派人士的热烈追捧，却又不可避免遭到传统伦理和道德教化的抨击。以天津为例，交际舞繁荣初现之时，一场由社会名流所发起的禁舞风波迅速掀起。左玉河曾以《大公报》为主体资料探讨这场跳舞与礼教之争③，《北洋画报》亦对此进行跟踪报道。1927年5月至7月间，《北洋画报》发文12篇，从中可以洞悉禁舞风潮中各派的观点。代表传统的社会名流固守"男女之大防"，谴责女性跳舞时"其（指女子）身体发肤，亦不以亲近男子之身体发肤为耻"④的行为，甚至他们认为跳交际舞类同于男女苟合，"男女偎抱，旋转蹲踢，两体只隔一丝，而汗液之浸淫，热度之射激，其视野合之翻云覆

---

①四方：《巴黎舞场选后记》，《北洋画报》第1425期，1936年7月14日；四方：《天津小姐》，《北洋画报》第1467期，1936年10月20日。
②《圣安娜新装大会》，《北洋画报》第1491期，1936年12月15日。
③参见左玉河《跳舞与礼教：1927年天津禁舞风波》，《河北学刊》2005年第5期。
④《请看关于打倒跳舞运动的一篇妙文——公致李赞侯书》，《北洋画报》第89期，1927年5月21日。

雨，相去几何？"[1]可见社会名流们将跳交际舞视为与中国伦理道德水火不相容之物。针对名流们所说的跳舞之鄙，赞成跳舞者则认为跳舞是文明的行为，跳舞之举"往往在大庭广众之中，则自无秽亵之可能；且名流或有不知：交际跳舞，自有其一切礼仪规则，非可以胡来者。是以西国宫廷宴会，亦视跳舞为重典，则其非诲淫之具可知"[2]。而作为报刊媒体的《北洋画报》则表现出支持交际舞的倾向性，并对社会名流们认为必须遵循的礼教加以批判，"至开口便说'男女授受不亲'，此种初世纪的老腐败的话，居然也搬出来唬人，试问男女果然授受不亲，则人们究竟如何出的来！"[3]

　　天津的禁舞风波，声势浩大，实际作用却微乎其微。跳舞之风不仅没有禁止，反而日盛。如福禄林饭店"为休息式之停舞数日外，与跳舞运动之本身初未发生丝毫影响，且以气候的关系，各处露天跳舞且踵兴而日臻昌盛，斯更为'禁舞运动'暗淡之现象矣"[4]。特别是不少舞场开设在租界内，倘若禁舞，事必牵涉外国人。因此天津地方当局并不热心禁舞，而任由交际舞在津发展。西方文明和外来思潮影响以及传统道德礼教严重式微的局面，促成禁舞风潮最终以失败而告终。此后，民众逐渐对跳舞的热情也由最初的好奇变为迷恋，更加促进了跳舞的流行。"大华饭店占有屋顶花园之优势，其拥挤自不待言"，"国民饭店，自设露天跳舞池以来，其沿电车道之墙上，亦'挂'满'民众'，偷看妙舞，如蛾附火，如蚁附膻……此名流禁舞所激励之热潮也欤？"[5]到了30年代，跳交际舞更加流行，增设多家舞场，舞星也如繁星般地出现。1931年，中原公司的巴黎舞场开幕，"首置舞女，遂为'交易舞'之滥觞矣"[6]。之后，月宫、日租界之金船舞场、特三区之天升、意租界之福乐丽相继开业，达到抗战前天津跳舞业的鼎盛时期。[7]

　　1933年北平市长袁良为维持风化和社会稳定计，颁布禁舞举措，命社

---

[1]《请看关于打倒跳舞运动的一篇妙文——公致李赞侯书》，《北洋画报》第89期，1927年5月21日。
[2]诛心：《禁舞运动评议》，《北洋画报》第90期，1927年5月25日。
[3]同上。
[4]钟吾：《禁舞运动之现在与将来》，《北洋画报》第94期，1927年6月11日。
[5]诛心：《禁舞运动的尾声》，《北洋画报》副刊第7期，1927年7月27日。
[6]均夷：《十年来之天津舞场》，《北洋画报》第1422期，1936年7月7日。
[7]同上。

会局和公安局下令:"北平市所有之华洋人等设立之舞场……自八月五日起,以后永远不准雇佣中国舞女,违者即予禁止营业。"①闻此举措,在北平的中国籍舞女陷入失业的担忧之中,而对应之策之一便是,"其稍具姿色舞艺较佳者,纷纷离平"②。天津距北京较近的地理优势,促使她们多流向天津等地。因而,袁良此举固然造成北平舞业一度受阻,却某种程度上促进了天津舞业的发展。天津的各大舞场面对蜂拥而至的北平舞女,采取择优聘用的策略。禁舞期限未到之时,已有北平舞女延聘至津,"北平舞女李爱莲等四人,闻平当局将禁止中国舞女伴舞,失业危机在即,遂应天津中原公司楼上巴黎舞场黄经理之聘,于上月二十八日来津"③。此后陆续有北平舞女转入天津各大舞场。天津的巴黎舞场还为新聘自北平的舞女大开欢迎会,"自北平禁舞后,所谓舞星,不能立足,纷纷来津,平市为业驱雀,巴黎遂纳其较佳者,闻星期六夕该场特开盛会,专为欢迎由平来之明星数颗云"④。另据《北洋画报》所载,袁良迫于压力卸任北平市长之后,北平的舞业逐渐成复兴之迹象,"袁氏下台,禁令顿弛,舞场于时遂渐复兴。除原有之三星中外各老舞场外,白宫亦于前月复业"⑤。

而为了弱化人们对交际舞及舞场的负面印象,《北洋画报》以提倡高雅艺术为名,积极塑造交际舞高尚娱乐的形象。该画报的记者亲赴平津各大舞场,观察舞场百态,并将所拍所闻所感诉诸报端。他们在亲临舞场后,对交际舞场如何保持高雅、高尚数次提出建议,如曾建议限制妓女进入舞场,"设法防止中西娼妓以及带有娼妓色彩的人物,混入其中"⑥,以便维护声誉。这既体现出交际舞不可逆转的时代性和现代性,也表现出《北洋画报》在传统与现代交融的社会局面下,以提倡高雅艺术为名,积极塑造交际舞高尚娱乐形象的努力。在报刊媒体的宣传鼓噪之下,中国人对交际舞的态度,发生了由不熟悉到熟悉与接受,再进而成为日常社交和娱乐需要的巨大转变。交际舞也仍亦步亦趋融入都市文化生活,成为都市民众社交与休闲娱乐的重要选择之一。

---

①《曲线新闻》,《北洋画报》第966期,1933年8月1日。
②林:《平市舞女演大起解》,《北洋画报》第1014期,1933年11月21日。
③《曲线新闻》,《北洋画报》第967期,1933年8月3日。
④金羽人:《楼头观舞记》,《北洋画报》第969期,1933年8月8日。
⑤雨虫:《故都之白宫舞场》,《北洋画报》第1441期,1936年8月21日。
⑥愚:《福禄林跳舞场记》,《北洋画报》第65期,1927年2月26日。

## 第三节 舞女——消费女性身体的案例

在消费文化背景下,营业性舞厅的建立催生了舞女群体的出现和壮大。消费舞女便成了30年代以来舞厅心照不宣的内容。不少男舞客进入舞场在相当程度上是基于对舞女身体的欲望驱使。虽说这时的舞场雇佣舞女,除了陪舞客跳舞之外,也有表演舞蹈的部分,但即使是后者,也是为吸引顾客,而非单纯艺术的展现。舞场中最具消遣价值和目眩神迷的就是穿着迷人、姿态妖娆的舞女。[①]跳舞的过程中,舞客与舞女之间不可避免地会有部分的身体接触,这使得传统社会"男女授受不亲"的规条荡然无存。前往舞厅的男子所要消费的,不只是跳舞本身和美妙的舞曲,还直接消费了舞女的身体。舞女性感而暴露的身体、相对开放的两性态度愈加挑起男性舞客的欲望。"舞厅被摩登男子视为认识异性的绝佳场所,舞女无疑成为吸引男性顾客赴舞厅跳舞的金字招牌"[②]。

### 一 画报视野下的舞女群体呈现

舞厅的商业化和营利性特质,促使其不断探索扩大经营的策略。而诸多策略中,首推舞女的设置。"舞女是服务于跳舞场中,以陪伴客人跳舞为主要工作内容的新兴妇女职业。"[③]舞女的舞动之美是吸引男性消费欲望的砝码。20世纪30年代的舞厅,大多依靠舞女招徕舞客。而舞厅设置舞女用以招徕顾客,本身就是一种将舞女置于被消费境地的行为,这也正是舞女这一职业所具有的消费性。

一般说来,姣好的容貌、诱人的身材、优美的舞姿是舞女能够在舞厅站住脚或拥有一席之地的资本。舞女作为一项职业,收入一般较高,有没有受过教育并无大碍,只要容貌、体态尚佳便可。20世纪30年代,中国如上海、天津、北平等都市的舞场中已经集聚了一个数目庞大的舞女群体。

---

[①] 许慧琦:《故都新貌——迁都后到抗战前的北平城市消费(1928—1937)》,台北学生书局2008年版,第321页。
[②] 同上。
[③] 同上。

据马军在《1948年：上海舞潮案——对一起民国女性集体暴力抗议事件的研究》一书中考证，到1937年，上海市已经有各类舞场50多家，职业舞女则多达2000多人。这些舞女群体中，文化素质较低，一半以上为文盲。①天津的各大舞场也有较多的舞女，如1934年，巴黎舞场舞女人数最多时达到30余人②；1936年6月天升舞场（即欧林匹克舞场）开业时，俄籍舞女约六七人，中国舞女约10人。③

舞女的来源具有多样化的特征。交际舞的国际化背景使我们不能忽视外国人在华的大量存在。在中国舞女群体出现之前，外籍舞女已在舞场中开始了伴舞生涯。外籍舞女甚至妓女始终充斥于很多舞场之中。外籍舞女多以俄籍为主，这与俄国十月革命后，大批俄国没落贵族逃往中国有关。他们所带财物挥霍殆尽后，不得不想方设法维持生计，其中不少俄国女性踏入舞场、甚至沦为妓女。如1927年10月《北洋画报》报道："特别一区某跳舞场，其中皆俄妓跳舞。"④天津的天昇、巴黎、福乐丽等均可寻到俄籍舞女的踪迹。日籍舞女亦有不少。除巴黎等舞场外，位于天津日租界的金船舞场，所雇佣舞女多以日籍为主。⑤

许多年轻且颇有姿色的中国女子也由于各种原因加入了舞女的行列。如出身贫寒、亟须养家糊口的女孩，是舞女群体的重要来源之一。"她们都是一班没有机会受教育的失学女子，平均的教育程度是初小三年级不到，可是家中都有寡母、弱弟等"⑥。随着越来越多的中国本土舞女的加入，中国舞女后来居上，超过外籍女子逐渐成为舞女的主体。"外籍舞女虽多，究不合华人旨趣，其舞票收入当有逊色。"⑦进入舞场后要在职业舞女中崭露头角并非易事。所谓的舞星特别是红舞女基本在头等舞厅中产生，那里的设备和各种条件均堪称一流，前来捧场的舞客中不少也有一定的地位。舞女从小舞厅跃入二三流舞厅，再到头等舞厅需要多年的磨炼，舞技、谈吐应酬、排场乃至衣饰都非新舞女所能应付。红舞女是舞场的

---

①马军：《1948年：上海舞潮案——对一起民国女性集体暴力抗议事件的研究》，上海古籍出版社2005年版，第15页。
②壮哉：《舞场近事》，《北洋画报》第1162期，1934年11月3日。
③《记欧林匹克跳舞场》，《北洋画报》第1410期，1936年6月9日。
④《小消息》，《北洋画报》第133期，1927年10月29日。
⑤不平：《金船舞场拉杂谈》，《北洋画报》第1003期，1933年10月26日。
⑥嘉谟：《舞女及舞厅（1）》，《申报》，1946年10月30日。
⑦雨虫：《故都之白宫舞场》，《北洋画报》第1441期，1936年8月21日。

摇钱树,因此其收入和待遇自然非一般舞女所能及。"各场之舞女为数甚多,其中佳者,舞票之收入,竟月达千余元。"[1]她们的收入除了舞场老板给的薪酬外,还有源源不断的舞客们的赠予或小费。

舞女一旦成名,不但被舞客争相追捧,也受到报刊媒体的追踪报道。据统计,荣登《北洋画报》封面的舞女、舞星不下40余人次,而刊于画报二、三版的舞女照片数量则难以计数。《北洋画报》能够进入《北洋画报》特别是封面的众多舞女中,无一例外均为姿色、体态、舞技绝佳的"红舞星"。1936年7月7日"均夷"的《十年来之天津舞场》一文,回顾了天津的知名舞星:

"自有舞女来,胡曼丽,笑忆,实为巴黎开山之祖,初舞技均欠佳。及平袁市长禁舞,舞女相继来津,著名者为王宝莲,董慧君,张丽丽等;后分为平津两派,平派以王宝莲为首领,津派则以胡曼丽为首领,选举舞后之时,竞争尤烈,王宝莲卒当选。后王宝莲嫁人,胡遂以老牌舞星称雄矣。最近天升重张,邀来沪上舞女不少,以邓爱娥为最美,号召力颇强。"[2]

其中尤以胡曼丽、邓爱娥等舞星在《北洋画报》曝光频率颇高(图4.19、图4.20)。

**图4.19 "本市巴黎舞场舞星胡曼丽女士"**[3]

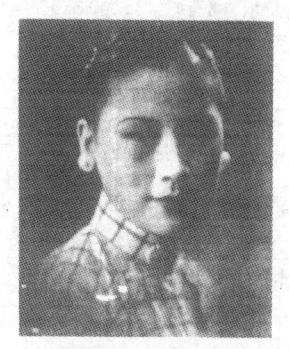

**图4.20 "本市天升舞场舞星邓爱娥女士近影"**[4]

而从表4.1中,可以得知胡曼丽的摄影照片在《北洋画报》出现达14次;而邓爱娥在短短半年时间,就5次出现在画报版面上。

---

[1] 四方:《北平舞场之今昔》,《北洋画报》第1373期,1936年3月14日。
[2] 均夷:《十年来之天津舞场》,《北洋画报》第1422期,1936年7月7日。
[3] 《北洋画报》第1202期,1935年2月7日。
[4] 《北洋画报》第1411期,1936年6月11日。

表4.1 《北洋画报》胡曼丽、邓爱娥肖像照刊登一览表

胡 曼 丽

| 序号 | 标题 | 期号 | 版次 | 时间 |
|---|---|---|---|---|
| 1 | 由沪来津之著名舞星曼丽女士 | 第217期 | 第2版 | 1928年9月1日 |
| 2 | 沽上著名舞星胡曼丽近照 | 第950期 | 第2版 | 1933年6月24日 |
| 3 | 本市巴黎舞场三舞女（郝爱娜、胡曼丽、王玉君） | 第998期 | 第2版 | 1933年10月14日 |
| 4 | 本市巴黎舞场三舞女（徐丽丽、郝安娜、胡曼丽） | 第1080期 | 第2版 | 1934年4月26日 |
| 5 | 郝安娜、胡曼丽、徐丽丽三舞女掇菜图 | 第1083期 | 第2版 | 1934年5月3日 |
| 6 | "到民间去"的巴黎舞场三舞女（徐丽丽、郝安娜、胡曼丽） | 第1083期 | 第2版 | 1934年5月3日 |
| 7 | 舞女徐丽丽、胡曼丽、郝安娜之村姑装 | 第1087期 | 第2版 | 1934年5月12日 |
| 8 | 舞星徐丽丽、胡曼丽、郝安娜生活写真（汽车中小酌） | 第1088期 | 第2版 | 1934年5月15日 |
| 9 | 本市巴黎舞场舞女郝安娜、胡曼丽 | 第1098期 | 第2版 | 1934年6月7日 |
| 10 | 本市巴黎舞场舞星胡曼丽女士 | 第1202期 | 第1版 | 1935年2月7日 |
| 11 | 本市巴黎舞场舞星胡曼丽女士像 | 第1221期 | 第1版 | 1935年3月23日 |
| 12 | 本市巴黎舞场舞女胡曼丽试骑自行车 | 第1233期 | 第2版 | 1935年4月20日 |
| 13 | 参加联青夜之巴黎四舞女（胡曼丽、林幼幼、郝幼娜、林莉莉合影） | 第1310期 | 第2版 | 1935年10月17日 |
| 14 | 巴黎舞场舞星胡曼丽女士赠影 | 第1422期 | 第2版 | 1936年7月7日 |

邓 爱 娥

| 序号 | 标题 | 期号 | 版次 | 时间 |
|---|---|---|---|---|
| 1 | 由维也纳来津之舞女邓爱娥 | 第1410期 | 第2版 | 1936年6月9日 |
| 2 | 本市天昇舞场舞星邓爱娥女士近影 | 第1411期 | 第1版 | 1936年6月11日 |
| 3 | 天昇舞场舞星邓爱娥女士赠影 | 第1422期 | 第2版 | 1936年7月7日 |
| 4 | 今晚起到巴黎舞场伴舞之舞星邓爱娥 | 第1487期 | 第2版 | 1936年12月5日 |
| 5 | 本市巴黎舞场之四舞星李娟、邓爱娥、月妃、张弟弟 | 第1496期 | 第2版 | 1936年12月26日 |

该表根据《北洋画报》制作。

巴黎舞场是20世纪30年代天津著名的舞场，除胡曼丽、邓爱娥之外，红极一时的舞女还有徐丽丽（笑忆）、王小妹（王宝莲之妹）、郝安娜、高安娜、钱桂芳、梅玲、陆秀兰等。她们均在《北洋画报》上留下了倩影。天升、圣安娜等舞场的红舞星们亦荣登《北洋画报》。1930年和1935年《北洋画报》还分别刊出了天津樱花舞场、巴黎舞场的舞女合影（图4.21、图4.22）。

第四章　跳舞与近代中国女性身体的消费问题　195

图4.21 "本市樱花舞场全体舞女最近合影"①

图4.22 "中原公司巴黎舞场于二十四日开幕伴舞舞女之一部"②

《北洋画报》不仅罗致舞于津门舞场的舞星玉照，对于上海、北平、青岛等地的舞星亦给予了较大的关注。上海的舞后梁赛珍（1934年被评选为舞后）及姐妹四舞星、北平白宫舞场的舞后邱曼丽（1936年7月当选）、青岛舞星陈美珍等知名舞星的照片多次刊登于《北洋画报》（图4.23—图4.26）。

图4.23 "一九三四年舞后梁赛珍近影"③ 　　图4.24 "沪上舞星梁家四姐妹"④

---

① 《北洋画报》第461期，1930年4月19日。
② 《北洋画报》第1199期，1935年1月29日。
③ 《北洋画报》第1130期，1934年8月21日。
④ 《北洋画报》第1223期，1935年3月28日。

图4.25 北平白宫舞场于七月三十一日　　图4.26 青岛舞星陈美珍女士近影①
新选出之舞后邱曼丽女士②

红舞星从舞场走向都市民众的生活世界，成为读者阅读和品评的对象。舞业的繁荣和舞星声名的鹊起，促使从事其他行业的女性流向舞业。透过这份画报媒体，我们发现，既有从影星转为舞星者如梁赛珍③（上海），也有女招待改任舞女，"中原游艺场某女招待，改任巴黎舞场舞女"④，更有来源于妓女者，如"窑变之舞女小凌波"⑤及"舞女在交通（北京交通饭店舞场）最红者，当属由妓而影而舞女之L女士"⑥，甚至妓女兼做舞女，"妓女兼做舞女之两栖动物，在津市舞女中现可知者，巴黎有一二位"⑦。由此可知舞女身份的复杂化和多元化，而身体消费则是其职业的特性。

为了保持或体现舞女的消费价值，吸引舞客的兴趣，就《北洋画报》对平、津等地舞场的介绍来看，舞女这一消费性职业呈现出较为明显的流动性。具体为：本地舞厅多延聘外地舞女，舞女在同一城市的流动亦属常事，本地舞女更有被聘至外地者。如1930年北平交通舞场重新开张之际，延聘广东舞女⑧；1936年8月，天津的巴黎舞场为整顿营业，"将现有之

---

① 《北洋画报》第1518期，1937年2月18日。
② 《北洋画报》第1436期，1936年8月8日。
③ 宗：《梁赛珍将吃官司》，《北洋画报》第1107期，1934年6月28日。
④ 《曲线新闻》，《北洋画报》第1357期，1936年2月6日。
⑤ 厥人：《北平之化装跳舞忙》，《北洋画报》第585期，1931年2月5日。
⑥ 同上。
⑦ 《曲线新闻》，《北洋画报》第1432期，1936年7月30日。
⑧ 无聊：《北平交通舞场重张观光记》，《北洋画报》第516期，1930年8月26日。

舞女酌量'编遣',并派员赴沪,另约伴丽"①;同月北平的白宫舞场开幕,舞女"系聘自哈尔滨、东京、上海、青岛、汉城等埠"②。频繁更换舞女成为舞场维持营业、扩大客源的重要手段。舞场雇佣舞女采取订立合同的方式,合同时间一般都不会太长。合同期满,舞女多会转向其他舞场甚至外地,舞场也多会另外选聘新舞女。而1933年北平市长袁良的禁舞举措亦曾引发舞女大量流向天津。这种流动性,从消费角度来讲,避免了舞客的审美疲劳,使他们在步入舞厅时不断有新奇和刺激的期待。

在近代国家民族解放话语的带动下,中国女性尽管获得了更多地参与社会生活的机会,然而,男权为中心的意识形态仍在存在。性别关系的不平等同样在舞女群体中有鲜明的体现。在舞场中,舞女以陪客人跳舞为职业,只有博取男子之欢心才能保证收入。因而她们的工作虽然光鲜亮丽,但是这种谋生方式却并不容易。在舞女较为紧缺时,很多舞女都要长时间地连续工作,"舞女终日在场中伴舞,凡洗面、更衣、吃饭、裁制衣服,均在舞场中办理"③。而为了应付各舞场中人满为患的舞客,许多舞女往往要一天之内奔赴几个舞场,"常于马路上,见艳装之少女,穿高跟鞋,朱唇红颊,坐黄包车,往来于途,盖皆舞女之往来于各舞场者也。……一般舞女兼差于二三舞场,午舞于甲,夜舞于乙,除少数有名之舞女定有合同外,多半皆能随时来场伴舞"④。舞女通过身体的舞动来为男性提供消遣和娱乐,其身体有如商品一样陈列开来,形成一个"人肉市场"⑤。此时舞女的身体已被深深打上了商业化烙印。

## 二 消费舞女

《北洋画报》的编辑、记者们带着猎奇的心理踏进京津都会的各大舞场,评判舞女,观察舞场里男女共舞、舞女待舞、舞客与舞女调情的形形色色。画报媒体由此以男性的视角,以舞女群体情态为基点,介入了消费文化与两性关系的变奏之中。

简而言之,消费舞女就是以舞女为对象而进行的消费行为,舞女不

---

① 《曲线新闻》,《北洋画报》第1444期,1936年8月27日。
② 雨虫:《故都之白宫舞场》,《北洋画报》第1441期,1936年8月21日。
③ 吾耶:《游沪杂记》(六),《北洋画报》第1402期,1936年5月21日。
④ 同上。
⑤ 笔公:《南游杂记》(续二八),《北洋画报》第910期,1932年7月28日。

是消费的主体，而成了被消费的对象，即消费的客体。在商品经济环境和消费文化之下，舞客与舞女首先表现为消费与被消费的关系。舞客进入舞厅，首先要购买门票。门票的价格不等，且随着市场行情而上下波动，从《北洋画报》中所反映情况来看，1931年国民饭店自从聘请一非洲歌舞专家来捧场后，门票则涨至两元[1]；1933年巴黎舞场为半元；1935年北京饭店屋顶跳舞，平日不售票，星期六每人门票五角[2]；也有不少舞厅不收门票，如1931年上海的黑猫舞场。[3]

舞客进入舞厅后，既可以选择观舞，也可以加入舞动的行列。他们可以随意挑选中意的舞女，与之共舞，乐毕则散开。每次起舞时间随音乐而定，大约为两至三分钟。舞女则坐于乐台之前或舞池四周，一字排开，静候顾客前来。1935年3月5日，《北洋画报》的一帧照片再现了舞场舞女待舞的情形（图4.27）。红牌舞女则待在场外的休息室，等待舞客邀请时才出场。

**图4.27 舞场中舞女待舞之一刹那**[4]

舞客若要和舞女舞上一曲，需要购买舞场的舞券，以付给舞女。各大舞场舞券的费用也不尽相同，即使是同一舞场舞券也和门票一样，随着市场行情而调整。一般而言，舞券的价格基本维持在一元三张，一张舞券可与舞女跳舞一次，即一元可跳三次。从《北洋画报》中可知，1934

---

[1]《曲线新闻》（一），《北洋画报》第614期，1931年4月21日。
[2]《曲线新闻》，《北洋画报》第1261期，1935年6月25日。
[3] 香槟：《上海的黑猫舞场》，《北洋画报》第579期，1931年1月22日。
[4]《北洋画报》第1213期，1935年3月5日。

年新开业的天津卡尔登舞场、1936年的白宫舞场，一元均可跳四次。①在舞场淡季，舞券的价格则较为低廉，"至普通舞场则多由一元三跳而改为五六跳，甚有至九跳者。最近某家舞场更有二元通宵，共计可跳至四五十次之多者"②。在一些小舞场中，由于条件设备的简陋，舞女档次不及大舞场，舞券的价格更为低廉，如上海ABC等小舞场每元舞票十六张，还免费奉送茶点。③而上海供应社舞场，则打破大舞场按跳舞次数收费的常规，推出按时计费的办法，"每小时仅需一元，四元伴舞一夕，可跳几十次"④。此类舞场由于低廉的价格，也吸引了不少来客。这对其他舞场也是一个不小的冲击。另外，有些舞场的舞券价格不但随着整个市场行情变化而变化，同一天的不同时段也有差异。如上海某一舞场，"舞票十二时至二时每元八张，二时至七时每元五张，七时至十二时每元三张"⑤。舞票改价时，由侍者通知舞客，仍可继续跳下去。

男舞客只需付出一定数量的舞券，便可获得与舞女共舞的机会。对于舞客来说，接触舞女身体，"得一次肉感"是非常值得的。1928年，孙传芳来到天津，曾在某饭店观看跳舞，神情极为专注，眼露奇异之色。有人问他对跳舞的感想时，他答道："跳舞纯为引起男女间性欲之行径。"⑥由此可见，在舞女性感穿着与大胆动作的刺激下，舞客难免不会在跳舞之时产生占舞女便宜的念头。甚至舞客与舞女在跳舞之中，"吻与吻接，直为常事"⑦。

如若招舞女陪坐，则有开香槟酒之说，舞场称之为坐台。香槟酒的价格可谓不菲，以天津巴黎舞场为例，每瓶七到十数元不等；同时还要送给舞女至少五元以上的舞券。⑧在上海，"沪地风行'座台子'，即招舞女到顾客之座中传酒伴舞，如有熟人，则舞女不进香槟酒，普通一盏饮水，即可伴座通宵，散场时给以舞券一二十元，已即面子十足矣"⑨。舞客出

---

① 壮哉：《舞场近事》，《北洋画报》第1162期，1934年11月3日；雨虫：《故都之白宫舞场》，《北洋画报》第1441期，1936年8月21日。
② 《曲线新闻》，《北洋画报》第1178期，1934年12月11日。
③ 吾耶：《游沪杂记》（六），《北洋画报》第1402期，1936年5月21日。
④ 吾耶：《游沪杂记》（五），《北洋画报》第1401期，1936年5月19日。
⑤ 吾耶：《游沪杂记》（六），《北洋画报》第1402期，1936年5月21日。
⑥ 乐天：《孙馨远之跳舞观》，《北洋画报》第168期，1928年3月7日。
⑦ 无聊：《舞场记秘》，《北洋画报》第526期，1930年9月18日。
⑧ 金羽人：《楼头观舞记》，《北洋画报》，第969期，1933年8月8日。
⑨ 香槟：《上海的黑猫舞场》，《北洋画报》第579期，1931年1月22日。

钱购得美酒、消费佳人，舞女则帮助舞场销售高价的香槟，为自己挣得可观的小费。而这一过程均以舞女销售自己的身体为代价。舞客在舞场中消费舞女，使不少人联想到嫖客在妓院消费妓女，相比后者而言，消费舞女似乎更为简便，"若一入院（妓院），即掷三角三分三，而欲搂抱一妓女，不可得也；惟舞场中能之"①。而不少舞女都是半路出家，从妓女改行而来，也有一些本身就是妓女，舞女只是兼职而已。"下六时许，青楼中者，皆相继离去。当其伴舞时，即告舞客，谓将下场回家，舞客即须速为结算舞票云。"②部分妓女的客串或加盟，更加增添了舞女的开放性以及交际舞的色情成分。

在舞场中，也有不少舞客意不在舞，而仅在与舞女的身体接触或满足某种欲望。如"有一老翁初入此乡，既不能跳，更不会舞。于是强拉舞女坐其膝上，叫他喊他为'我的爱'，愿以十本舞券为酬。舞女忸怩不肯，掌柜从旁怂恿，于是这一场交易居然作成。娇滴滴的一声'我的爱'，使那老头神魂飞越，情不自禁地站起来抱了舞女乱蹦一阵"③。以十张舞券坐拥一舞女并换来舞女一声娇滴滴的"我的爱"，代价不可谓不小。在这里，舞客消费的不是跳舞，而是舞女本身，甚至是借舞女达成其对女性身体的欲望想象与满足。

也有一些前来消费的舞客既不搂抱舞女起舞，也不叫舞女坐台，他们来舞场的目的在于观看舞女起舞。从外表来看，舞女一般腰肢婀娜，穿着性感，在各色灯光的映照下更显一种朦胧与迷离之美，其或隐或显的身体更能勾起观舞者的想象。"舞女装饰，无甚奢华奇异，远逊沪上，惟舞姿亦多妖冶者，耸臂摆腰，颇尽肉感之能事，况衣又开至股腰间，舞时双腿掩映，确实动人。"④有些舞女的穿着则更显暴露，全身裸露部分较多，如北平交通舞厅"由妓而影而舞女之L女士，着黑舞女一袭，乳以上除有两根背带外，余皆赤裸，故每场皆有顾主"⑤。这样神秘而迷人的身体景象自然给观舞之人极强的挑逗。舞女与其他舞客在舞场上紧紧相拥而舞，男舞客经常做些猥琐的小动作，一对对男女耳鬓厮磨，随着音乐左摇右

---

① 金羽人：《楼头观舞记》，《北洋画报》第969期，1933年8月8日。
② 吾耶：《游沪杂记》（六），《北洋画报》第1402期，1936年5月21日。
③ 无聊：《舞场记秘》（续），《北洋画报》第528期，1930年9月23日。
④ 金羽人：《楼头观舞记》，《北洋画报》第969期，1933年8月8日。
⑤ 厌人：《北平之化装跳舞忙》，《北洋画报》第585期，1931年2月5日。

摆。这种情景之下自然容易激发出跳舞之外的情愫和欲望。《北京日报》的记者曾对此进行了夸张的描绘："在座的观众，男男女女，但够成年的资格，没有不被这电力波及到自己的电部，触着自己的电机，不由得发动起来的。"①可见，观舞之人以观看形式完成对舞女身体的消费，获得的是精神的满足。

除此之外，通过阅读画报还实现了间接消费舞女的目的。舞女尤其红舞星的形象大量出现在《北洋画报》上，使得舞女作为欲望化的符号不仅仅是舞场里舞客的消费品，而且借助画报媒体范围扩大——即使无钱直接消费的男子也可以通过画报上的摄影照片得到一定程度的间接消费和享受。舞星在舞场内外的生活如娱乐、社交、婚姻等也是《北洋画报》时常捕捉的软新闻。画报还是都市民众获知舞星、舞女信息的重要途径。而荣登画报的舞女，多选择自己体态优美、服饰时尚、发型新潮、面容美丽的照片，给读者以美的享受同时，也无形中提升了自己的知名度。

## 第四节　舞场上的性别分析

舞客与舞女是舞场的主角。在营利性的舞场中，舞客与舞女之间由娱乐和消费的纽带联系在一起。而灯红酒绿的舞场还折射出多重的性别关系：舞客与舞女之间——舞客的追捧和舞女的主动出击，男舞客之间——为争夺舞女而引发冲突，舞女之间——矛盾与竞争的存在，等等。而由此所造成的对婚姻家庭的影响，则使得性别关系更加复杂。

### 一　男舞客的追捧与舞女的主动出击

舞女在舞场公开地展露自我的身体，容貌、身材、衣着、气质、舞技、交际能力等各方面都脱颖而出者很容易吸引舞客的注意，遂成为他们争相追捧的对象。众多男舞客对自己喜爱的舞女，更痴醉于其一颦一笑、一举一动，故往往沉溺舞场而不可自拔。为博取芳心，有舞客甚至不惜为舞女付出金钱与情感。王宝莲曾是红极一时的天津巴黎舞场舞后，拥有众

---

①《某君之华北饭店跳舞谈》，《北京日报》1930年1月15日。

多的追捧者,《北洋画报》便报道了天津一Y公子追捧王宝莲的轶事。王宝莲在北平跳舞时,"Y公子每到平,必躬造其处,过从甚密"①。而听闻王宝莲转到天津后,Y公子更是近水楼台,频频到其所住旅馆造访。而以抗日著称的某将军之公子,则连日偕巴黎舞场的舞女张曼丽,"在河东福乐丽舞场跳舞,并为该场俄籍舞女大开香槟"②。高夫舞场舞女王玉君每晚售出舞券颇多,同时受到了几位社会名流的追捧,"现有杨某捧之甚力。天津名公子Y大爷对王亦垂青,时常来平报效云"③。舞场为了稳住客源和安抚舞女,时常特别关照相对固定的舞客与舞女。如上海一舞场,把舞女的情人称为"拖车",舞场精心为他们关灯奏乐,"稍有名之舞女,多有拖车(即情人),凡每次音乐奏 WHISLING IN THE DARY 一曲时,全场黑暗,此场即为舞女与其'拖车'专利者。"④

　　社会名流与家庭殷实的男舞客对舞女的追捧固然是一种消遣与消费行为,或许其中的感情成分也非常令人怀疑。因为他们中许多人出入舞场并以当红舞星情人自居,或为赶跳舞之时髦,或为情欲所动,某种程度上也是面子与身份地位的象征。他们对舞女的追捧无形中提高了舞女的经济收入。相对丰厚的经济收入使舞女能够出手阔绰,享受到上流社会的物质生活方式。这种物质生活与心理优势是普通女子所不能体会的。因而,舞女总是有条件追赶时髦,把自己装扮得更加光鲜靓丽,以引领社会时尚。无怪乎许多妓女或女招待,乃至影星都纷纷学舞,加入舞女的行列。甚至在校女生,竟也萌动了当舞女的念头。⑤

　　舞客进入舞场,可以自由选择舞女,付给舞女舞券的多少也在于舞客。获邀伴舞越多,舞女获利越多。因此对于舞女来说,为了获得更多的收入,只得千方百计讨好舞客,如某些熟识舞场情势的舞女,把握舞客对舞女身体的渴望,借此促其消费。《北洋画报》载,"一个'熟手'的舞星告诉一个初开蒙的舞星说:'在跳的时候你别忘了蹭!如果你不蹭他,一定不会有人开你的香槟!给你跳舞券!'"为了获得更多收入,舞女即以身体为资本来吸引舞客,正如记者的评论,"'蹭'倒

---

① 《曲线新闻》,《北洋画报》第980期,1933年9月2日。
② 《曲线新闻》,《北洋画报》第1003期,1933年10月26日。
③ 《曲线新闻》,《北洋画报》第960期,1933年7月18日。
④ 吾耶:《游沪杂记》(六),《北洋画报》第1402期,1936年5月21日。
⑤ 参见许慧琦著:《故都新貌——迁都后到抗战前的北平城市消费(1928—1937)》,台北学生书局2008年版,第331页。

是'舞之秘诀'了"。①

男舞客追捧舞女较为多见，也有不少舞女为了改变自己生活，瞄准一些能改变自己命运的公子哥或上流社会男士，主动出击，攀龙附凤。《北洋画报》对此也曾经有相关报道，"北平某报前曾载有舞女欲留一人密谈，为多计扰散之事。亦为该舞场之圣绩，被留者闻为前某省之某厅长某少年英俊，难怪该舞女一见钟情也！"②对于舞女而言，如若能够成功，比蹭几百张舞券的价值自然要高无数倍了。

可见，舞动之美既是舞女的身体被欣赏和消费的动因，又是舞女发挥和体现自我身体价值的资本。至于舞女靠出售自己的身体与美丽以求生存，甚至放下尊严，不能不说是这一职业群体的无奈和男权社会对于女性的不公。

## 二 "争舞女"而引发的性别冲突

舞场是娱乐的天地，也是消费与欲望宣泄的场所之一，吸引了都市社会各界人士的前来。不同身份、不同阶层的各类舞客齐聚舞场，使舞场成了鱼龙混杂之地。如1933年8月，金羽人夜观巴黎舞场后写道："出入舞场的舞客，既有拖夏布长衫的老者，也有市中的公子哥，还有西人及日本人等。"③居于中国的外籍男舞客踏入舞场、消费舞女，源于在母国业已习惯的娱乐方式的需要，其中以外国军人居多。《北洋画报》报道北平城南的舞场，"不只是黄种人，白种水兵也非常之多，每晚通宵达旦，仍不肯散"④；天津意租界的福乐丽舞场，"舞客仅少数洋兵而已"⑤。20世纪30年代的舞场，俨然已经成为都市社会中西名流和上层人士、新式知识分子趋之若鹜的重要公共场域。

前来舞场消费、娱乐的舞客为得到与舞女相拥而舞的机会，争相涌向舞池，"音乐每起，于是中外顾客，一齐奔赴舞女，地板过滑，记者即曾亲见一因争舞女而翻一筋斗者，亦趣事矣"⑥。而在舞场中，男舞客之间

---

①贴金：《舞场战纪》，《北洋画报》第537期，1930年10月14日。
②无聊：《舞场记秘》（续），《北洋画报》第528期，1930年9月23日。
③参见金羽人《楼头观舞记》，《北洋画报》第969期，1933年8月8日。
④无聊：《舞场记秘》，《北洋画报》第526期，1930年9月18日。
⑤壮哉：《舞场近事》，《北洋画报》第1162期，1934年11月3日。
⑥厥人：《北平之化装跳舞忙》，《北洋画报》第585期，1931年2月5日。

为了同一舞女而争风吃醋,以致打架斗殴的纠纷已是常事。最为典型的有两类:一类发生在中外籍舞客之间,一类发生在舞客与舞女之间。

其一,中外籍舞客之间的冲突。近代以来,随着通商口岸的开辟和西方国家在华租界的陆续设立,侨居中国的外国人日益增多。最初以英、法、俄为主。甲午战争后,日本的势力也开始在中国尤其都市社会渗透。二三十年代的天津,外国人亦是光顾各大舞场的常客。他们与中国舞客之间时有摩擦。1932年4月,《北洋画报》报道了中外籍舞客发生冲突的一幕:

> 随同调查团来平新闻报记者顾执中,九日晚到正昌舞场参观跳舞。适有一中国舞客,与一外国水兵发生冲突,水兵哓哓不休,顾仗义执言,请水兵停止叫嚣,某水兵用力将顾君按坐椅上,顾愤愤而去。[①]

从《北洋画报》对舞场的报道来看,京津舞场中不少冲突都是因外国人、特别是外国的水兵所引起的。他们仗着母国的庇护,在舞场争抢舞女、不给舞券,从而引发一些冲突事件。如1935年5月,"某王爷在中原巴黎舞场因争舞女与某西人互殴,面部受创甚重。舞女林大姨,竟至心痛落泪,大骂西人为'穷老俄'云"[②]。这是中俄舞客为争夺舞女而引起的互殴。在舞场上,殖民者的野蛮与傲慢流露出来。

其二,舞客与舞女之间的纠纷。如果说由于舞女稀少或红舞星而导致的中外舞客争抢舞女的冲突,是发生在同性之间,那么舞客与舞女之间的冲突则发生在男女两性之间。作为消费者的舞客与作为被消费者的舞女,其关系是不对等的。相比舞女来说,男舞客拥有较强的经济实力和心理优势。他们前来舞场消费舞女,消遣、娱乐以及达到某些欲望的满足是目的,舞女仅是舞客满足各种愿望的工具。而舞女为了得到尽可能多的舞券,则要想方设法讨好作为"上帝"的舞客。在这种背景下,舞客的高高在上与舞女的卑微便显露了出来。《北洋画报》的记者便曾捕捉到舞客因意愿或要求没有得到满足而对舞女大打出手的事件。如1930年10月,《北洋画报》报道了一则舞客殴打中国舞女的事件:

---

① 《曲线新闻》,《北洋画报》第765期,1932年4月14日。
② 《曲线新闻》,《北洋画报》第1250期,1935年5月30日。

昨天散场时候，一个白种人捞着一个舞女纠缠着，她任凭怎么摆布也走不脱，后来经那白种人的朋友调停，才罢手，谁知她却无名火起，手举一"砂糖罐"打在那白种人额角，"当场出彩"，血水淋漓。当时恼了那白种人的几个朋友——中国人——把那舞女按到地上，一顿拳脚交加，打得奄奄一息，还吵着找她们的经理——长袖善舞的经理……。①

舞场中舞女弱势的地位与境遇，有时还会波及一些进入舞场而非舞女的女性。如1930年9月18日，作者"无聊"以"舞场记秘"为题的报道中提到，北平城南的一家舞场，本以舞女和妓女充斥其中为特色，而一位军人不知其故，偕其姨太太前往，因其间外国水兵强迫姨太太与其共舞，导致纠纷。"有一位军人不知该场内容，坐汽车挟其姨太太以往。姨太太美且艳，为一水兵看中，于是遂要强迫她和他跳舞，百计不得脱，怒坏了那位军人，遂出外喊来马弁，欲享该水兵以卫生丸。经众极力排解，方才完事。"②舞场的突发事件是无法预测的。姨太太尚且如此，而当舞女遇到蛮横、粗鲁的外籍舞客时，其弱势地位尤为明显。从这个意义上说，舞女身处舞场这块是非之地，也就让自己时刻处在了潜在的危险之中。正源于此，记者也发出了感叹，"所以到该场者，非有牺牲精神不可"③。依靠身体的舞动之美来谋生的舞女在这方面流露出诸多无奈。

## 三 舞女之间的矛盾与竞争

由于外貌、舞艺、知名度各有差别，多数的舞场都将舞女划分为不同的等级和档次。头等的红牌舞星既受到男舞客的争先宠爱，也具有其他舞女所不及的地位和丰厚收入，因而成了不甘现状的舞女们的奋斗目标和嫉妒对象。舞女内部之间的竞争和暗中较劲的种种行为在各大舞场中比比皆是。一般说来，这些冲突主要包括以下两个方面：红牌舞女之间的竞争、初入舞场的新舞女受排挤。

第一，红牌舞女之间的竞争。各大舞场为了吸引更多的舞客前来消费，四处物色舞艺及姿容上乘的舞女，或到其他舞场挖掘当红舞女以做

---

① 贴金：《舞场战记》，《北洋画报》第537期，1930年10月14日。
② 无聊：《舞场记秘》，《北洋画报》第526期，1930年9月18日。
③ 同上。

镇山之宝、摇钱树。每当挖到一个红牌舞女，舞场如获至宝，给她提供各种丰厚的待遇。如1931年6月，北平白宫舞场聘来交通饭店的交际花张曼丽后，舞场"张灯结彩，表示欢迎"①。博得"舞国国务卿"绰号的梁赛珍姐妹成为上海各大舞场争先罗致的目标，加入大华舞场后，"舞场以梁氏姊妹号召力特大，遂施以笼络，每晚另以汽车接送，以示优遇"②。舞场的这些行为引起了其他老红牌舞星的不满和妒忌，白宫舞场的舞星张莉莉便责怪舞场老板优待、偏重张曼丽，于是自行辞职，另行选择舞场。③1932年9月，《北洋画报》报道了一条因一舞星加入致使全体舞星罢工的事件：

> 三星舞场全体舞星，因不满该经理聘舞星于碧澄加入，遂全体于二日罢工，暂在正昌登场，故正昌近日，大有人满之患；而三星则寥落无人，该经理正分头托人疏通云。④

而梁赛珍三姐妹的情况更具有代表性。因梁氏姐妹加入大华并受优待，致使大华舞场中的同行舞女收入大减，她们对梁氏姐妹"遂生嫉妒，时以白眼相加，且常造作诽语，横加诬蔑"⑤。这给梁氏姐妹带来了巨大的精神压力，于是脱离大华，转入维也纳。没过几天，维也纳舞厅有半数舞女突然罢舞，经舞厅管理人员苦心劝导仍然无效，最后这些罢舞的舞女加入了大华舞场，而其中的诱因便是梁氏姐妹的到来。⑥在梁赛珍姐妹案例中，同一舞场一个或几个舞女的加入便能引起舞女大规模的罢舞甚至跳槽，可见舞女之间因嫉妒与竞争而产生的矛盾已经达到了水火不相容的地步。这类事件的发生绝非偶然，类似的情形在许多舞场时有上演。

红牌舞星的竞争频频发生，个人或群体的罢舞或跳槽事件表明她们在舞场中还是有着自由选择的权利，一定程度上能够实现自我主体性的表达。她们以自我的身体作为交换的筹码，尽可能地维护着自己的利益。或许对于这些舞星而言，舞场仅仅是她们创造美好生活的工具，当这个工具

---

① 《曲线新闻》，《北洋画报》第635期，1931年6月9日。
② 宗：《梁赛珍将吃官司》，《北洋画报》第1107期，1934年6月28日。
③ 《曲线新闻》，《北洋画报》第635期，1931年6月9日。
④ 《曲线新闻》，《北洋画报》第828期，1932年9月8日。
⑤ 宗：《梁赛珍将吃官司》，《北洋画报》第1107期，1934年6月28日。
⑥ 《曲线新闻》，《北洋画报》第1109期，1934年7月3日。

不再适合自己、或受到其他舞星的打压与刺激时，重新选择新的舞场、新的工具就成了不二选择。而对于舞场来说，舞星又是提供消遣、保证经营、扩大盈利的工具。争取拥有最好的工具，以最大限度地赚取金钱，也是舞场老板的目的。因而，红牌舞星之间的争斗与博弈，实质上透射出舞星与舞场双方各自的考量。

第二，新舞女①受到排挤。男舞客进入舞场跳交际舞，消费的是舞女的身体。年轻是舞女的资本，舞场上同样遵循优胜劣汰的法则，年老色衰又不能带来经济效益的舞女渐次被淘汰是必然的规律。"中原公司之巴黎舞场，已自申新聘舞女十人，闻旧有之次等舞女，均将淘汰。"②北平米市大街的中西舞场，"有三中国舞女，但年皆迟暮，使人见之，不咸舞兴"③。因此，舞场经常要招聘许多新舞女以补充舞女队伍。新舞女初来乍到之时，往往受到资格较老的舞女排挤。"福乐丽自天升舞场主人接办后，营业转佳，但新舞女均受舞女排挤，无法加入。"④新舞女受到歧视和排挤的原因较为复杂。从心理因素分析，其一，新舞女的年龄优势使老牌舞女倍感压力。随着年龄的增长，老牌舞女在年轻人身上比照出自己的衰老，再反观年轻、靓丽的新舞女，内心潜在的紧张与担忧油然而生。这不能不说是导致她们排斥新舞女的重要原因。舞女的服务性和消费性决定了这是一个吃"青春饭"的职业。对于舞女而言，以身体为资本，换取受人追捧的感觉和优越的物质生活，是"租借"自我未来的一种行为。在她们退出舞场之后，并不光彩的舞女经历很有可能给其日后的生活带来难以避免的尴尬和困境。其二，许多新舞女都来自农村或城市的贫困地区，很难一下子适应光怪陆离的现代都市生活。其最初微薄的收入低下又使她们与资历颇深的舞女相比，在穿着打扮上显得寒酸得多。而舞场上舞技的生疏与待人接物的不甚熟练自然吸引不了太多舞客的关注。这些看似"土气"的表现也是老资格舞女鄙视新舞女的原因，在这种心理作用下，由鄙视而排斥就在情理之中了。

新舞女初入舞场，一面要学会八面玲珑地与舞客周旋，一面又要小心

---

①此处所论及的新舞女不包括由妓女、影视明星、女招待等改行而当舞女的"新人"，主要指由舞场从农村或城市贫困地区新招聘的舞女。
②《曲线新闻》，《北洋画报》第1239期，1935年5月4日。
③四方：《北平舞场之今昔》，《北洋画报》第1373期，1936年3月14日。
④《曲线新闻》，《北洋画报》第1240期，1935年5月7日。

谨慎地面对老牌舞女的各种排挤,其在舞场中的微妙处境可想而知。而随着时间的推移,她们很快舞步娴熟、谈吐自如,并逐渐熟稔舞场中适者生存的商业法则,甚至各种"蹭"的技巧使用起来愈加如鱼得水,进而有机会能够成为众舞客争相追捧的红舞星。

## 四 跳舞与婚姻观念的变动

五四新文化运动以来,关于男女两性关系的言论与主张充斥于都市社会,贞操、爱情与性等问题的讨论公开进入学术研究和民众的日常生活。如章锡琛抛出了他的新性道德观:"照新道德上看,男女间的性的行为,只要他的结果不害及社会,我们只能当作私人的关系,决不能称之为不道德的。"[①] 1923年,《妇女杂志》曾有文章认为婚姻之前必须经过两个阶段:第一阶段是考察阶段,双方互相通信与叙谈,时间为半年;第二阶段为实验阶段,即同居,每天近距离的接触以观察他的一举一动,防止他在第一阶段的掩饰。通过这两阶段的互相了解后,如果双方完全满意,才能结为伴侣。[②]在男女平等、恋爱和结婚自由思潮的影响下,传统的婚姻制度在都市中出现了某种松动,婚外同居成为一种社会现象。甚至许多结为夫妇的伴侣,连结婚的形式都省去了,仅在报刊上发表一则同居启事或结婚启事。

这种开放的两性与婚姻观念,同样在舞场中有着淋漓尽致的展现。舞客对舞女的消费除了在舞场上获得搂抱舞女的机会外,也有部分舞客和舞女的交易超出了舞场范围。在舞客与舞女建立稳定的舞伴关系之后,少数舞客能够携带舞女出入其他各种娱乐场所游玩,以至于舞女与舞客同居的新闻也经常见诸报端。

舞女拥有较多接触各类男子的机会。她们既有可能成为男舞客选择女伴侣的对象,也能够在男舞客中间物色自己的中意者,甚至有的舞女还频频更换伴侣。王宝莲作为红极一时的舞星,受到众多男舞客的追捧与追求。她的一举一动吸引了记者与都市民众的关注。1933年6月,《北洋画报》在"曲线新闻"版块里,则披露了王宝莲在两性关系上的开放态度及行为,"正昌跳舞场台柱王宝莲,前与孙某实行同居。闻现已脱离关系,

---

[①] 章锡琛:《新性道德是什么》,《妇女杂志》,1925年11月,第1页。
[②] 金淑英:《我之理想的配偶》,《妇女杂志》,1923年9月,第11页。

再作冯妇，伴舞于东长安街之高夫舞场"①。1934年，天升舞场舞星高安娜的私生活也被记者捕捉进来，"天升舞场舞女高安娜，近与梁某往来甚密，闻梁正为高营金屋于某地"②。两则报道中的"闻"字，似有报刊媒体的捕风捉影之意，更体现了作者将红舞星的个人生活视为社会公共事件，在道听途说之余将其公诸报端，吸引读者共同消费。1936年《北洋画报》再爆天津巴黎舞场舞星胡曼丽的同居新闻，"巴黎舞星胡曼丽近由沪返津，将与某四爷同居，暂不到舞场伴舞云"③。舞星傍上社会名流并与之同居，固然能为自己的生活获取诸多好处，舞女在确定同居对象时拥有了一定的选择权和自主权。但是不能排除有些男舞客或社会名流在选择与舞女同居时，更为看重其姿色和风情，而不是出于真正的感情。这样的同居难免有玩弄女性之嫌，喜新厌旧则为常有之事。因此，同居使舞女冒了很大的风险，像王宝莲这样分分合合的事件不在少数。

而在同样热衷现代都市生活方式的男女组成的家庭中，男女双方则有了相对自由的社交空间。如1936年5月16日《北洋画报》中，"节之"所作的一幅漫画，便生动地反映了跳舞给婚姻家庭关系带来的这一变化（图4.28）。

图4.28 "男说：'你丈夫正在那边咧！'女说：'不要紧！'"④

在这幅漫画中，相拥起舞的男女几乎挤满了整个舞场。漫画正中间

---

① 《曲线新闻》，《北洋画报》第945期，1933年6月13日。
② 《曲线新闻》，《北洋画报》第1140期，1934年9月13日。
③ 《曲线新闻》，《北洋画报》第1398期，1936年5月12日。
④ 《北洋画报》第1400期，1936年5月16日。

的一对摩登舞者，衣着时尚、暴露的女子忘情地依偎在身穿西装的男子怀中，而男子沉醉在温柔乡中，甚至这名男子拥着共舞女子的手则几乎滑向了女子的臀部。舞场中的情欲与挑逗由此可见一斑。就在这对舞者一侧的小桌边，坐着一对前来消费的年长男子与同样衣着时尚的女士。该男子发现他身旁的那个男舞客竟然是同座女士的丈夫时，慌忙告诉她："你丈夫正在那边咧！"谁知，该女士头也不回便答道："不要紧！"漫画中，夫妻双方不约而同出现在同一舞场，选择异性跳舞或交流。妻子发现丈夫拥舞女跳舞时的"大度"，足以说明进入舞场的男女舞客均有着各自相对自由的社交空间。因而在自己的婚姻伴侣与异性交往问题上，他们能够抱持较为宽容和坦然的态度。

　　自由跳舞与对待两性问题的宽松态度无形中动摇了原本稳固的婚姻。由于夫妻中一方陷入舞场而致使家庭破裂的情形也较为多见。1929年1月10日，曹涵美发表在《北洋画报》的一组漫画便是对这一社会现实的生动反映（图4.29）。

图4.29 "跳舞场中一对情侣的背景"①

　　漫画由左、中、右三图构成，中图为摩登、时尚的男女在舞场热舞的情景，俨然一对热恋中的情侣。摩登女子修剪了流行的短发，身着显露身材曲线的旗袍，脚蹬优雅的高跟鞋；摩登男子则是西装革履的打扮。配合左右两图来看，读者才发现舞场上那对相拥而跳的情侣并不是夫妻，而是分别来自两个家庭。摩登女子的丈夫为身穿长袍的传统男子，而摩登男子的妻子则是头发挽髻、衣着宽大的传统女子。舞场给摩登男女提供了接触异性的机会。这种诱惑终使他们把各自的丈夫和妻子抛在身后而另觅新欢。尽管传统的男女分别跪地苦苦哀求，但并未能阻止住摩登的另一半奔赴舞场的脚步。漫画的文字说明——"跳舞场中一对情侣的背景"——

────────
①《北洋画报》第267期，1929年1月10日。

突出了这一主题思想,反映了那个时代因跳舞而导致家庭的不和谐甚至破裂。漫画是"一种以夸张、变形、比喻、象征的手法,创造幽默、诙谐、风趣等艺术效果的绘画形式"①。它虽不是社会生活的真实记载,却以其讽刺和揭露的文化特质,反映出社会中存在的一些问题。

## 小　结

民国时期,在商业文明和外来文化、消费文化等的共同推动下,歌舞表演与交际舞业获得了较快发展。跳舞对都市民众社会生活产生了一定的影响,"自从跳舞成了时髦玩意儿后,于是市上乃出有什么'跳舞背心','跳舞纱','跳舞袜','跳舞衫'等等"②。在观舞与跳舞中,由女性身体而引发的情欲及其想象与社会传统道德观念格格不入。作为新生事物的舞场与传统世俗之间出现了激烈的冲突、争辩,"一般青年人借以发挥性欲,使美其名为艺术;旧头脑的老先生们,因此便要打倒跳舞,有与之不共戴天之概"③。虽然禁舞的呼声与运动此起彼伏,跳舞之风却屡禁不止,并日渐成为都市民众尤其新派人士、青年男女们现代娱乐休闲生活的组成部分。

这一时期中国仍是以男权为中心的社会,民族主义兴起与妇女解放的勃兴并未能有效地改变这一根深蒂固的社会传统,性别歧视、不平等的性别关系仍是严重的社会问题。在西洋舞蹈传入和中国现代舞蹈艺术成长的过程中,女性的身体成为"'活动'的艺术和商品的化身"④,处在被欣赏、被消费的客体地位。而在都市日益繁荣的舞场与舞会中,女性的身体亦是推动跳舞发展的载体与核心要素。消费舞女的现象便暗合了近代中国社会性别关系中不平等、女性被歧视的一面。伴舞是舞女的职业和谋生的手段,身体某种程度上是她们换取美好生活的资本,其经济收入的多少取决于自身身体和舞姿对舞客的吸引程度,而舞客通过购买门票、舞券或开

---

① 吴果中:《〈良友〉画报与上海都市文化》,湖南大学出版社2007年版,第202页。
② 诛心:《跳舞狂》,《北洋画报》第584期,1931年2月3日。
③ 同上。
④ 张英进:《中国早期画报对女性身体的表现与消费》,姜进主编《都市文化中的现代中国》,华东师范大学出版社2007年版,第66页。

香槟得以实现对舞女的消费。这时选择权、主导权是掌握在舞客手中的，他们随喜好可自由选定伴舞的舞女。舞女似乎不仅认同这种不平等的性别规范，甚至借机使其商品化的身体利益最大化，为了获得更多收入，千方百计讨好舞客。但也有成名的舞星身价较高、敢于抗拒舞客。

很多舞女对舞场和职业本身产生了很强的依赖性。例如，"自北平禁舞后，一般舞女，多抱腿大哭。一部分舞女嫌爹娘多生她两条腿，有腿不跳，要腿何用。一部分舞女嫌爹娘少生她两条腿，如果共有四条腿，也可以改行拉马车。"①禁舞之举将不可避免夺去她们的饭碗与生活来源，因而面对禁舞运动，她们反应强烈。这本无可厚非，然而禁舞本身被捆绑上道德的利器后，却要使舞女承担着违背传统道德的骂名。尽管都市给予部分红舞星以较高的社会声誉，然而舞女仍被视为几与妓女无异的风尘之流。舞女在舞场中被男性视为娱乐与满足欲望的对象，不能不说是都市舞业图景背后舞女的辛酸和无奈。

在舞场上，动感的舞蹈需要轻薄、尤能凸显身体曲线的衣装。因此，舞场上舞女的着装自然与日常生活中不同，以求展示另一番美丽。在追求美的驱使下，着紧身衣以显苗条可人之身材，穿短裙或开缝旗袍以显露雪白丝袜之下的美腿，等等，也成了追求时髦的舞女展示自身魅力的方式。"有一丽姝，衣长旗袍，两旁开缝，舞时辄露其雪白丝袜紧箍其双腿，自踵以至于膝，殊足动人……尚有其他华妇，装束非常入时，其旗袍腰身极窄异常，舞时益表现其浪漫……"②而中西女性舞蹈家在舞台上的曼妙舞姿、舞女们得以驰骋舞场的过人舞技等等，无论是在舞台、电影银幕之上，还是舞会与舞场之中，都是女性舞者（包括舞蹈演员、舞女等）与观众或"客户"用以交换的身体砝码。而舞台、舞场上女性身体的呈现，尽管满足了以男性为主的观众的视觉需求，却某种程度表达出女性的主体地位——为了美丽而自觉起舞。

而舞女职业的开放性也使得她们在与异性的交往中，拥有了更多的空间和自由。舞星胡曼丽便曾得意扬扬地向记者阐述了其三种朋友的"妙论"："余之实友分三种，其待遇亦各有别。一种曰舞客，即其花若干之代价，给予以若干之报酬，丝毫不渝者也。一种曰知己，即向日患难相助道义相交者，此种无分男女，皆有亲密往来，不拘形迹者也。又一种则为

---

① 乙丙：《闻所未闻》，《北洋画报》第973期，1933年8月17日。
② 妙观：《出关记》（五），《北洋画报》第439期，1930年2月27日。

'拉夫'，即余偶感苦闷时，召之即来，驱之即去，一走两清，各无纷扰者也。"①"舞客"之友在于利益，"知己"之友在于患难相助，"拉夫"之友在于解闷。表面看来，女性似乎掌握了与男子交往的主动权，男性成了女性的玩物，女性被主宰的命运也有着些许的颠覆。

事实上，舞会和舞场的大量出现还促进了都市女性思想观念的改变。除了职业化的舞女群体外，越来越多的女性熟悉并掌握了交际舞。名绅闺秀、姨太太、女学生等均为出入交际舞会或舞场的常客。如上海的黑猫舞场（又名巴黎舞场），"舞场除舞女伴客跳舞外，并时有大家闺秀，三五成群，亦来观舞，高兴时亦参加跳舞。或招舞女伴舞，一切开销与男客相同。"②她们来到这种娱乐场所，既开阔了视野与见闻，又享受到消遣娱乐的气氛，也有机会参与较多的社交活动。这对都市女性思想的开化无疑起了重要的作用。女舞客不但与男子一样观舞、跳舞，甚至还招舞女伴舞进行消费。在这种消费过程中，女舞客的身份不再是男性消费的对象，而是获得了男子平等消费权的消费主体。这对男权社会为中心的主宰而言，是个不小的突破。

民国都市娱乐的繁荣离不开报刊媒体的烘托与宣传。画报媒体作为信息媒介，起着都市文化重要生产者和传播者的作用，同时它又是生产、传播消费文化的载体，"不断地创造、刺激和再生产着人们的消费需求和消费欲望"③。据《北洋画报》报道，有的舞场为了扩大知名度和社会影响，除了在报刊媒介上刊登广告外，还相互合作，聘请写手投稿，以读者的身份介绍舞场见闻。"北平某日报辟有'舞讯'专栏，并雇一无聊者，为其投稿，专事该舞场之宣传。"④此外，媒介刊出招聘舞女的消息和舞星照片，亦起到了"捧"的作用，无形中提高了舞星的知名度。而对平津舞业、舞场的介绍，也使更多没有进入舞场或还不了解交际舞的都市民众发生兴趣，产生消费欲望。不可否认的是，《北洋画报》的编辑、记者均为男性。他们在呈现民国都市西洋与中国舞蹈艺术，体察、图说、言论都市交际舞业情状之时，不可避免带有其性别立场，同时一定程度上反映

---

① 壮哉：《胡曼丽妙语解颐》，《北洋画报》第1165期，1934年11月10日。
② 香槟：《上海的黑猫舞场》，《北洋画报》第579期，1931年1月22日。
③ 吴菁：《消费文化时代的性别想象——当代中国影视流行剧中的女性呈现模式》，上海人民出版社2008年版，第2页。
④ 无聊：《舞场记秘》（续），《北洋画报》第528期，1930年9月23日。

了都市社会的现实与消费需求。20年代中后期至30年代民族主义话语日渐上升之时，消费文化顽强地孕育在都市社会中，舞业的发达与舞女群体的壮大便是都市娱乐消费的一个缩影。女性身体的舞动之美在此呈现出多个面向。

# 第五章　报刊对近代女性身体裸露的表现与品评

在中国古代社会，受到传统道德礼教规范诸如"男女有别""严男女之大防"等的禁锢和约束，女性身体往往是刻意回避的话题，文人墨客笔下的描写大多极其隐晦，绘画艺术中的女性身体更是被层层衣物所遮蔽。近代中国由于报刊媒体尤其大型摄影画报的发展和繁荣，女性身体似乎也随之凸显，成为引人瞩目的议题。而这一时期的中国都市社会恰恰处于深受西方文明与艺术文化影响的时代。女性身体作为典型的文化载体，开始表现出与以往截然不同的情态，其中最明显的便是女性裸体的大量展现。中西方的女性裸体画作和摄影照片是中国的画报及其他文化消费品呈现女性裸体的重要途径，给社会民众带来巨大的视觉冲击和思想震荡。不可避免的是，女性的裸体成为都市民众徘徊在艺术与色情之间、带有物化倾向的商品。视觉的欣赏与消费之外，身体裸露也开始进入到都市民众的生活之中，比如裸腿风潮的兴起。与此同时，对于女性身体美的评判一直没有停止，换言之，近代中国开启了对于现代女性身体美的时代。报刊媒体竭尽所能参与其中，可谓功不可没，在此仅以《北洋画报》为例。

## 第一节　女性裸体在近代中国的境遇

在西方艺术史中，裸体是古希腊表现艺术的一种形式。裸体画在西洋画历史上一直是人物画特别是女性人物画中最天然、最集中的人物美感表达的画种。"裸体画是以人体美为表现宗旨的画，是追求人体全部或局部的结构、肌肉、轮廓线条、空间等的造型美感和质地（发、肤、筋、骨、肌的表面状态、纹、棱凸与性质）美感的画。"[1]然而随着历史的发展，受到不同社会价值和文化观念的影响，艺术家们将其视之为"艺术"——美感的传达，世俗的民众在艺术的观看之外，则包含着"色情"——欲望的隐喻。[2]而性别制度不平等的社会文化背景，使得女性裸体不可避免成为"根据地地道道地暴露出来的男性性欲望而产生且被享受的事物，它是根据其生产与享受的条件而完全地呈现了其影响的性质的"[3]。

受到礼教道德的制约，中国传统社会的绘画艺术在公开场合绝少裸体尤其女性裸体的呈现。因而约翰·海伊（John Hay）就此曾经指出东亚艺术中女性裸体普遍缺席的现象，并发出疑问："为什么在这样一个有着两千年以上悠久历史的美术传统中几乎没有对身体的表现？"[4]然而近代在西方艺术文化的传入和影响下，都市社会中摄影画报的出现以及对于中西女性裸体大量呈现的事实，则有力证明了约翰·海伊的观点是不够恰当的。《北洋画报》便是其中的典型之一。

## 一 以艺术之名的呈现

1926年7月10日，一幅名为"酣睡之妇人"的巴黎油画在《北洋画报》刊出（图5.1）。

**图5.1 酣睡之妇人（勃里格作）**[5]

---

[1]许志浩、王金海编：《人体美大观》，青岛出版社1989年版，第102页。
[2]参见杨永源著《西方艺术中的裸体与裸露问题》（www.data.fy.edu.tw/manedu）。
[3]罗岗、顾铮主编：《视觉文化读本》，广西师范大学出版社2004年版，第148页。
[4][美]约翰·海伊：《中国艺术中身体不可见？》，引自司徒安、塔尼·巴罗合编《中国的身体、主体与权力》，美国芝加哥大学出版社1994年版，第42—43页。
[5]《北洋画报》第2期，1926年7月10日。

画作之中，西洋女性的身姿、曲线等完全地呈现在读者面前。这是《北洋画报》创刊后所登载的第一幅女性裸体画作，开启了该画报大规模呈现裸女图景的历程。就在这幅裸女画作的右侧，则是作者"莲"所撰写的《观西人所摄中国裸影志》。该篇短文讲的是裸体摄影。一位在华居住的外国人，即文中的P君，"尝自出重资饵吾国美女多人，使为模特儿，先后摄得裸体之影九十余帧"①。二三十年代的中国都市社会里，P君以中国女性为模特拍摄裸体照片的举动无异于惊世骇俗。而"莲"则在介绍之余，从艺术与美的角度为读者构建出一个想象的空间：P君的裸女摄影中，"有挽髻者，有乖辫者，有短发者，姿首佳丽，故不待言，而其尤足令人生爱者，则躯体曲线之丰美，竟出吾人意料之外"②。其间裸女的姿态更是各异，"影中姿态，有合掌低眉者，有盘膝趺坐者，有伏者、卧者、倚者、立者，不一而足，殆非笔墨所能尽形容者矣"③。如此的描述很容易吊起都市民众的胃口。此时"莲"对于P君裸女摄影艺术之旨的强调明显带有引导读者审美方向的意味，"香艳庄严，兼而有之，殊不涉秽亵"④。

事实上，女性裸体的画作和摄影照片几乎贯穿了《北洋画报》的始终。据统计，《北洋画报》在发行长达11年的时间里，所刊出的女性裸体画作或摄影照片有近500幅之多，如若平均下来，几乎每3期就有1幅。这一数目即便是同时代创办于上海、并在全国产生重要影响的《良友》画报，也是难以企及的。就女性裸体画作而言，表现形式多样，不仅有油画，还包括速写、漫画，甚至石像、铜像等。摄影照片中，冠之以"西洋人体摄影""×国摄影名作"的西方女性裸体照片占了很大比重。与此同时，中国女性裸体的形象亦在《北洋画报》的画作和摄影照片中有了一定比例。

梳理《北洋画报》的西方裸女画作和摄影照片，发现在艺术与美的表现上，呈现出不同的特点。

第一，突出女性身体的局部之美。如第55、67、584期各自刊出标题为"背之美"的图片，分别为摄影照片、铅笔画、油画（图5.2—图5.4）。

---

① 莲：《观西人所摄中国裸影志》，《北洋画报》第2期，1926年7月10日。
② 同上。
③ 同上。
④ 同上。

218 | 近代中国报刊与女性身体研究——以《北洋画报》为例

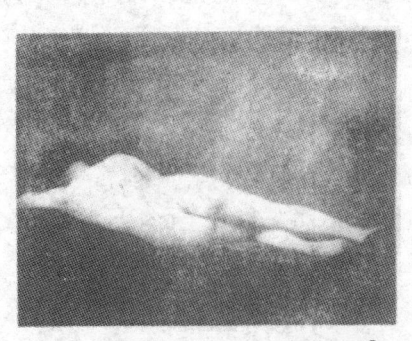

图5.2 背之美（法国摄影名作）[①]　　图5.3 背之美（多利耶克氏铅笔画）[②]

图5.4 背之美（上年巴黎美术展览会中特殊出品）[③]

  三张图片中的裸女，全部背对观者，或侧卧、或站立、或侧靠椅背的姿态，其背部不约而同均被置于摄影照片或画作的中心位置。这是摄影照片和画作作者们通过艺术手法展现女性身体"背之美"的意图。而第516期名为"坦胸"（图5.5），第777期和第948期均题为"酥胸"（图5.6、图5.7）的摄影照片，则是西方人体摄影中对于女性身体胸部之美的展示。

---

[①]《北洋画报》第55期，1927年1月15日。
[②]《北洋画报》第67期，1927年3月5日。
[③]《北洋画报》第584期，1931年2月3日。

图5.5 "坦胸"① 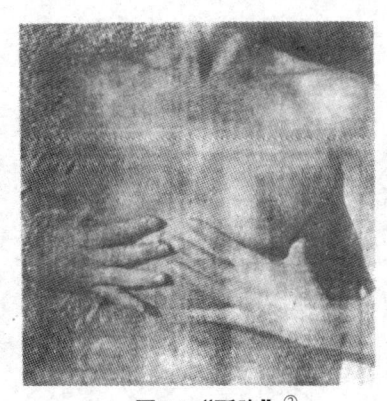　　　图5.6 "酥胸"② 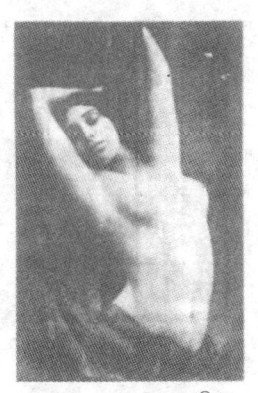　　　图5.7 "酥胸"③

  某种程度上，西洋女性自然、舒展的"酥胸"的呈现，对于此时中国推动天乳运动、改变都市民众的审美观念有不小的助益。

  第二，注重展示女性身体的体态之美。身体曲线是呈现女性身体体态的重要方面。第75期摄影名作题为"曲线的真美"（图5.8），是表现女性身体曲线之美的佳作。

图5.8 曲线的真美④

  作品中的西洋女性颔首朝下、左手朝上、右手低垂、脚跟离地、身体斜侧，展露于正面、并给读者以强烈视觉效果的恰恰是其身体的优美曲

---

① 《北洋画报》第516期，1930年8月26日。
② 《北洋画报》第777期，1932年5月12日。
③ 《北洋画报》第948期，1933年6月20日。
④ 《北洋画报》第75期，1927年4月2日。

线。在《北洋画报》中,"柔若无骨"(图5.9—图5.11)亦是西洋人体美术摄影凸显女性身体美之时所着力表达的体态。

图5.9 "柔若无骨"① 　图5.10 "柔若无骨"② 　图5.11 "柔若无骨"③

不仅如此,《北洋画报》繁多的西洋女性裸体图片中,还有如"雌伏""娇慵""横陈""促膝""俯与仰""倚榻""仰卧"等显示女性身体的静态之美;更有"试舞""练拳""操刀"等传递着女性身体的动态之美。

第三,透过女性身体之美的展现,试图捕捉其心态。无论是画作还是摄影照片,作者所呈现的女性裸体图片往往蕴含了某种意境,意在揭示女性内在的心态。如"怡然""傲""悠悠""颓然"等修饰词语,向观者展示西方女性裸体形象多为大胆、自信的姿态。而《北洋画报》中也穿插西方女性些许羞涩的表达,第80、87、550、623期四幅裸女图片均以"含羞"(图5.12—图5.15)为题,其间女性脸部或低垂、或转向侧面,展示身姿之时的娇羞之态跃然纸上。

---

①《北洋画报》第96期,1927年6月18日。
②《北洋画报》第478期,1930年5月29日。
③《北洋画报》第973期,1933年8月17日。

图5.12 含羞① 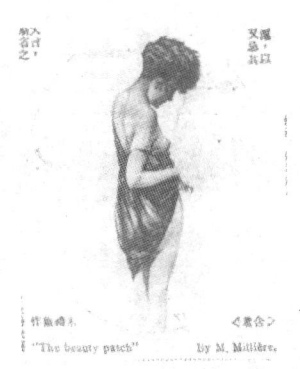　　　　　　　　　图5.13 含羞②

图5.14 羞③ 　　　　　　　　　图5.15 薄羞④

　　西方女性裸体形象借助画报涌入中国都市之时，以中国女性为模特的裸女形象也开始得到展现。早在1926年7月10日的《北洋画报》上，就已登出征求中国女模特儿照片的广告，"鄙人研究画学，搜罗中外模特儿照片。惟中国此项佳片，甚不多载。现特登报征求中国模特儿照片"⑤。很快7月底第7期时刊出了作者"美宣"所绘的两幅女性裸体漫画，其中一幅如下（图5.16）：

---

①《北洋画报》第80期，1927年4月20日。
②《北洋画报》第87期，1927年5月14日。
③《北洋画报》第550期，1930年11月13日。
④《北洋画报》第623期，1931年5月12日。
⑤《北洋画报》第2期，1926年7月10日。

图5.16 昔日（模特儿之今昔观）①

漫画中的模特儿头发为挽髻、齐刘海的造型，这是典型的中国传统女性形象。图5.16漫画"昔日"正中央是女模特儿，从其侧躺之姿、面部及手势等不难体味其轻松自若的神态，右上方则是西方神话中的两个天使手执鲜花朝向女模特儿。如此的构思表现出在西洋艺术的影响下，都市社会中女性裸体艺术得到部分新派人士的张扬。

在《北洋画报》中，亦不乏外国摄影师对中国女性裸体形象的呈现。1928—1930年，先后刊出了多幅奥地利摄影师培客汉姆的中国人体摄影作品。培客汉姆似乎借鉴了中国人物画的某些笔法，在展现中国女性裸露的身体之时，摄入镜头的画面往往以某一实物如盆花等作为女性裸体的陪衬，以此巧妙地制造出艺术境界，迎合了中国民众喜欢将女性置于景物之中的审美偏好（图5.17—图5.20）。

图5.17 花与温存②  图5.18 橘花滋味可曾经③

---

① 《北洋画报》第7期，1926年7月28日。
② 《北洋画报》第231期，1928年10月16日。
③ 《北洋画报》第241期，1928年11月11日。

图5.19 妙莲华① 　　　　　图5.20 画意②

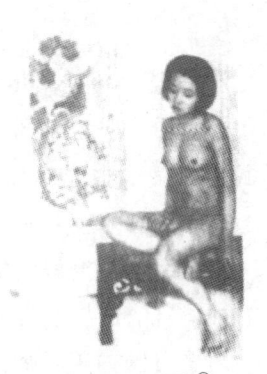

饶有趣味的是，在《北洋画报》所登培客汉姆的作品中，有的还借用了佛家因素，使得女性裸体形象表达出端庄、恬静之态（如图5.21、图5.22）。这与中国民众的审美心理有着些许的吻合之处。

图5.21 法身③ 　　　　　图5.22 色即是空④

相比于西洋裸体女子自然、自信、饱满的形象，培客汉姆摄影作品中的中国女子形象则略显生硬、纤弱，带着些许的内敛与羞涩。或许其中包含着摄影师的刻意所为，却鲜明表现出中西、甚至东西方女性身体美的差异。正如海因茨·冯·帕克海默曾在其《中国裸体文化》一书中指出："展现真正裸体的中国女性，……使人们认识到各个民族对美的概念是不

---

① 《北洋画报》第268期，1929年1月12日。
② 《北洋画报》第434期，1930年2月15日。
③ 《北洋画报》第234期，1928年10月23日。
④ 《北洋画报》第238期，1928年11月1日。

同的。"①

《北洋画报》刊登大量中西女性裸体画作和摄影照片，可以说是以艺术之名的呈现，或者说刊登女性裸体画作和摄影照片是《北洋画报》创办人冯武越和其他报人向读者乃至社会民众推崇艺术的重要途径之一。1927年2月19日冯武越刊在《北洋画报》的《裸体画问题》一文中，明确指出了这一点，"吾报毅然刊登裸体画片，完全为介绍世界美术起见，绝无诲淫之意，自信选材非常慎重，类皆世界名作，而为欧西各国所公然刊行发售，乃足资国内美术界之借镜者，明眼人自能区别之也"②。冯武越的此番强调，意在竭力避免《北洋画报》遭受传统思想观念的抨击，同时达到提倡高雅艺术的目的。而《北洋画报》呈现女性裸体，不仅向读者贡献艺术与美的享受，更力图传播欣赏女性身体的现代意识。这与艺术家们的旨趣是相通的，"在艺术家们看来，艺术绝对可以成为暴露女性身体的理由，裸体画是艺术审美而不是色情，并用西方艺术来证明女性裸体是脱离肉欲的'美中之美'，完全能够超越一切文化差异和道德教条。"③再如，1928年7月7日《北洋画报》的二周年纪念专刊封面上，刊登出雷根劳特的油画"真善美"（图5.23）。

图5.23 "真善美"④

---

①[德]海因茨·冯·帕克海默：《中国裸体文化》，转引自张英进著《中国早期画报对女性身体的表现与消费》，姜进主编《都市文化中的现代中国》，华东师范大学出版社2007年版，第59页。
②笔公：《裸体画问题》，《北洋画报》第63期，1927年2月19日。
③赵风铃：《西方文化映照下的都市新式女性的身体形象》，《江汉论坛》，2009年第8期。
④《北洋画报》第201期，1928年7月7日。

画中以三位西方裸女的形象来代表"真善美",而"真善美"恰是西洋艺术所追求的精髓之一。

"以艺术之名"是《北洋画报》呈现女性裸体形象的初衷。冯武越及主编们则力图将其作为美育的力量,"美育之力量,每以其'超脱力'与'普遍性',溶解无数悍戾之气质,养成一种高洁之情绪"①,希望都市民众在获得美感享受的同时,视女性裸露的身体为高雅艺术的表达,进而提升都市文化生活品质。

## 二 观看之道——艺术与色情

人类的身体本无淫秽与非淫秽之别,哪怕身体的生殖器官也作为身体的必要组成部分,具有独特的作用。人体美作为艺术品,是艺术家对人类天然身体的颂扬,"以表现人体美为主旨,人物形象端庄、优雅、健美、风格清新高尚,给人以强烈的美感,是一种具有高度审美价值的人体艺术,是人类文明进步的象征"②。然而,在人类的历史上,受到各种因素的影响,人体艺术欣赏和审视却总是被掺杂了许多非艺术的成分,艺术与色情似乎难以截然分清边界。民国时期中国的都市社会里,当人体艺术作为新鲜事物粉墨登场之际,半裸或全裸的图像被统统与"黄色""淫秽"画上等号。批评者将其视为洪水猛兽进而大行口诛笔伐,支持并积极宣扬人体艺术理念的新派人士则坚称艺术与色情无关。由此,艺术与色情之争成为双方思想交锋的主要内容。

虽然艺术裸体画与黄色淫画都以裸体为题材,却有着截然不同的旨趣。在人体艺术支持者看来,艺术裸体画本身无"丑"可言,是自然的、原始的,是对"人体美为美中之至美"的表现。在20世纪20年代,在实践和运用美术中的"光""色""线条"等之时,以人体为模特或作为实习的对象,在欧美日各国已经是司空见惯了。而为何要用人体作为美术上的模特?是因为人体包含了所有美的要素:形式与表现。刘海粟指出,"所谓美之形式,乃为发露于外之形貌;美之表现,为潜伏于内在之精神……人体美富有表现之美,一切自然美、人工美,从其本身言之,绝无何等感情之存生……所以灵感情绪之源泉,可以尽在人体方面,因此人体富于表

---

① 王小隐:《一年以来》,《北洋画报》第101期,1927年7月6日。
② 许志浩、王金海编:《人体美大观》,第141页。

情之美,所谓人为万物之灵也"①。张竞生认为裸体画的几大美感在于自然、完全、动情、谐和。所谓自然之美,指人是赤裸裸地降生而来,而身体之外的衣服等均不是自然的。所谓完全之美,在于展示人的绘画,应当把人的全身一齐画出来以显得更为完善,"美人所以美最要的在其奶部的发展,臀部的丰满,与阴部的光润"②。而这四美之中,尤以动情最具特色,所谓动情之美,实指人的性别,裸体画的美处就在"使女子的女性,与男子的男性,完全能够表现出来"。所谓谐和之美,主要意指人体的曲线之美,女性身体"整个的曲线形非把身体的各部连成一气不能表现此部与彼部的和谐"③。

而黄色淫画则"以宣泄情欲为目的,人物形象猥琐,格调庸俗低下,给人以肉欲的挑逗,毫无艺术价值可言"④。不仅如此,艺术裸体画与黄色淫画在具体的绘画方法上也存在许多区别。如张竞生强调裸体画并不同于春宫图,"裸体画的用意不在阴部,乃在全身。而春宫图,乃专一在写阴阳具。尚不止此,裸体画乃写男性身体或女性身体的表情,不是如春宫图的写男女私处联合为一气,而其联合的作用又使人别有感触也。知此二点的大分别,而可知道裸体画的目的为美,为艺术,为卫生,而春宫图的作用为性欲冲动与房事兴趣"⑤。

在中国社会,裸体画往往被等同于黄色淫画加以拒斥。究其原因,不在于画的本身,而在于观看者。道德规条则是这些观看者评判裸体画的标尺。他们更多地担忧裸体画对社会风气的负面影响。1943年,笔名为"小羽"的作者在《美术》上发文,回忆起民国初年围绕那场刘海粟雇用人体作裸体模特的争论,反对者言之凿凿,义愤填膺,"衣冠上国、礼仪之邦,一个女子在街上袒胸露臂地走过,便要认为有伤风化,何况,——在许多人面前,脱光了衣裳,给众人看了不算,还要照了样子画起来,那真成什么话?真是中国有史以来破天荒的惊人举动啊!"⑥这些抵制用人体模特作画者大骂画室与美术馆为春宫淫窟。1925年,闸北市议员姜怀素呈

---

① 刘海粟:《人体模特儿》,《时事新报》,1925年10月10日。
② 张竞生:《裸体研究——由裸体画说到许多事——为晓江氏女体速写而作》,《新文化》创刊号,1927年。
③ 同上。
④ 许志浩、王金海编:《人体美大观》,第141页。
⑤ 张竞生:《裸体研究——由裸体画说到许多事》,《新文化》创刊号,1927年。
⑥ 小羽:《刘海粟与人体模特儿》,《一般》第1卷第1期(创刊号),1926年9月。

请当局严禁模特,并请严惩刘海粟,理由同样是社会风化问题。"青年血气未定之男女,为此种诱惑堕落者,不知凡几。在提倡之者方美其名为模特儿,曲线美;如上海美术专科学校竟列为专利,利诱少女以人体为诸生范本。无耻妇女,迫于生计,食三四十元之月进,当众裸体,横陈斜倚,曲线姿态,此情此景,不堪设想……今执途人而询以:'裸体画有益世乎?'则十九必疾首蹙额而答曰:'风俗坏尽。'"①

与之针锋相对,受到西方文化艺术熏陶的新派人士则认为,拿道德批评艺术是错误的,因为美是不束缚于道德的。早在1921年3月,唐隽在《美术》杂志发文"裸体艺术与道德问题",猛烈抨击了社会上用道德的眼光审视裸体艺术的错误做法,最后强调:"裸体艺术是'美'(已知),又'美'不能为道德所妨害(已知),裸体艺术不能为道德所妨害。即不能以道德批评裸体艺术。"②

以上不难看出裸体画在近代中国于艺术与色情之间的纠葛。一旦裸体画进入都市社会民众的视野,读者或民众自然未必都能以艺术的眼光看待这些艺术品。1934年10月《北洋画报》刊登的一幅漫画充分反映了民众对裸体画的观看心理(图5.24)。

图5.24 "买画人的眼光"③　　图5.25 "艺术家的艳福"④

在这幅漫画中,一名青年男子正在向一位老者买画。画作名称为"女神与女魔"。画中圣洁的女神插上了翅膀正在向天空飞升;而女魔则全身赤裸地站立在尘世中。该漫画出自青年男子之口的文字说明点明了主

---

① 小羽:《刘海粟与人体模特儿》,《一般》第1卷第1期(创刊号),1926年9月。
② 唐隽:《裸体艺术与道德问题》,《美术》第2卷第4号,1921年3月。
③ 《北洋画报》第1149期,1934年10月4日。
④ 《北洋画报》第1159期,1934年10月27日。

题:"我买女魔这半张!"显然,裸体画像在艺术家那里尽管是呈现人体之美、表达艺术旨趣,而买画人的想法则仅在于拥有裸体的美女,并未考虑画作的艺术价值。据《北洋画报》1931年7月署名为"曲线怪"的作者反映,由于裸体画的盛行,各报章媒介纷纷刊载,以至于都市民众以极其低廉的价格就可购得裸体画一幅,"至于风俗淫靡,日甚一日,无人得以少数金钱,或竟不费一文,于旅店密室之中,而可饱为赏鉴异性之曲线美,于是乎美术家往昔所视为无上神贵之裸体,乃如年来之银价,一落千丈矣"①。在这种情势下,原本私密的女性身体借助画报呈现在都市社会中;而读者尤其众多的都市民众在观看、窥视之时,往往又加入了色情的成分。

在《北洋画报》的另一幅漫画中,艺术家与普通民众对待女性裸体的不同态度更加明显地表现出来(图5.25)。从漫画的比例分配看,女性雕塑占据了画面近二分之一,且居于正中偏右;艺术家"刘大师"尽管身形娇小,却因立于高梯之上居于画中较为中间的位置,对其身形采用黑色②着墨;头戴礼帽、身穿长袍的人士则身形狭小,且选用白底、粗浅的线条③来表示。画面上为"刘大师"手持工具制作女性雕塑的情形,而正在雕刻的恰好是雕塑的乳房部位;头戴礼帽、身穿长袍的人士,则仰头观看着这一情形。在这位人士眼里,"刘大师"的雕刻之举却是一副用手触摸女性雕塑乳房的架势。于是他颇为不解地问道:"刘大师,你在那上面干吗?"可见艺术家对女性身体之美的刻画在长袍人士那里只有乳房与女性身体的裸露。在这幅漫画里,身穿长袍也某种程度上代表了传统道德卫道士的身份。二者巨大的差距说明,在都市社会中,民众对裸体画艺术的欣赏和理解与艺术家的旨趣难免背离。"普通人看了,难免联想到性欲上去。所以这些裸体画,直接地可以破坏个人固有的道德和羞耻观念,间接地影响社会良好秩序和民族的健康。"④

女性裸体画在都市社会公共空间的出现,难以避免传统礼教所引发的道德冲突。一些保守人士出于维护传统道德规范和伦常的目的,纷纷斥责女性裸体的公开化,并加以干预和阻挠。1926年7月10日,《北洋画报》

---

① 曲线怪:《裸体画之末路》,《北洋画报》第654期,1931年7月23日。
② 在漫画的黑白表现手法里,黑色代表突出强调。
③ 使用白底、单线条形式勾勒人物轮廓,表明这一人物在漫画中的附属、次要地位。
④ 斧明:《人体美淫荡研究》,《健康与美术》,1935年第1期。

登出"美宣"所做的漫画"今朝"（图5.26）表现了这一景象。代表传统观念的卫道士双手执刀指向裸体的女模特儿，刀刃上标明"禁令"二字，女模特儿流露出的是一副惊恐、害怕的神态。漫画以强烈的讽刺性和幽默性的艺术表现方式，将女性裸体艺术在中国都市社会的尴尬处境表现得淋漓尽致。

图5.26 今朝（模特儿之今昔观）[1]

但是所谓"禁令"并未能遏止女性裸体艺术在中国的传播。因为二三十年代作为中国社会重要的变迁与转折阶段，"社会控制在道德上的实施力度往往会因为社会结构松动而大打折扣"[2]。尤其以中国女性为模特儿的画作或摄影照片仍在《北洋画报》陆续刊出。

图5.27 闺怨[3]　　　　图5.28 胡亚光君近作[4]

如图5.27画家蒋汉澄的画作，画中裸体的中国女子面部略带愁容，似乎表达着对生活或情感的不如意，故题为"闺怨"。再如图5.28"(画家)胡亚光君近作"，画中女子为短发与天乳，一派活泼、健康之态，与《北

---

[1]《北洋画报》第8期，1926年7月31日。
[2] 苏滨：《艺术形象的社会构造：以20世纪二三十年代上海女性身体形象为例》，陶东风、金元浦、高丙中主编《文化研究》（第5辑），广西师范大学出版社2005年版，第30页。
[3]《北洋画报》副刊第15期，1927年8月24日。
[4]《北洋画报》第125期，1927年10月1日。

洋画报》竭力宣扬的现代女性身体时尚、自然之美高度吻合。

《北洋画报》刊载大量女性裸体画作和摄影照片，并因此受到了不少读者的质疑。针对社会上对裸体艺术的误解，该画报报人与不少艺术家、裸体艺术的支持者一样给予了反驳。他们认为裸体艺术所引起的淫欲不在艺术本身，而在于观看者。裸体艺术为何被扣上道德败坏的帽子？源于观看者隐匿的性别欲望。国内最早倡导并积极践行裸体画艺术的刘海粟认为，裸体的再现及裸体画的展示是天经地义、无可厚非的，因裸体画而催生的性欲反映了观看者内心的淫秽。在他看来，只有出于传统礼教的陈腐观念，才会对裸体艺术加以怀疑。[1]张竞生则以观看裸体画与观看春宫图做一比较，认为批判裸体画的卫道士们，家中却藏有一幅一幅在极好的绢帛上画得极精细的男女裸体交合图。他们一方面极力鼓吹要消灭裸体画，另一方面却暗中为春宫图助势。[2]1927年2月，《北洋画报》刊登冯武越的《裸体画问题》一文，指出观看裸体画犹如读书一样，书本无邪与正之分，书的邪正在于读书观念的邪正，"至如裸体画一物，在研究艺术者之目光中，只见其曲线之美，绝无淫邪之念可言；其视为诲淫之具者，适足以见其目之不正而已"[3]。然而，就在同一文中，冯武越也承认，要对裸体画进行甄别，"然吾非谓裸体画中无诲淫者，凡其体态不正，不属艺术的描绘，或将阴处暴露，故示邪淫者，均为诲淫之类也"[4]。

## 三 看与被看——画报内外的性别审视

在艺术与色情的争辩中，《北洋画报》对女性裸体画作和摄影照片的刊出，使得女性裸体形象借助画报被大量复制和销售。这在近代中国的都市社会中又具有重要的性别意蕴。

首先，女性裸体图片被呈现在读者面前，被读者所观看、欣赏、品评，无形之中刺激了都市民众隐秘的审美凝视。女性的身体尤其裸体的公然公开、并接受民众的审视和评判，在近代中国的历史上是一个很大的突

---

[1] 参见苏滨著《艺术形象的社会构造：以20世纪二三十年代上海女性身体形象为例》，引自陶东风、金元浦、高丙中主编《文化研究》（第5辑），广西师范大学出版社2005年版，第27—42页。
[2] 参见张竞生著《裸体研究——由裸体画说到许多事》，《新文化》创刊号，1927年。
[3] 笔公：《裸体画问题》，《北洋画报》，第63期，1927年2月19日。
[4] 同上。

破。因为"在大都市里,中国人的审美品位未受西方影响前,裸体在中国不被视为审美对象"①。在20世纪之前,中国的男性对女性裸体的观看与接触,除了妻妾、妓女外,主要便是春宫图的私下传阅。女性的身体几乎都被严密的着装包裹起来。在男女有别的性别隔离之下,女性更多的是自幼深锁闺阁。而《北洋画报》及同时代的其他画报或书册中出现的女性裸体,不但堂而皇之地进入公共视域,还被冠之以艺术之名,与审美相连接。这种从隐私性到公共性的突破,对于女性而言具有重要的解放意义。女性裸露的不只是身体,还打破了过去被强加的禁忌和约束。成为艺术品的女性身体所体现的自然之美,被认为是"美中之至美"。

其次,女性裸体图片被观看,某种程度上反映男性的审美品位。苏珊·波尔多曾经指出,"作为视觉符号的图像不仅生产出一定的意义,而且产生相应的解读和认同。图像绝不仅仅是图像,它的产生、解读和认同有着意识形态和价值观的支撑。"②在女性裸体图像的背后包含了男性观看女性身体的复杂思想。换句话说,尽管女性的裸体无声地出现在图像中,只是供人观看的审美对象,然而,由于女性裸体图像的大部分读者都是男性,画家与摄影师也以男性为主体,因而不仅图像的制作过程反映了男摄影师或画家理想中的女性美,而且图像制作的目的也体现了男性对女性的看法。因而,图像中尽管男性处于缺席状态,但是隐性的男性立场却一直存在。仅就摄影照片而言,"运用摄影手段塑造的都市美女视觉形象,较易于表现人体的立体和个性,使美女视觉形象显得丰满而生动。而镜头的变换往往反映摄影师审美观念、情趣的变化。"③这种境况表明女性的裸体虽然与男性身体一道,获得了公开亮相的机会,但是却依然摆脱不了男性的主导和控制。女性裸露之美的确定与制造几乎都是在男性潜在的心理因素下完成的,从而导致了审美的"他"化和欲求的对象化。④女性不再是展示美的主体,而是作为客体,其身体的美丽与否便按照男性的

---

①陶东风、周宪主编:《文化研究》(第6辑),广西师范大学出版社2006年版,第77页。
②[美]苏珊·波尔多:《绝不仅仅是图像》,引自陈永国主编《视觉文化研究读本》,北京大学出版社2009年版,第305页。
③罗苏文:《上海与近代都市美女视觉形象的塑造(1880—1920)》,徐安琪主编《社会变迁中的性别研究》,上海社会科学院出版社2005年版,第168页。
④参见蒋晓丽《传媒"她世纪"的女性消费与消费女性》,《社会科学研究》2008年第1期。

眼光来评判与裁决。在裸体画中，男性的观看又使女性的裸体成为他们欲望宣泄与满足的对象，"美女"则被赋予了暧昧的性意味。这种主客体的倒置，实际上正是男权社会的反映。

再次，画报内外的互动——男性读者在阅读画报的过程也是画报内的女性目光"注视"男性的过程，在看与被看之间双方的目光交互成一个文化含义复杂的视觉关系场。有学者总结出这种视觉关系场包含了多层"看与被看"的关系："你在看画；画中人物在看你；画中人物在彼此看着；画中人物在看其他对象，或是注视空间，或是闭上眼睛；美术馆里警卫在你身后看着；美术馆里的其他人在看你或看画；还有一些想象的观察者；艺术家曾经看过这幅画；画中人物的模特也曾在那儿看过自己的形象；其他看过这幅画的人：买家，美术馆官员等；所有其他没有看过这幅画的人，他们也许只是从复制品才得知这幅画，等等。"①

1927年11月19日至12月28日，《北洋画报》连续刊载了9幅"模特儿姿态之研求"的速写画。画中的巴黎裸体女模特尽管姿态各异，但无一例外，她们的眼睛都直视前方，似乎在注视着画家或者读者。以其中的两幅（图5.29、图5.30）为例：

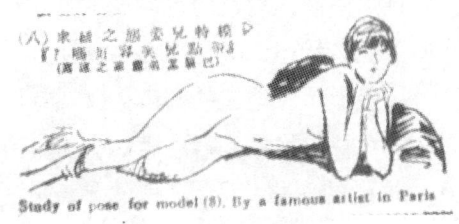

图5.29 "带点笑容好吗？"② 　　图5.30 "侧卧如何？"③

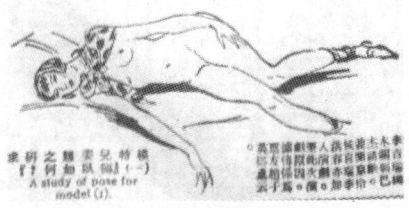

图5.29的女模特双手撑着下巴，赤裸着身体，侧卧在床，两眼含笑。此画辅以文字说明："带点笑容好吗？"显然意在达到画中的女模特与画作者、观看的读者相互沟通的效果，进而促使原本单调的速写画变得立体和鲜活起来。尤其观看者在观看裸体的女模特时，仿佛感受到女模特的征询。在图5.30中的女模特则采取侧卧的姿势，将裸露的身体正面展示在

---

①周宪：《读图、身体、意识形态》，引自汪民安主编《身体的文化政治学》，河南大学出版社2004年版，第71页。
②《北洋画报》第149期，1927年12月2日。
③《北洋画报》第139期，1927年11月19日。

画家及读者面前。此画的文字说明同样采用画中女模特的口吻:"侧卧如何?"似乎是在征求画家或观看者的意见。在这两幅画中,关于如何表现女性身体之美,女模特、画家、观看者之间形成了一种无声但却意味深长的交流。

最后,女性裸体画作和摄影作品借助报刊媒体呈现在大众面前,某种程度导致了女性身体的物化消费倾向。观看也是一种消费行为。女性裸体的图像被印刷进了画报并成为画报兜售时的重要卖点,很大程度上刺激了画报的发行量。私密的女性身体以图像形式成为都市社会男性和女性民众的大众消费品。因此,在商品化的需求下,"性"的意义借助女性的身体得到张扬。《北洋画报》虽然以提倡艺术与审美为价值取向和宗旨,刊发大量的女性裸体照片也是以艺术之名的人体欣赏,然而作为商业性的媒体,画报也不可避免地要考虑到市场的需求与发行量的变化。女性裸体画在画报上的频频出现,聚集了许多一睹为快的读者。因而,某种程度上,女性裸体画的刊出还有着刺激《北洋画报》发行量和扩大销路的考虑。《北洋画报》最初几年举行的悬赏竞赛中,女性裸体画册——《人体美》,时常被作为奖品奖励给获得优异成绩的画报读者。如1927年10月29日,该画报在第六次悬赏大竞赛举办之际讲道,"前十名赠本报特印《人体美》影集一大本"[1]。随后《北洋画报》又很快将"人体美"画册重新包装为精美的销售品。1928年4月刊出的广告写道:"《人体美》第一集,全四十幅。上等铜板纸印,布面金字硬皮,实价大洋二元,外埠邮费加一(元)。"[2]在男性审美欲望和消费文化充斥的都市社会里,女性裸体图像也成为可供视觉消费的消费品。而都市民众对女性裸体图像的矛盾也"恰恰反映了人们对当时漫画业道德上的谴责和视觉上的纵容之间奇特的结合"[3]。

---

[1]《北洋画报第六次悬赏大竞赛——请猜"字数"》,《北洋画报》第133期,1927年10月29日。

[2]《北洋画报》第176期,1928年4月4日。

[3] 张英进:《公共性、隐私性、现代性:中国早期画报对女性身体的表现与消费》,引自陶东风、周宪主编《文化研究》(第6辑),广西师范大学出版社2006年版,第90页。

## 第二节　　裸腿风潮

在近代尤其民国时期，面对报刊媒体中出现的大量女性裸体画作和摄影作品，新旧两派人士围绕是提倡艺术还是有伤风化而争论不休，社会民众猎奇的目光则始终夹杂其中。值得注意的是，与此同时社会空间的女性身体也在悄然发生着变化。不少生活在都市、追求时尚的女性已经不再如"昔日妇女，衣服严整，除面部外，几无露肉之处"[1]，其着装明显朝向"短、紧、露"的趋势[2]。女性部分身体部位的裸露，比如裸腿、裸臂、露背等随着女子服饰的时尚化潮流在都市社会越来越普遍，一度成为报刊媒体讨论的焦点话题。

公共空间里女性身体部位的裸露，在今天的社会已是稀松平常的事情。尤其每至夏天，露腿、露臂、露颈甚至露脐的各类衣装，无不显示着女性身体在展现身体曲线、暴露身体部位方面已经形成常态化趋向。然而在近代中国，公共空间的女性身体能够实现从层层包裹到大胆裸露的转变，实为不小的突破，特别是对民众身体观念的冲击和颠覆。20世纪30年代兴起的裸腿风潮则是公共空间女性身体裸露的典型事件。

### 一　裸腿风潮的兴起

近代中国的都市，大多具有开放性的特征，是吸纳西方文明的重要窗口，与中国其他城市和地区相比，最先受到来自西方的现代性因素的种种浸润。20世纪30年代盛行于都市的裸腿风潮，自然是追随了欧美的脚步。"中国一切事物，全属落伍，惟时髦女子的一举一动，可算是站在时代的前头，较之各国妇女，大有过无不及之势。试看西洋女子方盛行不穿长裤，而中国时髦女子已然仿效。"[3]

第一次世界大战期间，女性曾经成为战时劳动力的重要来源。战后，走入社会的女性们掀起了影响波及全世界的女性解放运动，在政治、经

---

[1] 大白：《谈裸体运动》，《北洋画报》第1387期，1936年4月16日。
[2] 第二章第三节"融汇中西的女子服饰"部分曾有分析。
[3] 诔心：《妇女不穿裤子问题》，《北洋画报》第976期，1933年8月24日。

济、社会等各个领域争取男女平等权利，更加注意自我身体的公开展示，以表达自信、自主的状态。自20世纪20年代起，西方国家女性一改过去丰胸、束腰、夸臀等强调女性曲线美的传统审美观念，大胆追求新的、现代的生活方式。她们在经历了20年代初一段"否定女性特征、向男装看齐"①的短暂误区之后，转而倡行裸腿之风，使之成为表现女性身体的流行趋势。"1927年到1928年，裙长缩短到膝盖附近，这使女性秀美的双腿大胆裸露，女装设计的重点由过去对胸、腰、臀的表现转到两条玉腿的张扬上来。"②

裸腿的风气传入中国之后，都市女性所钟爱的女装——旗袍也开始截短，甚至截到膝盖以上，长筒丝袜逐渐流行起来。后来更有不少女性连丝袜也脱去，露出光滑细嫩的美腿。如《北洋画报》等报刊媒体敏锐地捕捉到了这一现象。1930年，作者"曲线怪"在介绍时下流行的女子服装样式之时，实际着意指出都市女性的裸腿趋向。"……然而一双美丽的腿，哪能隐藏起来，不使异性得到鉴赏的机会呢？于是借口便于行动，袍脚开岔，又为当然之事。这岔即使开到膝盖，又有何妨？但是我见着许多女子，竟把小裤子的花边特地露出来。这与从前兴穿短衣时，微微把小马甲花边从衣岔露出，同属于富于挑拨性的啊。"③实际上女学生则在这场裸腿运动中充当了先锋和引领者。1930年，署名"暮气"的作者在《北洋画报》发表《断袜文腿》一文，指出北京、上海等地女学生的裸腿现象。"现在听说北平的女生兴穿及胫短袜，把两条肥白大腿，整个儿露在外面。上身再穿一件前清游勇式的半长坎肩，正是电影广告上说的，'香艳肉感'之至。至于上海的女学生索性把袜子去了，不但露腿，而且露出'香钩'，不但露出雪白粉嫩的大腿，而且在他腿上，画了图案的花纹。"④

1932年7月16日，《北洋画报》刊登了一组裸腿的照片，分别以"举足""接踵""促膝""比翼"等作品，意在展示女性的裸腿之美（如图5.31—图5.34）。

---

① 《20世纪20年代的社会背景和服装文化》（http://www.douban.com/note/217062179/）。
② 同上。
③ 曲线怪：《不伦不类之新装》，《北洋画报》第486期，1930年6月17日。
④ 暮气：《断袜文腿》，《北洋画报》，第511期，1930年8月14日。

图5.31 举足 　　　　　　　　　　　图5.32 接踵

图5.33 促膝 　　　　　　　　　　　图5.34 比翼①

照片的拍摄者是北平大学艺术学院的学生，照片中的几位女子也是该学院的学生。这些照片由《北洋画报》的报人主动向她们索要而来，以"介绍几位裸腿运动的功臣"，并借此进一步提倡该运动。从四张照片中女学生的姿态来看，我们不难发现，尽管摄影师取景角度各有不同，但照片最显眼的无一例外是她们裸露的双腿，自然给爱美的女性以极大的诱惑。这也是摄影师所力图呈现给读者乃至大众的视觉效果。如图5.31中四位充满青春活力的女学生并排俯卧在地上，双手托着下巴，面上露出轻松自在的微笑，其足部则齐刷刷地倚墙高举。再如图5.33的四位女学生席地而坐，摄影师在布景、取光时着力突出其紧凑并列的白皙、修长的腿。

为什么女学生尤其艺校的女学生更容易接受和践行裸腿？作者"无"对此进行了分析，指出艺术对于诸如裸腿等流行风尚的影响。"此风在北平首倡者，实为欧人。继起者，即为艺院之女同学。盖以素日研习艺术之故，对因袭的认身体各部位不可暴露之秘密物之一念，已早革袪也。"②

---

①图5.31—图5.34均见《北洋画报》第805期，1932年7月16日。
②无：《关于裸腿运动》，《北洋画报》第805期，1932年7月16日。

1932年之后，越来越多的都市女性参与到裸腿运动中。同年7月，《北洋画报》记者"白藕"进入天津的中山公园，发现其中游玩的女性皆以裸腿为美。"今年入夏后游中山公园之女性，半皆裸腿，即短袜亦不肯着。说者谓公园中每日在开凉腿会，颇相类。但腿上大部有蚊虫所咬之伤痕，或且以裸露日多，皮鞋时易，因鞋之深浅不同，而脚面乃分阳阴之色。"①公园是现代城市发展中出现的重要公共娱乐场所，游园作为新兴的娱乐方式一时间则引得都市女性趋之若鹜，也恰巧成为她们公共空间展示女性身体的途径。裸腿之风的传播与都市女性的游园形成了默契的结合，她们衣裙之下的大腿直接暴露在空气中，虽然引来蚊虫叮咬，却也乐此不疲。"穿短袜子，露腿，是现在女士们的一种时髦装束"②。在健康为美的口号下，裸腿更是得到了理论的支持。有时尚女子认为欲求皮肉之健康，就必须让它暴露在空气和阳光下。"如今光脚露腿，却又不怕黑了。人们给黑的颜色，起了一个名儿，叫作健康色。白要白个彻底；黑要黑个痛快。"③

不仅公园，大凡都市的公共场所尤其四通八达的街道，女性的裸腿更是成为一道风景。1933年3月初春，天气乍暖还寒之际，天津的街头便出现了不少摩登女郎裸腿招摇过市，"只穿极薄丝袜绸夹旗袍，微风过处，衣岔缝里，可窥玉腿莹然，已多不穿丝袜者矣"④。以裸腿展示身姿、表现身体越来越成为都市女性的向往。"只要是裸露着的，则虽是坐在人力车上，也要把旗袍的前襟掀开，让自股至足那一段肉，在大街上展览着。"⑤这里，记者虽然也批评裸腿招摇过市有伤风化，但是裸腿似乎已经超越了最初追赶时尚的盲目，而逐渐演化为女性展示自己美腿的途径。

女性的服装变迁在某种程度上也迎合了女性裸腿的时尚。据《北洋画报》报道，1935年6月，穿西服成为北平女性的新时尚，短衫短裙较为流行，"凡作此装束者，即可袖短过肘，而赤足裸腿"⑥。而都市女性新的服装造型也往往以满足裸腿为前提，"青年女子入夏不穿袜，露其双腿……其最可异者，在下肢则极力裸露，而上部则多方掩护，譬如玉腿呈

---

① 《曲线新闻》，《北洋画报》第804期，1932年7月14日。
② 《长短不齐》，《北洋画报》，1932年9月10日。
③ 白藕：《赤脚美》，《北洋画报》第805期，1932年7月16日。
④ 《曲线新闻》，《北洋画报》第912期，1933年3月28日。
⑤ 白丁：《古城游记》（下），《北洋画报》第1102期，1934年6月16日。
⑥ 《曲线新闻》，《北洋画报》第1261期，1935年6月25日。

露于外，而颈部则虽在盛暑，亦以长其领焉"①。

## 二 都市女性身体裸露的媒体审视

与缠足和天足在不同历史语境下的审美转换一样，女性身体应该遮蔽还是展露，也是审美认同在不同时空的变化。进入民国以来，女性裸体画作和摄影作品在报刊媒体及各类文化宣传品的大肆登场、妇女解放运动之下女性群体追求自我意识的日趋浓烈、来自欧美国家时尚潮流的引领等等因素共同作用，促使越来越多的女性敢于通过身体展现在公共的社会空间里表达自信、自主的情态。自然，女性身体在公共空间的部分裸露，被新派、思想开放的人士视作文明、进步的象征，是彰显现代女性身体美的一种途径。早在1928年，李寓一指出，"坦胸露膝，极力的把人体'曲线美'，女体的'女性美'，全个裸露出来，我国时髦妇女的装束近于此"②。

"梦薇"在《北洋画报》中以"夏夜的素描"为题，描述了女性身体的部分裸露，认为表现出来的是一种"肉的"美感，"女人在这时，所表现的，完全都是肉感的。即以衣服说：是蝉翼纱等可以露出肉体的衣料，而袖子是短短的，把全部肥白的臂都露出来，连腋窝的一丛软毛都可以看见。腿也是裸露着的。晚上在街上走着，微风吹开长衫的开叉，忽隐忽现的，整条的小腿，在灯光中一幌一幌的，真看得人眼睛里出火。腿也有各种各色的不一样，有的肥白如脂，有的黄褐的像咖啡色。"③作者"白藕"则大赞公园中女性的裸腿，"坐在中山公园翠松林中，看到了几十双裸腿，长短，粗细，黑白，隐约于衣角裙底中，好不美术！"④

在近代的都市社会生活中，尽管裸腿及身体的部分裸露被越来越多的女性所认可、提倡进而付诸实际行动，但仍然饱受争议。围绕女性身体裸露走进公共空间与社会生活的话题，在报刊媒体等媒介所呈现的舆论世界里，既有积极支持者，亦有坚决反对者。

裸腿运动并非畅通无阻地进入都市女性的日常生活，而是遭到了许多非议乃至政府的干预。综而观之，反对的声音大体集中在"有伤风化"

---

① 淑：《瞒上不瞒下》，《北洋画报》，1933年10月7日。
② 李寓一：《衣装"美"的判断》，《妇女杂志》，1928年3月。
③ 梦薇：《夏夜的素描》，《北洋画报》第1428期，1936年7月21日。
④ 白藕：《赤脚美》，《北洋画报》第805期，1932年7月16日。

上。在裸腿运动流行之初，针对主张裸腿的诸理由——"不穿袜子的经济、凉快、健美"等，"白藕"也提出了质疑，"要说经济，并不见得，因为一部分光腿的人，是穿了扫地的长袍，省了袜子，费了大褂……要说凉快，毒日晒着，热风扑着，从男人们光膀子并不见得象穿着小褂凉快为例，可见也未必不热……以锻炼论，似乎不应当只在夏天裸腿，到秋风凉时，不要再穿上了丝袜，到雪花飘时，不要再套上了绒裤。那才是好汉！"①虽然"白藕"并未明确指出女性裸腿的真正原因——为追求美丽，但是却认为社会上所流传的这些理由均为托词。

当裸腿的风气在社会上日趋流行的时候，社会中又有不少人士担忧女性在公开场合暴露身体会引发社会风气的恶化。"在先前，八股先生如果在近视眼镜里发现一分寸的女子白腿，便往往摇头摆尾地大哼其文章：什么'悲世风之日下，叹道德之沦亡'。如果在内地发现了，那些绅士和乡长便将召集紧急会议，讨论要用投水或活埋的刑法来处置这多野女人了。"②而提倡裸腿的都市女性竟又"得寸进尺"，"长裙和长旗袍越来越短，居然一度短到膝盖之上来。现在虽然重新把旗袍放长，可是两边的开裙很高，而且甚至于现出无袜的裸腿，憧憧来往的，全都是原装的白肉腿，毫无遮盖"③。因此，在保守主义者看来，有伤社会风化是裸腿的危害所在。女性腿部的裸露势必会勾起男子的非分之想。《北洋画报》便曾披露，"上海市上汽车夫，每有因看女人腿上的丝袜，而肇祸者。夫丝袜，岂足以引起人们之视线，人们之所注意者，固不在丝袜，而在将丝袜撑得紧绷绷的两条小腿耳。"④

1934年"新生活运动"开展之际，禁止女性裸腿的法令已开始在各大都市颁布执行。同年8月，北平市政府制定严厉措施以取缔赤足裸腿，令各公园及娱乐场所开展查禁，不准摩登妇女裸腿入内。⑤1935年7月，北戴河海滨公益会公理会执行省府政令，规定"无论男女，除入海游泳外，不准赤足短裤在路中行走，露背短襟之新式游泳衣，亦禁女子穿着，以维风

---

① 白藕：《赤脚美》，《北洋画报》第805期，1932年7月16日。
② 陈子善主编：《脂粉的城市——〈妇人画报〉之风景》，浙江文艺出版社2003年版，第83页。
③ 同上。
④ 云心：《女青年露腿新装》，《北洋画报》第521期，1930年9月6日。
⑤《曲线新闻》，《北洋画报》第1132期，1934年8月25日。

化"①。同年8月,在北平中山公园的入门之处,"每日皆有摩登女被阻于门外"②。

然而禁令所到之处,"令行不禁止"的情况较为多见。《北洋画报》记者"无聊"在南京调查采访中发现,南京的赤足裸腿现象并没有禁止。南京街上远处跑来的洋车上,依然可见女性"一双双黄褐色的大腿"。③裸腿既方便又美丽,对现代女性而言具有较强的吸引力,使其难以割舍。1936年6月,《北洋画报》一篇《赤膊和裸腿》的文章,分析政府禁令失效的原因时,指出政府执行禁令不坚决、不彻底,是因为"有许多要人的太太和小姐是不能接受禁令的"。④禁令不但没有得到很好地执行,更有甚者,"便是在夏季最摩登的时装中,女人非但赤膊,而且连背脊和胸口都露出一大半,这应当是有碍观瞻的了,而且大家都认为这是最有礼貌,最时髦的了"⑤。

在裸腿运动的风潮中,除了女子因能从裸腿得到便利、美观而支持外,也有一些男性抛开社会风化与道德的因素,极力提倡此运动。《北洋画报》的记者"无"认为这项裸腿运动不同于全身的裸体运动,开展裸腿运动理由充足,不只是时髦而已,对国家和民族都极为有利。"无"列举了如下几大理由:其一,裸腿有利于健康,因为身体遮蔽严实,不容易判断是否健康;其二,中国女性之腿要么瘦如材棍,要么肥若木墩,都是由于缺少适合运动而来,裸腿将使女性更自由地参与更多的运动;其三,欧洲人身体获得全面发展,甚至有人主张裸体运动,享受自然之生活,女性的身体不被严密包裹起来,也皆健壮;其四,中国弱不禁风的女性裹于裁剪得宜的长衣中,固然美丽,但是要使女性身体适当发展,需要提倡人人有浴衣游泳的机会。⑥在"无"看来,要想强国强种,需要先提出裸腿,将来再倡导浴衣游泳。于是,裸腿与否,与女性能够更为便利、自主地融入国家民族解放息息相关。

无论如何,裸腿在都市女性群体中开始出现并流行,不能不说是现代意识下审美观念的转变——以适当的裸露凸显女性的身体之美。这种身体

---

① 《曲线新闻》,《北洋画报》第1267期,1935年7月9日。
② 《曲线新闻》,《北洋画报》第1279期,1935年8月6日。
③ 无聊:《南游随笔:南京的风化问题》,《北洋画报》第1298期,1935年9月19日。
④ 水草:《赤膊和裸腿》,《北洋画报》第1418期,1936年6月27日。
⑤ 同上。
⑥ 无:《关于裸腿运动》,《北洋画报》第805期,1932年7月16日。

的释放在历史长河中是个非常了不起的进步。

## 第三节　品评近代女性身体美

不管是美容、发饰、服饰等的时尚塑造，还是以健康美为标准的"运动"女性身体，固然不能脱离复杂的社会背景，如五四运动日益高涨的女性解放与国族话语、30年代对于国货的提倡等，无不聚焦了女性身体。与此相应，女性身体美的标准也一度引起了人们的关注。[①]《北洋画报》对于现代女性身体美标准的讨论与评判则具有一定的代表性。

### 一　"西方之美"与"东方之美"

近代以来，都市女性身体的建构始终受到外来文化的影响。民国时期的报刊媒体通过介绍国外选美大会、转载西方人体艺术摄影或画作等方式，给都市社会民众了解并欣赏西方女性身体之美提供了一个窗口。而西方女性的身体形象，某种程度上挑战了中国传统女性身体美的观念。《北洋画报》在推介女性身体之美的同时，尤其注重分析了女性身体美标准上始终存在的东西方差异。

1927年5月14日，冯武越以"世界赛艳大会"为题，介绍了美国即将在得克萨斯州举行的世界赛艳大会（即今天流行于世界各地的选美大会），大会目的为选举世界第一美人。参加此次赛艳的女性，"惟有先由各国预选一人为代表，其被选资格中之最要者，为身家清白四字，即谓能以工作自活或受养于家庭者为合格是"。[②]"赛艳"之步骤如下："（一）衣礼服，（二）衣游戏装，（三）衣浴衣。"[③]尤其紧小贴身的浴衣是表现女性曲线美必不可少的。在文中，冯武越又披露各国的候选者，如法国为"其貌绝类名画'柔宫德'（Joconde）之像"[④]的贺贝尔托

---
[①] 相关争议及其观点参见游鉴明《近代中国女子健美的论述（1920—1940年代）》，收录游鉴明主编《无声之声（Ⅱ）：近代中国的妇女与社会（1600—1950）》，台北"中央研究院"近代史研究所2003年出版，第141—172页。
[②] 笔公：《世界赛艳大会》，《北洋画报》第87期，1927年5月14日。
[③] 同上。
[④] 同上。

夫人，德国所选的"德国姑娘"则"体格与'蜜洛'之'维纳斯'石像，不爽毫发"。①可见，不同地域、不同文化背景之下，女性身体美的标准是各有不同的。因而，冯武越对此次美国赛艳大会选举世界第一美人之举提出了质疑，"但无论此次赛会中夺锦标者谁属，我东亚人绝难承认其为世界第一美人也"②。

1930年2月18日，作者"释了然"在其文章《女体美撷谈》中，阐释了不同国家对女性身体美的侧重点，"各国对于女子各部之美，互有偏重，如西班牙人重秋波，意人重玉指，法比人爱纤足，德人喜美发，美人重皓齿等类，皆与吾国人略同。至若俄人之重阔眉，英美人之喜壮硕，日人之重肥女（日人以温肥柔顺为女子之德），则似与吾国习俗相悖。"③此文虽然有夸大之嫌，却把品评和想象的空间留给了读者。

1933年1月25日，《北洋画报》刊出《阿拉伯之美女条件》一文。作者"采风"首先回顾了中国古代美女和西方国家美女的标准，"我国古时，所谓美女条件，不是蟒首蛾眉，就是杨柳腰，芙蓉面，不是十指尖尖如嫩笋，就是三寸脚儿似金莲。至于西洋人呢，就以乳大腰细为美"④。随后"采风"将阿拉伯国家的美女条件悉数列出如下。

（一）四肥：颊肥，腰肥，臂肥，小腿肥。
（二）四小：手小，耳小，脚小，乳房小。
（三）四圆：头圆，颐圆，臂圆，脚踵圆。
（四）四阔：额阔，眼阔，腰阔，臂阔。
（五）四长：背长，臂长，指长，小腿长。
（六）四白：脸白，手白，齿白，眼球白。
（七）四红：唇红，舌红，颊红，齿龈红。
（八）三狭：眉狭，鼻狭，唇狭。
（九）三黑：头发黑，睫毛黑，眉毛黑。⑤

在"采风"看来，阿拉伯所定的美女标准，足可成为西方国家中"最

---
①笔公：《世界赛艳大会》，《北洋画报》第87期，1927年5月14日。
②同上。
③释了然：《女体美撷谈》，《北洋画报》第435期，1930年2月18日。
④采风：《阿拉伯之美女条件》，《北洋画报》第1042期，1933年1月25日。
⑤同上。

有趣者"。

《北洋画报》在对西方国家女性身体美的阐释和评判的过程中，关乎女性身体"东方之美"的讨论也在进行。早在1928年7月7日《北洋画报》两周年纪念之际，署名"忆婉庐主"的作者受冯武越之请，作命题文章《东方之美》。文章要求围绕《北洋画报》早已编排好的几幅女性人体美图片展开，即"徐悲鸿绘观世音像"、"仇十洲绘贵妃出浴图"、"高丽闵妃遗像"，以及培克汉姆氏的两幅表现中国女性裸体的美术摄影——"庄严"与"荷香"。①固定的题目尽管限制了作者的自由发挥，"本报这一页上所刊载的，全是人体像，所以我写的《东方之美》，也只好限于'人体美'"②，却在文章付梓之后，使整个版面达成了典型的"图文互观"效果，也使作者对女性身体美的评论更具说服力。

"忆婉庐主"首先强调，对于女性身体美的判定，一则援引于本民族体质特征，二则是与男子有着显著差别的性别特征。"大抵人类对于女性美之赏鉴，其大部分皆以其本族所认为体质之特点，加重而引伸，而尤以与男性为显著之差别者，斯为上选。"③此种观点恰好与上文冯武越的质疑形成了呼应。"忆婉庐主"进而对同一版面中的女性人体像逐一说明：

> 观世音像代表印度之美，杨贵妃代表中国古代之美，全出自中国画家的虚拟。观音像的写实色彩，比贵妃还多些。贵妃像只能说是明朝人的"理想人体美"。闵妃的照像是代表高丽之美的，实在是满洲系统；袁爽秋（昶）推为近五十年来东方第一美人者也。余两幅的"中国人体美"，要算中国空前的创获。我们中国向来认为猥亵而排斥的，却有机会作庄严的表现。④

对比之下，"东方之美"在"忆婉庐主"心目中有了标准，"'肺结核式'的美人，并不能代表东方之美。而贵妃之丰若有余，观音之圆妙慈悲，闵妃之正大仙容，皆所以表示出体格的健康，而不背于'美'之原则

---

① 《北洋画报》第201期，1928年7月7日。
② 忆婉庐主：《东方之美》，《北洋画报》第201期，1928年7月7日。
③ 同上。
④ 同上。

者也。呜呼！美哉健康之美也，敢敬为吾东方之人体颂"①。尽管《北洋画报》选用的女性形象所处时代各异，而所传递给读者的则是二三十年代都市社会中业已大力提倡的现代女性身体美的重要标准——健康。

## 二 《北洋画报》对现代女性身体美的想象

《北洋画报》不仅推介东西方各国对于女性身体美的理解，更是立足于现代转型的社会现实，试图为社会民众构建现代的女性身体美。

服饰作为展示、美化身体的重要手段，在现代女性身体美的评说中，不断地被品头论足。着装得当有利于增进女性的身体之美，否则便是相反的效果。"近来流行之女衣，即能将身体各部分之美，表现无遗，于腰臀尤为显著。然时因裁制不合及襟托不当之故，而反觉丑恶。"②1931年8月25日，"红杏"在《人体美》一文中强调，"真的人体美，必须要从衣着上表现。原因人类眼光，久矣乎被衣饰所降服，而衣饰确可以遮蔽人体一切瘢麻粗糙的恶劣。"③1936年10月6日，作者"薇"则以"黑色赞颂"为题，大赞黑色的服饰和装扮对于突出女性身体美的效用，"我喜欢黑色，虽然黑色并不鲜艳。皮肤黑的人穿上黑色的衣服，便显得调和，可是皮肤白的人穿上黑色的衣服，却更显皎洁。……在晶莹如玉的身体上，配以黑色的旗袍，黑色的高跟鞋，越显得裸着的腿，洁白可爱。如果再描上黑的眉，戴上黑的眼镜，那更黑白分明，仪态万方了。"④不仅如此，"薇"还认为黑色的衣饰适合于不同年龄阶段的女性，"到三十岁以后的女人，要想还保持她的风韵的话，那不是专靠化妆品所能办到的。如果不穿一件黑色的衣服，她的青春是跟着年岁成为历史的陈迹了。同时，要教年华尚轻的处女有成熟的魅力，是不能穿鲜艳衣服的；必须穿黑色的衫儿，方能显出成熟的姿态。半老的徐娘也要穿黑色的衣服，方能调和她的衰老。黑，是最公平的颜色。如果你是一个善于装饰而知道美学的女子，就知道你一生是离不开黑色的。"⑤

而在西方人体艺术的影响下，民国时期关于女性身体之美的讨论中，

---

① 忆婉庐主：《东方之美》，《北洋画报》第201期，1928年7月7日。
② 释了然：《女体美摭谈》，《北洋画报》第435期，1930年2月18日。
③ 红杏：《人体美》，《北洋画报》第668期，1931年8月25日。
④ 薇：《黑色赞颂》，《北洋画报》第1461期，1936年10月6日。
⑤ 同上。

自然之美具有一定的代表性。所谓自然之美，实质是充分展示女性身体各部位的天然之美与体形之美。1928年7月，《北洋画报》以"美人十五美图"为题，将女性身体的各个部位分别以摄影照片的形式呈现给读者（图5.35）。

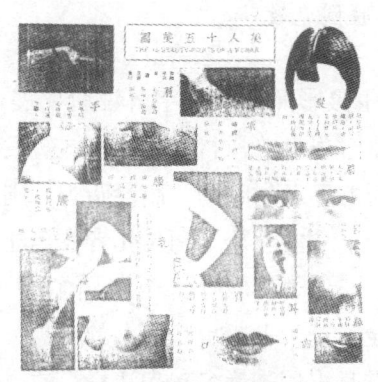

图5.35 美人十五美图①

如上的摄影组图中，涵盖了女性身体的发、眉、项、肩、手、腰、目、耳、鼻、齿、臂、口、膝、乳、足十五个部位，附在摄影照片旁边的文字，则以半文言的文体描写了各部之美：

发——记折花共剧，兰云才复，涂妆伊始，翠钏曾安。……蜂黄浅，爱西阳无限，映取遥山。

眉——未语先颦，欲歌远锁，暗托芳心十四絃。销魂处，有鹅黄初柳，临去双尖。

项——□蛴乍仰，是香梦初圆时候。

肩——玉楼耸处时情远，俨若削成。

手——春来病，把芳心捧罢，百遍摩挲。

腰——临风杨柳，摇曳生姿。

目——端相久，待嫣然一笑，密意将成。

耳——把无声细语，递向更深。

鼻——粉妆玉琢，掩映两段秋波。

齿——瓠犀微露。

臂——待枕先舒，将盟暗啮，宜印绸缪小字斜。

---

① 《北洋画报》第201期，1928年7月7日。

口——乍尝樱颗，嚼碎红绒。

膝——怜他康成诗婢，屈向泥中。

乳——隐约兰胸，菽发初匀，脂凝暗香……添惆怅，有极

织袿一抹，即是红墙。

足——六寸肤圆光致致。①

显而易见，这一组摄影照片及文字解说所要展现的是符合现代审美观念的女性身体美：如"发"为风行一时的新式短发，"足"为"六寸肤圆"的天足，"隐约兰胸，菽发初匀，脂凝暗香"则意指乳房的丰腴、白净等。可见，"曲线怪""笠丝乐"两位作者在构建和表达都市女性身体之美时，指向了时尚、自然、健康等。《北洋画报》的编辑则对两位作者的创意和贡献给予肯定。"第七版也是妇女的地盘，把美人体上的十五部分的美，和盘托出，并且引用香艳名句来注释；这岂但是中国报纸中从所未见，就是西洋报纸，也未必有过这个！北画对于读者的贡献，总算肯努力的了。"②

学者张英进亦曾对这一组图文进行分析，认为该图文之意在于"唤醒缺席的男性对女体的联想"。而富有诗意的解说，"不仅揭示了文人理想中的身体美，同时也增加了他们在家私下观看这些图片的快感，并把对女性身体的表现升华为可在公共领域展览的艺术品"③。张英进还在分析中强调这是现代中国视觉艺术显著特征之一——离散身体观的表现④。而在笔者看来，摄影术代表了现代，文言文代表了传统，现代的技术和传统的文字共同成为表现现代女性身体美的工具。"图文互观"固然使其达

---

① 《北洋画报》第201期，1928年7月7日。
② 《本报两周年纪念号的内容》，《北洋画报》第200期，1928年6月30日。
③ 张英进：《中国早期画报对女性身体的表现与消费》，姜进主编《都市文化中的现代中国》，华东师范大学出版社2007年版，第58页。
④ 约翰·海伊（John Hay）提出离散身体论，认为传统中国艺术中人体"借由隐喻而产生离散：通过浑然一体的回应和笔触，把人体融入自然世界，以体现气在宇宙人间的现实"（约翰·海伊：《中国艺术中身体不可见？》，引自司徒安、塔尼·巴罗合编《中国的身体、主体与权力》，美国芝加哥大学出版社1994年版，第44页）。张英进的研究则认为，海伊的离散身体观不仅适用于近代中国石印时代绘画和画报对女性身体的表现，同样保留到摄影术兴起之后的摄影画报时期，成为现代中国视觉艺术的显著特征之一。参见张英进《中国早期画报对女性身体的表现与消费》，姜进主编《都市文化中的现代中国》，华东师范大学出版社2007年版，第53、57—58页。

到了完美、和谐的统一，从中也可发现《北洋画报》融贯中西、古今的旨趣——追求现代性的同时，仍不可避免留有传统的影子。这不是《北洋画报》报人的刻意所为，而恰恰是天津都市社会现代化进程中传统因素仍然存在的表现。

1933年12月19日，《北洋画报》呈现了另一组女性身体各部位之美的摄影照片（图5.2）。

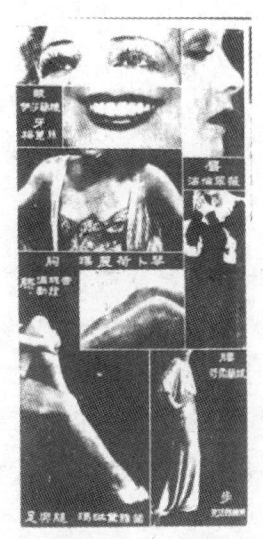

**图5.36 理想中最完美之影星**[①]

该摄影组图中的眼、牙、唇、胸、膝、腰、腿、足、步等身体各部位取自于数位女电影明星，如此拼接的身体构建出理想中完美影星形象。电影明星是20世纪20年代后期时尚与潮流的符号。不管是在银幕上，还是日常生活中，她们占据流行前沿的不同身体形象都是都市女性竞相模仿的对象。因而由电影明星身体各部分所拼凑而成的"理想中最完美之影星"，无疑是女性现代身体美的绝佳注解，反映了都市社会的现代性想象。

1936年8、9月间《北洋画报》所登的虎标八卦丹广告中，为了打动女性，竭力宣传口齿清香是为女性身体美必不可少的条件，"真正的'女性美'是什么，容貌艳丽，当然估得重要条件；其次，口发清香，在谈吐间给异性的获得快感，也是不可少的事。事实告诉我们：妙龄女郎必须常服虎标八卦丹，那么，口齿生香，谈吐爽捷，在'女性美'三字上面，才可

---

① 《北洋画报》第1026期，1933年12月19日。

称十分完备。"①这则广告以"口齿清香"为卖点，反映了该时代女性美对身体部位的强调已经从想象逐渐融入了都市社会生活。

体态也是衡量女性身体美丽与否的重要方面。1936年9月17日，作者"梦薇"在《谈女人的美》一文中，强调了体态美对于女性身体美的重要性。"谈女子的美丽时，也是先由她们的面庞上说起，接着便研究体态的美。事实上确切的证明，一个女子体态的美，其重要性是不让颜面的美。有人这样比喻，颜面好像美丽的花，花虽然美丽，如没有绿叶陪衬，则未免有点单调，美丽的花因之而失色了。所以古人除了说'面如薄粉'、'眉如远山'之外，还说'婀娜多姿'、'腰如束素'等。"②一个标准的美人，体态之美是必备的。而体态之美的构成则对女性身体的各部分又提出了要求：

> 最美的女人的体态是丰腴而不失其婀娜的姿态，她应当有玲珑的曲线美，她应该具有微削而多肉的肩，丰满的乳房，尤其是要有坚持挺硬的条件，行路时乳房荡动的太厉害是有损美观的，但微微的颤动，却不能逗起男人性感。腰部要柔软而细小，但须与体格相称，如此才不失为轻盈窈窕。臀部圆满是要紧的，但忌臃肿和松弛。大腿要长而圆。手臂要上下圆满相称，手要柔，指要尖。足不要太肥也不要太瘦，这样才可以成一个标准的美人。③

此时的中国社会里，以"纤弱之美"来规训女性身体的观念仍占据主流地位。《北洋画报》以竭力打造女性身体的现代美为旨趣，自然对这一现象多有批评，又表现出了无奈，"以吾国人近虽日趋欧化，而重"东方纤弱之美"之根性，常有一部之保存，如女子之束胸小马甲，虽经医生认为绝对有碍卫生，而依然流行于少女界，因此致病肺而死者，时有所闻，人之所以明知其害而仍乐用，岂不因其能阻制胸部发育，免丰肥而碍纤弱之美乎？"④

---

① 《女性美》，《北洋画报》第1445期，1936年8月29日。
② 梦薇：《谈女人的美》，《北洋画报》第1452期，1936年9月17日。
③ 同上。
④ 释了然：《女体美撷谈》，《北洋画报》第435期，1930年2月18日。

然而长期以来民众对于女性身体美的追求，深受男性中心意识的左右和控制，"女性美从来都是主流社会的男性有意识地制造出来的时代时尚，是他们的欲望和需要的外在表现"①。直至近代，这一倾向仍未能改变。《北洋画报》是一份以男性为主导的画报媒体，对女性身体美的种种评判与言说之中，所展现的无疑是男性的现代性想象。从某种程度而言，这也反映了都市社会中民众尤其男性对女性身体的消费。正如《北洋画报》的记者生动地刻画道："男子之欢善女子是为什么呢？我说是因为她的全身都是好吃的东西，我们一进水果店，有一股甘芳之味袭鼻，我们遇见一个漂亮的女人，也像进了一个大鲜果店一样。女人的全身，都是好吃的果子：'桃腮，杏眼，苹果脸，梨涡，藕臂，春葱（又有人说是春笋），樱唇，酥胸（又有人说是新剥鸡头肉），贝粒，莲船。'"②尽管都市女性某种程度上已经摆脱传统思想观念对身体的束缚，然而在报刊媒介，尤其以画报为代表的视觉媒体中，仍然无法脱离被言说、被观看的客体的命运。

难能可贵的是，在男权意识包围的社会时空里，女性并未完全处在失语、被动的状态。"梦薇""红杏""薇"等作者，数度在《北洋画报》发表评判女性身体之美的文章，从女性视角丰富着画报对女性身体的呈现。而更多的女性则在社会尤其媒体建构身体美的大环境中开始踊跃地打扮自己，走进社会，从实践中逐渐积累了越来越多现代美的知识。这是探讨都市女性身体之美的又一路径。

## 小　结

近代尤其到了民国时期，都市女性的身体得到了前所未有的解放，突破以往传统社会的种种限制。而其中女性裸体画作或摄影照片借助画报走进公共视线，虽然以艺术之名而出现，却在社会上遭到了诸多非议和猛烈的抨击。其实，这里面有两个关键的因素：时间和性别。20世纪之前，在传统礼

---

① 王儒年：《〈申报〉广告与上海市民的消费主义意识形态——1920—1930年代〈申报〉广告研究》，博士学位论文，上海大学，2004年，第132页。
② 不鸣：《女子的体态美》，《北洋画报》，第1362期，1936年2月18日。

教束缚之下,女性身体被限制在家的私领域,并没有在公众场合裸露的机会,裸露几乎等同于淫秽。尽管西方的文明与艺术逐渐传入中国,而民国初期裸体画的出现仍然挑战了都市民众的心理底线。1916年夏,上海美专刘海粟校长举行成绩展览会,添设"模特儿"一科引起轩然大波。误入展会的女性观众更是怒斥:"真艺术叛徒也,亦教育界之蟊贼也,公然陈列裸画,大伤风化,必有以惩之。"[1]然而,时间的标尺在人体艺术发展中占有重要的作用。到了30年代中期,上海市政府专门为刘海粟开办个人艺术展览会。会上展出的裸体男女图片竟占了五分之一之多。可见,女性的身体随着时间的推移获得了越来越宽松的展示空间。此外,性别也是一个重要因素。有学者因此而作出假设:"如果新式艺术教学中的模特仅仅采用男性人体模特,无论怎样大张旗鼓都不至于引起极端化的社会反应;如果在新式艺术教学中采用女性人体模特而使之封闭于狭窄的学科专业范围,那么与其相系的道德冲突也不会骤然爆发。"[2]这种假设的可能性自然无法检视,却也从某种程度上说明女性比男性的身体更为敏感的事实。

女性裸体画虽然是在女性身体审美名义下的公开展示,但是正如《北洋画报》中名叫"红杏"的论者所言:"人体美?人体美的真义在那里?人们之所以赞美'人体美',欣赏人家的人体美,而乐于化钱去参观,大概就为下面一句话:'家花那有野花香!'我绝不信人人都有欣赏艺术的眼光,也绝不信人人的'人体'都是艺术品,虽然谁都喜欢看人体美,尤其是对于女性的。"[3]虽然"红杏"所言未免夸张,但是却并不能否认不少男性借对女性身体美的讨论来满足内心的"美色"欲望。因此,女性身体美的标准制定与身体的裸露表面上是女性在社会中受到重视,而实质上却依然没有逃脱出男权中心的藩篱。甚至有学者指出,男性帮助女性建立新的审美形象以及展示女性裸体形象,其实"象征着新型男性统治关系的出现,这种新男权主义在鼓励妇女解放的同时,也制造了女性身体形象的总体性标准"[4]。因此女性身体美的标准与言说、女性裸体画在画报媒体中的出现,其背后有着深厚的社会文化背景。

---

[1] 刘海粟著,沈虎编选:《刘海粟艺术随笔》,上海文艺出版社2001年版,第31页。
[2] 苏滨:《艺术形象的社会构造:以20世纪二三十年代上海女性身体形象为例》,陶东风、金元浦、高丙中主编《文化研究》(第5辑),广西师范大学出版社2005年版,第29页。
[3] 红杏:《人体美》,《北洋画报》第668期,1931年8月25日。
[4] 陶东风,金元浦,高丙中主编:《文化研究》(第5辑),广西师范大学出版社2005年版,第41页。

而女性的身体之美历来受到社会的普遍关注。"爱美是天性，不爱美的女人便是矫情；在路上见了美丽女人而不看的男人，也是矫情！这两种人都是恋爱场的叛徒。"①民国时期，健康之美、自然之美、身材之美、体态之美、服饰之美等各种女性身体标准的讨论，已经从过去抽象的"沉鱼落雁""闭月羞花"等赞叹，发展到对身材乃至细化到身体各部位的品评，如对"美人十五美图"的剖析。

1937年5月初，天津巴黎舞场举行了别开生面的"大三元"比赛，参与比赛的女性"前所未有"，"来宾极众"。这是一场选美的比赛。巴黎舞场将选美分为三类，即按照人体的上、中、下三个部位从参赛的女性中分别选出最美丽者：上部主要选出容貌与冠发之美，中部主要选出体段身材和衣装之美，下部主要选出腿胫与踝节之美。最后比赛根据容貌与冠发美、体段与衣装美、腿胫与踝节美各选出优胜者3人。"结果容貌与冠发美第一名为兴华公司之施女士，第二名为张缦云女士，第三名为一俄妇Ira Parfenoff。体段与衣装美第一名为该场俄籍舞女Tomara，第二名为西妇Imaravitch，第三名为何曼丽女士。腿胫及踝节美第一名为Parlly Shen女士（有人谓其真姓为张氏），第二名为该场舞女梅玲，第三名为张慧衷女士。"②

选美比赛的过程，也是参加选美的女性接受来自男性或同性对自己身体的上下打量和审视的过程。从获胜的选手来看，包括了公司职员，舞女、社会名媛等，其中也有部分外籍女性。她们都是都市社会中引领摩登与时尚的女性，占据流行的前沿，敢于在公共场合大胆地展示其身体之美。虽然传统意义上的"大家闺秀"与"良家女子"并未在选美的舞台上出现，但是观众如云的场面表明选举影响已波及更广的范围，这对其他女性的身体美建构是有潜移默化作用的。

在女性身体美的讨论中，无论是报刊媒体中论者的高谈阔论，还是现实中女性身体接受男性的审视，女性身体美标准的界定仍很大程度上受男权意识的影响。不管现代女性身体美的构建及其女性身体的公开展示的过程中经历多大波折，女性受到的关注与日俱增，却是毋庸置疑的事实。相比较历史而言，女性获得了更多的参与社会和争取身体解放的机会，裸腿运动便是较为典型的例证之一。

---

① 云：《恋爱的话》（续），《北洋画报》第1387期，1936年4月16日。
② 四方：《记"巴黎"之大三元比赛》，《北洋画报》第1553期，1937年5月11日。

# 结　语

## 一　报刊与近代女性身体

　　报刊媒体是近代中国传播知识、交流讯息、引导社会舆论的主要媒介和载体。林林总总、数量繁多、种类丰富的报刊媒体，不仅向社会民众表达着编者的文化观念和思想主张，也是对特定历史时期社会文化生活某一侧面的生动反映。尤其图文并重的画报，其本身强烈的视觉冲击力和感染力是纯文字报刊所不能及的。对于今天进入读图时代的我们，画报中大量的图像不仅能传递出发散性的各种讯息，更是具备了浓重的历史感。正是这些呈现出历史过往的图片，构成了近代中国都市社会的文化生活胶片。

　　而传播女性解放理念、观看女性社会生活、塑造新女性形象等，则随着西方文化观念的浸润和女性解放运动的影响，成为报刊媒体的重要内容之一。女性及女性身体受到男性知识分子越来越多的重视和关注。他们一方面出于引导妇女解放的考量，一方面也包含偷窥、消费女性身体的隐秘欲望。男性读者在对报刊媒体中女性议题的阅读之中，无疑进一步"默许"了女性社会地位的抬升；而女性读者的阅读则带有关怀自我的性别意味，以及自我意识觉醒后的主体性彰显。这些报刊媒体对于女性身影的记载与阐释，无疑又给日后的研究留下了丰富而又珍贵的史料。笔者对近代中国都市女性身体的研究正是建立在报刊媒体的基础之上。

　　女性身体的建构与变迁是近代中国社会急遽变动的重要体现之一。在相对和平、消费文化气息浓厚的近代都市社会中，对时尚、健康和美丽的追求是女性身体建构的重要方面。这既是对清末民初以来国家民族话语下妇女解放的超越，又体现为女性的消费行为，是女性自我主体意识增强的表征。然而男权中心的社会背景下，女性身体难以避免被商品化和被消费的命运。

报刊媒体对女性身体的深入报道成了研究女性身体的契机和切入点，不仅直观而具体地呈现出女性身体，而且发挥舆论导向作用，参与到近代女性身体的现代性建构之中。如《北洋画报》多方面的报道与呈现了女性及相关议题。从婚姻、女子职业、女子体育、女子教育，到电影明星、交际明星、名媛、贵妇、女学生，女运动家、舞星、坤伶、女性作家、女性画家等，均在画报中有着不同程度的展现。尤为突出的是大量女性身体形象通过照片和绘画的形式进入画报，进而走入公众阅读视域中。

翻开尘封已久的《北洋画报》，笔者发现，在画报所呈现的那段历史过往中，女性的身体比以往任何时候都获得了更多融入社会公共空间的机会。都市女性走出家门，获得职业和参与更多的社会工作；女性的身体在欧风美雨的浸润下更加积极地进行着时尚包装与展示；女明星、女运动家、社会名媛、女舞星等知名女性则突破以往传统身体形象，引领时代潮流。

首先，《北洋画报》再现了民国时期都市女性的时尚风情。都市女性在以画报为代表的报刊媒体的时尚引领下开始了对自我身体的追求。其次，《北洋画报》报道了女性身体所遭遇的一大尴尬——消费问题。以舞女为例：舞女作为时代的产物，除了在曼妙舞姿中展示身体的舞动之美外，还成了男性娱乐与消费的对象。而事实上，男性对于女性身体的偷窥和消费不仅仅限于舞女群体。再次，该画报在艺术的宗旨之下，刊登了大量的女性裸体画，并对之进行美学角度的欣赏与品评。这是女性私密的身体在都市社会领域的公开亮相。女性身体从隐私到公开化的转变，有助于打破传统道德礼法的禁锢。而读者与摄影照片或画作中的裸体女性在看与被看之间，仍凸显出男权意识下女性身体解放的又一窘境：女性身体的解放与否，难以脱臼于男权社会的界定。此外报刊媒体对女性身体的表达和建构，还有着制造卖点、刺激发行量以实现其商业价值的考量，同时又折射出民国时期都市社会中女性身体消费、男性欲望、性别国际化等文化图景。

## 二 近代女性身体变动的总体特征

近代中国女性身体的变动，抑或改造女性身体的运动，大体指向解放、时尚、健康、美丽等积极向上的词汇，而同时又与"强国保种"、身体的社会化紧密相连。为了实现"强国保种"的目的，必须保证女性身体健康；女性身体的健康与否，与生理身体是否遭受人为摧残（如缠足、束胸）、与是否参加体育锻炼和体育活动等是分不开的。女性在社会空间参加体育活动、穿着流行服饰等某种程度上则是身体社会化、公共化的重要表现。而在以《北洋画报》为代表的报刊媒体视野下，近代中国女性身体的变动大体呈现如下特征。

1. 女性身体的解放进一步延伸，女性的自我意识开始被激活。身体是多层面、多角度的综合存在体。女性身体不仅包括女性外在的肉体和形象，也包括内在的智力和精神。身体的种种表征同时也是精神面貌的体现。中国女性身体深受两千多年的传统礼教和伦理道德的束缚和压制，在男权秩序统治之下处于被动和附属地位。笔者以为，女性的解放既包含"开女智"和两性社会地位的逐渐平等化过程，也包括女性外在身体自由与平等地进入社会空间，以及女性服饰与身体美自我塑造的过程。民国时期，女性身体的解放也是大体沿着这两条相互交织的路线铺开的。一方面，女子教育与女子学校的兴办使不少女性直接获得了知识和文化，"开女智是女性身体解放所不可逾越的发展阶段"[1]。另一方面，女性自由走出家门，在参与社会活动中更加注重自我的身体形象。

《北洋画报》中，对女性积极追赶时尚和健康之美，从发式、发饰到服装的变化，从放足到天乳，从公共场所的体育运动与娱乐到舞会、舞厅的交际舞时尚，再到女性身体释放的裸腿运动，等等，都无不表明女性的身体无论在外在形象还是内在思想，抑或是活动空间都比以往历史阶段发生了重大变化。这些变化使女性的性别特征得到进一步彰显。例如在旗袍样式的变化上，20世纪20年代末的女式宽松旗袍长至脚踝，女性身体每一部分的曲线都几乎被遮盖和隐藏。到了20世纪30年代，旗袍开始变短，紧身贴体的裁剪方式凸显了女性身体的曲线之美，女性特质也由此得到进一步强化。1935年11月26日，《北洋画报》刊出《新旧女人的不同点》一文，该文作者感言，"旧式女子，出言微弱而缓慢，不苟笑，坐宜端正，步宜稳重，眼不斜视，耳不轻听，孝敬父母，自怨命薄，丈夫呜呼，终身守寡……新式女子，出入跳舞之厅，阔步于交际之场，出言声大，笑则哄

---

[1] 侯杰：《〈大公报〉与近代中国社会》，南开大学出版社2006年版，第22页。

堂，眼眸灵活，柳腰摆动，衣服裹紧身体，屁股显出曲线，视丈夫如奴隶，动辄提出离婚，淫靡奢侈，不可究诘。"①两相比较，新式女性与传统女子的区别可见一斑。这些无疑都成为女性身体解放的符号与标记。她们根据自我需求与喜好而对身体的规训行为，从一个侧面反映了自主意识的提高，也促进了女性性别意识的进一步觉醒。

2. 女性开展身体美的追求，某种程度是对女性消费的刺激。追求身体美，是人类各种活动的永恒追求之一。爱美更是女人的天性，"女体之美是一切美的美，任何大势力怎样去抑制，但终不能禁止这个爱美天性的欲望"②。民国时期的都市女性在进入社会空间接受教育、主张婚姻自主、争取自我解放之外，更希图自己能以一种与传统女性截然不同的形象呈现在公共领域里。从艺术和美学的角度来说，女性的身体之美大致包括自然美、健康美、身材美、容貌美等。为了追求美丽的身体，女性在时尚潮流的节拍下积极寻求各种装扮身体美的办法和机会。《北洋画报》中出现的美容美发、女性时装、高跟鞋等方面的讯息与广告吸引着都市女性的目光。在运动美与健康之美的诉求下，女性的身体积极活跃于各大运动场地和公共体育娱乐场所。女性在追求身体美的过程中，开始了自主的消费行为。

3. 女性的身体仍带有较强的国族主义印记。台湾学者黄金麟认为，"在论及身体在近代时期的演变时，资本主义的发展与民族国家的兴起，是两个我们必须特别加以留意的历史形势。……世界市场的掠夺和殖民地的竞相建立，就使中国在19世纪中叶后面对许多挫折与羞辱。这种被称为帝国主义式的侵扰，的确是后来造成中国所以进行各种身体改革的主要原因。"③在中国传统社会，女性的身体几乎被男权支配的社会所淹没和遮蔽。近代尤其是五四运动以来，内忧外患之下，国族主义话语逐渐上升为中国社会的主流话语。因而在"救亡图存"的时代主题下，女性身体的建构自然经常与国家民族联系在一起。《北洋画报》尽管试图呈现超越于国族话语之外的女性生活体验，然而它所呈现的女性身体仍留有明显的国族

---

① 《新旧女人不同点》，《北洋画报》第1327（4）期，1935年11月26日。
② 张竞生：《裸体研究——由裸体画说到许多事——为晓江氏女体速写而作》，《新文化》创刊号，1927年。
③ 黄金麟：《历史、身体、国家：近代中国的身体形成（1895—1937）》，新星出版社2006年版，第31—33页。

话语痕迹，其中尤以健康美的推崇最为明显。

  5. 男权社会的痕迹仍然无处不在，消费女性是其中的一个最好注脚。身体美，尤其是女性的身体美，在商业文明发达和消费文化气息浓厚的都市中，具有极强的感染力和诱惑力，为男性所向往、更为女性所孜孜以求。于是女性的身体成为社会文化和欲望表达的载体。而占据话语主导权的男性勾勒现代性社会图景之时，女性身体常常被作为物化对象之一。形塑女性身体美的过程中亦渗透出男性的欲望和诉求。女性的身体之美及身体本身沦落为被消费的尴尬境地。消费舞女是对此最为有力的阐释。事实上，以艺术之名对女性裸体的美的发现与欣赏也是消费女性身体的表现形式。因而，在某种程度上说，女性身体沦为消费品或商品的历史，"是身体处在消费主义中的历史，是身体被纳入到消费计划和消费目的中的历史，是权力让身体成为消费对象的历史，是身体受到赞美、欣赏和把玩的历史"[①]。女性身体不仅被男性所消费，这一时期女性身体的解放也在相当程度上是男性审美框架的延伸。

  6. 都市女性身体的构建具有典型的国际化背景。一方面，中国自近代以来，女子身体的现代性建构似乎大都有章可循，那就是西方模板。女性在塑造自己的身体形象方面此时紧随欧美大都会女性流行的步伐。本书第二章中《北洋画报》对欧美国家美容化妆品的呈现、短发和卷发的引介、头发护理知识的推广、欧美流行服装讯息的捕捉以及高跟鞋的大力宣传等等，处处皆以欧美时尚为参照物和卖点。而以"健康美"为名的"运动"都市女性的身体更是契合了欧美的时尚潮流。另一方面，租界的存在与租界文化背景也使天津的性别关系呈现国际化趋势。大量外国人尤其外国女性在天津居住，使得《北洋画报》在呈现和建构都市女性身体时，同样将其作为了其中的一部分。外籍舞女、外籍舞客充斥天津各大舞场，华洋杂处使得舞厅或舞会呈现为国际化的性别关系场。中西方女性裸体画作和摄影照片通过画报展现在都市民众面前，不仅传达着西方艺术文明，还一定程度上影响着都市的中国民众对女性身体形象的想象和评判。

---

  ① 汪民安、陈永国主编：《后身体：文化、权力与生命政治学》，吉林人民出版社2003年版，第20—21页。

## 三 一点反思

不可否认，仅通过报刊媒体来揭示近代中国女性身体现代性转型与变迁，仍不可避免存在某些缺陷。"作为历史而存在的报人们所观察、所描写的近代中国社会，是一个被反映的社会，是一段被呈现的历史。换言之，报人笔下的社会并不完全等同于当时历史的真实，而是一种诠释。"[1]视觉史料虽然忠实地捕捉历史的某一瞬间，帮助人们展现文字史料所无法呈现的过去，然而即使是历史照片，也不一定能完全忠实地反映生活。"相片不但有摄影者的取景，也关系到如何呈现、摆置、诠释的问题，而其中的每一个步骤都可能因意识形态或现实利益而受到操弄。"[2]因此，报刊媒体本身的主观性倾向是我们今天借以研究历史问题时所需要注意的。

就《北洋画报》而言，画报的创办者冯武越较早接受西方文化熏陶，是中国近代文化产业中绅商的代表。[3]因而《北洋画报》也浸透了绅商文化的气息。冯武越为画报的定位是既强调新闻性、娱乐性，又须有较强的艺术性。画报的读者定位显然是满足都市社会中具有一定经济实力和文化水平的民众。该画报对京剧、美术等的大篇幅呈现虽然突出了艺术品位，却也在某种程度上阻挡了都市下层人士阅读该报的欲望。此外，下层民众的购买力也是一个问题。《北洋画报》对都市社会生活各种软性新闻，如社会名流、名媛贵妇、交际舞星以及饭店女招待等不遗余力地追踪报道，自然能够为中上层的人士提供消遣娱乐，难免离下层民众的生活相去甚远。另一方面，这些主题的选材把普通民众的日常生活排除在画报之外，既注定了其内容的片面性和狭隘性，又限制了读者群的范围。

《北洋画报》的这种局限性同样反映到其对近代中国女性身体的现代性建构中。如《北洋画报》所呈现的女性身体主要是追逐时尚的摩登女性，如女影星、女舞星、贵妇名媛、女招待、女大学生、女运动员、女艺人等，而对普通女性则几乎没有关注。这种"精英"式的片面性也注定了

---

[1] 侯杰：《〈大公报〉与近代中国社会》，南开大学出版社2006年版，第8页。
[2] 黄克武主编：《〈画中有话〉：近代中国的视觉表述与文化构图》，台湾"中央研究院"近代史研究所，2003年，导论第5页。
[3] 张元卿：《读图时代的绅商、大众读物与文学：解读〈北洋画报〉》，《天津社会科学》2002年第4期。

本书所涉及的女性身体研究存在着一定的片面性。尽管如此，笔者仍然对《北洋画报》及其报人群体心存无限感激和敬仰。《北洋画报》呈现了长达11年之久的历史片段，用文字与图片记叙并留住了匆匆而逝的时代脚步。丰富的女性身体群像背后，是报人们对于都市文化理想的追求。

# 参考文献

## 一 资料类

（一）报刊

1.《北洋画报》

2.《大公报》

3.《晨报》

4.《申报》

5.《妇女杂志》

6.《良友》画报

7.《妇女共鸣》

8.《女子月刊》

9.《玲珑》

10.《女青年月刊》

11.《女铎》

12.《女声》

（二）方志、文史资料、文集、出版史料及其他文献

1. 刘再苏：《天津快览》，世界书局1926年版。

2. 甘眠羊编：《简明天津指南》，中华印书局1927年版。

3. 甘眠羊编：《新天津指南》，绛雪斋书局1927年版。

4. 宋蕴璞编：《天津志略》，天津协成印刷局1931年铅印本。

5. 天津市市志编纂处编：《天津市概要》，天津市政府1934年版。

6. 黄现璠：《唐代社会概略》，商务印书馆1936年版。

7. 鲁迅：《而已集·忧天乳》，冯雪峰主编《鲁迅全集》第3卷，人民文学出

版社1956年版。
8. 李寓一等编：《清末民初中国各大都会男女装饰论集（1899—1923）》，中国台北中山图书公司1972年版。
9. 蒲良柱等主编：《风俗改革丛刊》，中国台北文海出版社1980年版。
10. 中国人民政治协商会议天津市委员会文史资料研究委员会编：《天津文史资料选辑》第16辑，天津人民出版社1981年版。
11. 中国人民政治协商会议天津市委员会文史资料研究委员会编：《天津文史资料选辑》第18辑，天津人民出版社1982年版。
12. 中国人民政治协商会议天津市委员会文史资料研究委员会编：《天津文史资料选辑》第39辑，天津人民出版社1987年版。
13. 丁守和主编：《辛亥革命时期期刊介绍》（第四集），人民出版社1987年版。
14. 孙五川、林呐主编：《天津出版史料》（第2辑），百花文艺出版社1989年版。
15. 吴心云：《吴心云文集》，天津古籍出版社1990年版。
16. 中华全国妇女联合会妇女运动研究室编：《中国妇女运动历史资料（1840—1918）》，中国妇女出版社1991年版。
17. 孙五川、李树人编：《天津出版史料》（第5辑），百花文艺出版社1993年版。
18. 孙五川、林呐编：《天津出版史料》（第7辑），百花文艺出版社1994年版。
19. 张福清编：《女诫——妇女的枷锁》，中央民族大学出版社1996年版。
20. 天津市地方志编修委员会：《天津通志》，天津社会科学院出版社1996年版。
21. 任继愈主编：《中国文化大典》，山西教育出版社1999年版。
22. 陈江编：《中国出版史料》（现代部分，第1卷下册），山东教育出版社2001年版。
23. 中国人民政治协商会议天津市委员会文史资料委员会编：《天津报海钩沉》，天津人民出版社2003年版。
24. 周振甫选编：《严复选集》，人民文学出版社2004年版。
25. 祝均宙，萧斌如编：《萨空了文集》，上海科学技术文献出版社2005年版。

## 二 著作类

### (一) 理论性著作

1. 美国时代生活丛书编辑部编：《摄影的技术》，梁世伟译，时代公司1978年版。
2. [匈]巴拉兹·贝拉：《电影美学》，何力译，中国电影出版社1978年版。
3. [美]玛里琳·霍恩：《服饰：人的第二皮肤》，乐竟泓、杨治良等译，上海人民出版社1991年版。
4. 鲍晓兰主编：《西方女性主义研究评介》，生活·读书·新知三联书店1995年版。
5. 陈坤宏：《消费文化理论》，台北扬智文化事业股份有限公司1996年版。
6. 李银河主编：《妇女：最漫长的革命》，上海三联书店1997年版。
7. 杜芳琴、王政主编：《社会性别研究选译》，上海三联书店1998年版。
8. [法]福柯：《规训与惩罚》，刘北成、杨远婴译，生活·读书·新知三联书店1999年版。
9. [英]布莱恩·特纳：《身体与社会》，马海良、赵国新译，春风文艺出版社2000年版。
10. [美]珍妮弗·克雷克：《时装的面貌》，舒允中译，中央编译出版社2000年版。
11. [英]迈克·费瑟斯通：《消费文化与后现代主义》，刘精明译，译林出版社2000年版。
12. [英]弗兰克·莫特：《消费文化——20世纪后期英国男性气质和社会空间》，余宁平译，南京大学出版社2000年版。
13. [法]让·波德里亚：《消费社会》，刘成富、全志钢译，南京大学出版社2001年版。
14. [法]本雅明：《机械复制时代的艺术作品》，王才勇译，中国城市出版社2002年版。
15. [英]西莉亚·卢瑞：《消费文化》，张萍译，南京大学出版社2003年版。
16. 罗钢、王中忱主编：《消费文化读本》，中国社会科学出版社2003年版。
17. 汪民安、陈永国主编：《后身体：文化、权力与生命政治学》，吉林人民出版社2003年。

18. 罗岗、顾铮主编：《视觉文化读本》，广西师范大学出版社2003年。
19. 杨魁、董雅丽：《消费文化——从现代到后现代》，中国社会科学出版社2003年版。
20. 蒋原伦：《媒体文化与消费时代》，中央编译出版社2004年版。
21. [英]乔安妮·恩特维斯特尔：《时髦的身体》，郜元宝译，广西师范大学出版社2005年版。
22. [英]马尔科姆·巴纳德：《理解视觉文化的方法》，常宁生译，商务印书馆2005年版。
23. 孟建主编：《图像时代：视觉文化传播的理论诠释》，复旦大学出版社2005年版。
24. 韩贺南、张健主编：《女性学导论》，教育科学出版社2005年版。
25. [美]苏珊·桑塔格：《论摄影》，艾红华等译，湖南美术出版社2005年版。
26. 汪民安：《身体、空间与后现代性》，江苏人民出版社2006年版。
27. [美]卡罗琳·凯奇：《杂志封面女郎——美国大众媒介中视觉刻板形象的起源》，曾妮译，天津人民出版社2006年版。
28. [美]W.J.T.米歇尔：《图像理论》，陈永国、胡文征译，北京大学出版社2006年版。
29. [美]尼古拉斯·米尔佐夫：《视觉文化导论》，倪伟译，江苏人民出版社2006年版。
30. 陈龙、陈一：《视觉文化传播导论》，上海三联书店2006年版。
31. [英]理查德·豪厄尔斯：《视觉文化》，葛红兵译，广西师范大学出版社2007年版。
32. [英]彼得·伯克：《图像证史》，杨豫译，北京大学出版社2008年版。
33. 周宪：《视觉文化的转向》，北京大学出版社2008年版。
34. 陈永国主编：《视觉文化研究读本》，北京大学出版社2009年版。

（二）专题著作

1. 谷书堂：《天津经济概况》，天津人民出版社1984年版。
2. [日]中国驻屯军司令部编：《二十世纪初的天津概况》，侯振彤译，天津市地方史志编修委员会总编辑室出版（内部发行）1986年版。
3. 天津社会科学院历史研究所编著：《天津简史》，天津人民出版社1987年版。

4. 胡志川，马运增主编：《中国摄影史(1840—1937)》，中国摄影出版社1987年版。
5. 许志浩、王金海编：《人体美大观》，青岛出版社1989年版。
6. 吕美颐、郑永福：《中国妇女运动(1840—1921)》，河南人民出版社1990年版。
7. 李竞能主编：《天津人口史》，南开大学出版社1990年版。
8. 田景昆、郑晓燕：《中国近现代妇女报刊通览》，海洋出版社1990年版。
9. 姜纬堂、刘宁元主编：《北京妇女报刊考(1905—1949)》，光明日报出版社1990年版。
10. 天津市历史博物馆等编：《近代天津图志》，天津古籍出版社1992年版。
11. 王克芬、隆荫培、张世龄：《20世纪中国舞蹈》，青岛出版社1992年版。
12. 罗澍伟：《近代天津城市史》，中国社会科学出版社1993年版。
13. 郑永福、吕美颐：《中国近代妇女生活》，河南人民出版社1993年版。
14. 高洪兴：《缠足史》，上海文艺出版社1995年版。
15. 范慕韩主编：《中国印刷近代史初稿》，印刷工业出版社1995年版。
16. 周叙琪：《1910—1920年代都会新妇女生活风貌：以〈妇女杂志〉为分析实例》，中国台北台湾大学文史丛刊1996年版。
17. 罗苏文：《女性与近代中国社会》，上海人民出版社1996年版。
18. 王冬芳：《迈向近代——剪辫与放足》，辽海出版社1997年版。
19. 王宁宁、江东、杜小青等：《中国舞蹈史》，文化艺术出版社1998年版。
20. 刘志琴主编：《近代中国社会文化变迁录》(第1卷)，浙江人民出版社1998年版。
21. 徐海燕：《悠悠千载一金莲——中国的缠足文化》，辽宁人民出版社2000年版。
22. 陈三井主编：《近代中国妇女运动史》，台北近代中国出版社2000年版。
23. 李欧梵：《上海摩登——一种新都市文化在中国(1930—1945)》，毛尖译，北京大学出版社2001年版。
24. 刘海粟著，沈虎编选：《刘海粟艺术随笔》，上海文艺出版社2001年版。
25. 张利民：《解读天津六百年》，天津社会科学出版社2003年版。
26. 陈子善主编：《脂粉的城市——〈妇人画报〉之风景》，浙江文艺出版社2003年版。

27. 吕芳上主编:《无声之声(Ⅰ):近代中国的妇女与国家(1600—1950)》,台北"中央研究院"近代史研究所2003年版。

28. 游鉴明主编:《无声之声(Ⅱ):近代中国的妇女与社会(1600—1950)》,台北"中央研究院"近代史研究所2003年版。

29. 罗久蓉、吕妙芬主编:《无声之声(Ⅲ):近代中国的妇女与文化(1600—1950)》,台北"中央研究院"近代史研究所2003年版。

30. 黄克武主编:《画中有话——近代中国的视觉表述与文化构图》,台北"中央研究院"近代史研究所2003年版。

31. 余新忠:《清代江南的瘟疫与社会——一项医疗社会史的研究》,中国人民大学出版社2003年版。

32. 杨念群等主编:《新史学:多学科对话的图景》(下),中国人民大学出版社2003年版。

33. 夏晓虹:《晚清女性与近代中国》,北京大学出版社2004年版。

34. 周俊旗:《民国天津社会生活史》,天津社会科学院出版社2004年版。

35. 陈卫民:《天津的人口变迁》,天津古籍出版社2004年版。

36. 来新夏:《天津的城市发展》,天津古籍出版社2004年版。

37. 钱存训:《中国纸和印刷文化》,广西师范大学出版社2004年版。

38. 张树栋、庞多益、郑如斯等:《中华印刷通史》,台北财团法人印刷传播与才文教基金会2004年版。

39. 周慧玲:《表演中国:女明星,表演文化,视觉政治(1910—1945)》,麦田出版社2004年版。

40. 马艺:《天津新闻传播史纲要》,新华出版社2005年版。

41. 罗澍伟:《百年中国看天津》,天津人民出版社2005年版。

42. 周利成、周雅男:《天津老戏园》,天津人民出版社2005年版。

43. 李焱胜:《中国报刊图史》,湖北人民出版社2005年版。

44. 郭立诚:《中国妇女生活史话》,百花文艺出版社2005年版。

45. 刘慧英编著:《遭遇解放:1890—1930年代的中国女性》,中央编译出版社2005年版。

46. 马军:《1948年:上海舞潮案——对一起民国女性集体暴力抗议事件的研究》,上海古籍出版社2005年版。

47. 王政、陈雁主编:《百年中国女权思潮研究》,复旦大学出版社2005年版。

48. 徐安琪主编：《社会文化变迁中的性别研究》，上海社会科学院出版社2005年版。
49. 黄金麟：《政体与身体：苏维埃革命与身体，1928—1937》，台北联经出版社2005年版。
50. 罗苏文：《近代上海都市社会与生活》，中华书局2006年版。
51. 侯杰：《〈大公报〉与近代中国社会》，南开大学出版社2006年版。
52. 杨念群：《再造"病人"——中西医冲突下的空间政治（1832—1985）》，中国人民大学出版社2006年版。
53. 黄金麟：《历史、身体、国家：近代中国的身体形成（1895—1937）》，新星出版社2006年版。
54. [美]白馥兰：《技术与性别：晚期帝制中国的权力经纬》，江湄、邓京力译，江苏人民出版社2006年版。
55. [美]费侠莉：《繁盛之阴：中国医学史中的性（960—1665）》，甄橙译，江苏人民出版社2006年版。
56. 游鉴明、罗梅君、史明主编：《共和时代的中国妇女》，洪静怡、宋少鹏等译，台北左岸文化2007年版。
57. 姜进主编：《都市文化中的现代中国》，华东师范大学出版社2007年版。
58. [美]葛凯：《制造中国：消费文化与民族国家的创建》，黄振萍译，北京大学出版社2007年版。
59. 杜芳琴、王政主编：《社会性别》（第3辑），天津人民出版社2007年版。
60. 吴果中：《〈良友〉画报与上海都市文化》，湖南大学出版社2007年版。
61. 李孝悌：《恋恋红尘——中国的城市、欲望和生活》，上海人民出版社2007年版。
62. 王儒年：《欲望的想像——1920—1930年代〈申报〉广告的文化史研究》，上海人民出版社2007年版。
63. 杨念群主编：《新史学——感觉·图像·叙事》（第1卷），中华书局2007年版。
64. [美]高彦颐：《缠足："金莲崇拜"盛极而衰的演变》，苗延威译，台北左岸文化2007年版。
65. 李长莉、左玉河主编：《近代中国社会与民间文化》，社会科学文献出版社2007年版。

66. 姜进、李德英主编:《近代中国城市与大众文化》,新星出版社2008年版。

67. 许慧琦:《故都新貌——迁都后到抗战前的北平城市消费(1928—1937)》,台北学生书局2008年版。

68. 李晓红:《女性的声音:民国时期上海知识女性与大众传媒》,学林出版社2008年版。

69. 甘险峰:《中国新闻摄影史》,中国摄影出版社2008年版。

70. 吴昊:《中国妇女服饰与身体革命(1911—1935)》,东方出版中心2008年版。

71. 吴菁:《消费文化时代的性别想象——当代中国影视流行剧中的女性呈现模式》,上海人民出版社2008年版。

72. [美]周蕾:《妇女与中国现代性——西方与东方之间的阅读政治》,蔡青松译,上海三联书店2008年版。

73. 李健新:《天津二百年老漫画》,华夏美术出版社2008年版。

74. 黄兴涛主编:《新史学——文化史研究的再出发》(第3卷),中华书局2009年版。

75. 复旦大学历史学系、复旦大学中外现代化进程研究中心主编:《新文化史与中国近代史研究》,上海古籍出版社2009年版。

76. 刘丰祥:《身体的现代转型》,光明日报出版社2009年版。

77. 郑永福、吕美颐:《中国妇女通史·民国卷》,杭州出版社2010年版。

78. 周春燕:《女体与国族——强国强种与近代中国的妇女卫生(1895—1949)》,台北丽文文化事业股份有限公司2010年版。

79. 傅建安:《20世纪都市女性形象与都市文化》,湖南师范大学出版社2010年版。

80. 王晓丹:《历史镜像:社会变迁与近代中国女性生活》,云南大学出版社2011年版。

81. 游鉴明:《超越性别身体:近代华东地区的女子体育(1895—1937)》,北京大学出版社2012年版。

82. 杨兴梅:《身体之争:近代中国反缠足的历程》,社会科学文献出版社2012年版。

83. 曾越:《社会·身体·性别:近代中国女性图像身体的解放与禁锢》,广西师范大学出版社2014年版。

84. 李蓉：《中国近现代身体研究读本》，北京大学出版社2014年版。

## 三 论文类

1. 王永：《画报迷冯武越》，中国香港《大公报》，1962年4月30日。
2. 李坤：《通俗文学资料选刊——关于刘云若》，《苏州大学学报》（哲学社会科学版）1988年第4期。
3. 包铭新：《收藏旗袍》，《上海服饰》1995年第4期。
4. 吴群：《"摄影迷"和"画报迷"冯武越》，《摄影之友》1996年第12期。
5. 洪喜美：《五四前后妇女时尚的转变——以剪发为例的探讨》，吕芳上、张哲郎主编：《五四运动八十周年学术研讨会论文集》，台北：政治大学文学院1999年版。
6. 杨兴梅：《观念与社会：女子小脚的美丑与近代中国的两个世界》，《近代史研究》2000年第4期。
7. [英]彼得·伯克：《西方新社会文化史》，《历史教学问题》2000年第4期。
8. 李喜所：《"辫子问题"与辛亥革命》，《社会科学研究》2001年第1期。
9. 游鉴明：《近代中国女子体育观初探》，鲍家麟主编《中国妇女史论集》（第5集），台北：稻乡出版社2001年版，第257—304页。
10. 马军：《1948年上海舞潮案中的舞业同业公会》，《近代史研究》2002年第2期。
11. 李孝悌：《走向世界，还是拥抱乡野——观看〈点石斋画报〉的不同视野》，《中国学术》2002年第3期。
12. 张元卿：《读图时代的绅商、大众读物与文学——解读〈北洋画报〉》，《天津社会科学》，2002年第4期。
13. 冯尔康：《近年大陆中国社会史的研究趋势——以明清时期的研究为例》，《明代研究通讯》2002年第5期。
14. 于闽梅：《一九二七：王国维的辫子——辫子、身体与政治》，《文艺理论与批评》2003年第1期。
15. 王若梅：《在摩登与传统之间——以〈良友〉画报中的女性题材之处理为例》，"近代中国社会转型与变迁——第四届'两岸三地'历史学研究生论文发表会"会议论文，武汉，2003年10月。
16. 黎志刚：《想像与营造国族：近代中国的发型问题》，黎志刚《中国近代的国家与市场》，香港教育图书公司2003年版。
17. 余新忠：《中国疾病、医疗史探索的过去、现实与可能》（《历史研究》2003年第4期。
18. 王彤：《第二次国内革命战争时期天津报刊概况》，《图书馆工作与研究》2004年第2期。
19. 王向峰：《〈北洋画报〉创办人冯武越》，《天津城市快报》2004年7月24日。
20. 周宪：《读图、身体、意识形态》，汪民安主编《身体的文化政治学》，河南大学出版社2004年版，第127—145页。
21. 黄金麟：《近代中国的军事身体建构，1895—1949》，（台北）《"中央研究院"近代史研究所集刊》第43期，2004年3月。
22. 许慧琦：《训政时期的北平女招待（1928—1937）——关于都市消费与女性职业的探讨》，（台北）《"中央研究院"近代史研究所集刊》第48期，2005年，第47—95页。
23. 侯杰，姜海龙：《身体史研究刍议》，《文史哲》2005年第2期。
24. 李震：《福柯谱系学视野中的身体问题》，《求是学刊》2005年第2期。
25. 周叙琪：《阅读与生活——恽代英的家庭生活与〈妇女杂志〉之关系》，（台湾）《思与言》第43卷第3期，2005年9月。
26. 张晨阳：《〈申报〉女性广告：女性形象、现代性想像以及消费本质》，《妇女研究论丛》2005年第3期。
27. 罗岗：《视觉"互文"、身体想象和观看的政治——丁玲〈梦珂〉与后五四的都市图景》，《华东师范大学学报》（哲学社会科学版）2005年第5期。
28. 左玉河：《跳舞与礼教：1927年天津禁舞风波》，《河北学刊》2005年第5期。
29. 侯杰、胡伟：《剃发·蓄发·剪发——清代辫发的身体政治史研究》，《学术月刊》2005年第10期。
30. 苏滨：《艺术形象的社会构造：以20世纪二三十年代上海女性身体形象为例》，陶东风、金元浦、高丙中主编《文化研究》（第5辑），广西师范大学出版社2005年版。
31. 侯杰、李钊：《视觉文化史料与社会性别分析——以清末民初天津画报女性生活为中心的考察》，《南方论丛》2006年第1期。

32. 郭常英、李钊:《女性身体的解放——以〈醒俗画报〉为中心探析清末民初的开女智》,(中国香港)《亚洲研究》第53辑,2006年7月,第125—147页。
33. 邓如冰:《晚清女性服饰改革:女性身体与国家、细节和时尚——从废缠足谈起》,《妇女研究论丛》,2006年第6期。
34. 张英进:《公共性、隐私性、现代性:中国早期画报对女性身体的表现与消费》,陶东风、周宪主编《文化研究》(第6辑),广西师范大学出版社2006年版。
35. 张德安:《身体的争夺与展示——近世中国发式变迁中的权力斗争》,常建华主编《中国社会历史评论》(第7卷),天津古籍出版社2006年版,第265—289页。
36. 郑力:《媒介传播中的消费文化》,《青年记者》2006年第14期。
37. 孔令芝:《从〈玲珑〉杂志看1930年代上海现代女性形象的塑造》,硕士学位论文,台湾"国立"暨南国际大学,2006年。
38. 侯杰:《报纸媒体与女性都市文化的呈现——对〈大公报〉副刊〈家庭与妇女〉的解读》,《南开学报》(哲学社会科学版)2007年第2期。
39. 吴果中:《从〈良友〉画报广告看其对上海消费文化空间的意义生产》,《国际新闻界》2007年第4期。
40. 吴果中:《民国〈良友〉画报与都市空间的意义生产》,《求索》2007年第5期。
41. 吴果中:《民国时期〈良友〉画报广告与上海消费文化的想象性建构》,《广告与文化研究》2007年第5期。
42. 郑永福、吕美颐:《论民国时期影响女性服饰演变的诸因素》,《中州学刊》2007年第5期。
43. 吕美颐、郑永福:《近代新法接生的引进和推广》,《山西师大学报》(社会科学版)2007年第5期。
44. 徐沛、周丹:《早期中国画报的表征及其意义》,《文艺研究》2007年第6期。
45. 蒋晓丽:《传媒"她世纪"的女性消费与消费女性》,《社会科学研究》2008年第1期。
46. 赵凤玲:《交际舞东渐与近代都市女性的"摩登"生活》,《江汉论坛》2008年第5期。

47. 周丹：《近代媒介图像对体育明星的塑造及其意义——民国画报对运动员杨秀琼的视觉表征》，《成都体育学院学报》2008年第6期。

48. 洪芳怡：《女声、女身、雌雄同体：老上海流行音乐中的同性情欲展现》，(中国台北)《近代中国妇女史研究》第16期，2008年12月。

49. 余新忠：《防疫・卫生行政・身体控制——晚清清洁观念与行为的演变》，黄兴涛主编《新史学——文化史研究的再出发》(第3卷)，中华书局2009年版，第57—99页。

50. 吴果中：《民国〈良友〉画报封面与女性身体空间的现代性建构》，《湖南师范大学社会科学学报》2009年第5期。

51. 姚霏：《近代中国女子剪发运动初探(1903—1927)——以"身体"为视角的分析》，《史林》2009年第2期。

52. 徐希景：《现代都市文化与中国早期人体摄影》，《福建师范大学学报》(哲学社会科学版)2009年第2期。

53. 赵风铃：《西方文化映照下的都市新式女性的身体形象》，《江汉论坛》2009年第8期。

54. 陈艳：《"新女性"的代表：从爱国女学生到女运动员——20世纪30年代〈北洋画报〉封面研究》，《广西社会科学》2009年第12期。

55. 杨兴梅：《以王法易风俗：近代知识分子对国家干预缠足的持续呼吁》，《近代史研究》2010年第1期。

56. 杨兴梅：《晚清关于缠足影响国家富强的争论》，《四川大学学报》(哲学社会科学版)2010年第2期。

57. 侯杰：《媒体・性别・抗战动员——以20世纪30年代〈世界日报〉副刊〈妇女界〉为中心》，《南开学报》2010年第2期。

58. 侯杰、傅懿：《女性主体性的媒体言说——对20世纪30年代〈世界日报〉专刊〈妇女界〉的解读》，《安徽大学学报》(哲学社会科学版)2010年第4期。

59. 刘正刚、曾繁花：《解放乳房的艰难：民国时期"天乳运动"探析》，《妇女研究论丛》2010年第5期。

60. 杨永源：《西方艺术中的裸体与裸露问题》，www.data.fy.edu.tw/manedu

61. 余新忠：《晚清的卫生行政与近代身体的形成——以卫生防疫为中心》，《清史研究》2011年第3期。

62. 白蔚：《摩登与反摩登：民国报刊建构的女性身体及现代意义》，《妇女研究论丛》2011年第4期。
63. 韩红星：《中国近代女性角色的重塑——来自〈北洋画报〉的记录》，《妇女研究论丛》2011年第4期。
64. 李净昉：《公共空间的性别建构——以20世纪20年代天津〈女星〉为中心的探讨》，《郑州大学学报》（哲学社会科学版）2011年第5期。
65. 姚菲：《中国女性的身体形塑研究（1870—1950）——以"身体的近代化"为中心》，《甘肃社会科学》2012年第3期。
66. 夏晓虹：《晚清女报中的西方女杰——明治"妇人立志"读物的中国之旅》，《文史哲》2012年第4期。
67. 杨兴梅：《缠足的野蛮化：博览会刺激下的观念转变》，《四川大学学报》（哲学社会科学版）2012年第6期。
68. 秦方：《晚清女学的视觉呈现——以天津画报为中心的考察》，《近代史研究》2013年第1期。
69. 杨兴梅：《贵贱有别：晚清反缠足运动的内外紧张》，《社会科学战线》2013年第2期。
70. 程郁华：《发现身体：西方理论影响下的中国身体史研究》，《历史教学问题》2013年第3期。
71. 贾海燕：《20世纪30年代大众媒介对女性摩登身体的建构——以〈良友〉和〈玲珑〉为中心的考察》，《山西师大学报》（社会科学版）2013年第3期。
72. 侯杰、赵天鹭：《近代中国缠足女性身体解放研究新探——以山东省淄博市部分村落为例》，《妇女研究论丛》2013年第5期。
73. 杨兴梅：《反封建压迫：国共反缠足观念的合离》，《西南民族大学学报》（人文社会科学版）2013年第7期。
74. 杨兴梅：《中共根据地反缠足依据的演变（1928—1949）》，《社会科学研究》2014年第1期。
75. 夏晓虹：《晚清女报中的国族论述与女性意识——1907年的多元呈现》，《北京大学学报》（哲学社会科学版）2014年第4期。
76. 侯杰、王小蕾：《基督宗教与清末中国不缠足运动——以海洋亚洲为视域》，《郑州大学学报》（哲学社会科学版）2015年第1期。
77. 徐峰：《剪发与革命：苏区革命妇女的身体政治史研究——以妇女独立

团剃光头为例》,《北京社会科学》2015年第2期。

78. 侯杰、赵天鹭：《缠足女性的身体改造与婚姻家庭生活解析——以山东省淄博市地区部分村落为中心》,《天津师范大学学报》(社会科学版) 2015年第4期。

79. 李净昉：《妇女运动领袖的媒体言说与社会行动——以天津〈妇女日报〉为例》,《安徽大学学报》(哲学社会科学版) 2015年第4期。

## 四 英文著作与论文

1. Martin, Emily. *The Woman in the Body: A Cultural Analysis of Reproduction*. Boston: Beacon Press, 1987.

2. Man Bun Kwan.*The Salt Merchants of Tianjin:State Making and Civil Society in Late Imperial China*. Honolulu: Univsity of Hanwai'I Press, 2001.

3. Laikwan Pang. The Pictorial Turn: Realism, Modernity and China's Print Culture in the Late Nineteenth Century, *Visual Studies*, Vol.20, No.1.

4. Ruth Rogaski."Beyond Benevolence: A Confucian Women's Shelter in Treaty Port China." *Journal of Women's History*, Vol. 8 No. 4 (Winter 1997): 54-90.

5. Hsiao-pei Yen,"Body politics,Modernity and National Salvation: The Modern New Life Movement", *Asian Studies Review*, Vol.29, (June 2005), 165-186.

6. Joan Judge, *"Beyond Nationalism: Gender and the Chinese Student Experience in Japan in the Early 20th Century"*, 罗久蓉、吕妙芬主编：《无声之声（Ⅲ）：近代中国的妇女与文化（1600—1950）》,台北："中央研究院"近代史研究所,2003年,第359—394页。

7. Yunxiang Gao. Nationalist and Feminist Discourses on Jianmei（Robust Beauty）during China's "National Crisis" in the 1930s', *Gender* & History, Vol.18 No.3(November 2006):546-573.

8. Laikwan Pang. Photography, Performance, and the Making of Female Images in Modern China. *Journal of Women's History,* Vol.17, No.4 (Winter 2005)

# 后 记

终于修改完稿，可以长长舒一口气。回想最初的选题，宏大的政治叙事之下，中国近代的女性在国家民族解放和自身解放诉求之外，是否还有多样化的诉求和生活体验？历史的丰富多彩和巨大的包容性，让我与许多前辈学者一样，反思这一问题。而回顾学术史可知，身体进入历史的时间并不算长，却以其崭新的视角和分析路径受到越来越多学人的青睐。再有便是有幸在南开园内一页页翻读《北洋画报》，以及对其他近代报刊尤其女性报刊的涉猎。诸如以上，报刊、女性身体、性别等几个词汇在头脑中逐步清晰。

在辛苦的整理资料和写作过程中，不经意间地走神多半是在惊叹：惊叹于历史的相似性与延续性。借助报刊，感受着近代中国女性身体的种种现代转变，如时尚的穿着、自信的展现等，想想今天现代女性身体的种种时尚表达也不过如此，抑或是源于对近代的传承与延伸。

数年下来，积攒的文字终于可以略具规模并修改完稿。本书尽管立足于近代中国女性身体的现代性转型与变迁问题，实际操作却难以面面俱到，仅以《北洋画报》为主体、兼及其他报刊，从报刊媒体的视角力图呈现某些历史过往的侧面。自然，书稿难免存在许多疏漏和值得商榷的地方，需要今后的进一步完善和深入。

最后是感谢的话语。感谢南开园学习生活之时的师友们，我的导师侯杰教授曾为我这本著作付出大量心血，诸位同门亦时常为我提出宝贵意见；感谢华东交通大学工作期间为我提供各种帮助的同事们，使我能在上课、怀孕生子的繁忙生活中坚持书稿的写作与修改；感谢中国社会科学出版社的夏侠编辑为书稿顺利编辑出版所付出的辛劳；感谢我的家人给予我巨大的精神动力和无微不至的关心，使我能够一直坚持下去做自己想做的事情。

李从娜

2015年8月